AI 辅助

React Web 应用开发实践

基于 React 19 和 GitHub Copilot

宋一玮 著

人民邮电出版社

北京

图书在版编目（CIP）数据

AI 辅助 React Web 应用开发实践 ：基于 React 19 和
GitHub Copilot / 宋一玮著. -- 北京 ：人民邮电出版
社, 2025. -- ISBN 978-7-115-67717-4

Ⅰ. TN929.53

中国国家版本馆 CIP 数据核字第 20257JB169 号

内 容 提 要

本书旨在系统介绍 React 框架，围绕 React 18 及后续版本的核心开发范式——函数组件和 Hooks 展开，并以一款聊天应用的开发为例演示如何运用现代 React 技术开发 Web 应用。另外，本书还将探讨 AI 技术在 React 前端开发中的应用实践。

本书分为 3 个部分。第一部分是 React 基础，从创建 React 项目入手，先系统介绍 JSX 语法、React 组件、基础 Hooks API 等基础知识，再介绍如何使用 props、state、context 等数据驱动 React 开发，如何利用副作用和事件处理实现业务、交互逻辑，以及如何开发组件样式。第二部分是 React 进阶，深入介绍生命周期与虚拟 DOM、应用状态管理及相关框架、优化性能与用户体验，并从自定义 Hooks、代码复用等角度介绍如何开发可扩展的 React 代码。第三部分是 Web 应用开发，以聊天应用为载体，结合 React 技术生态，演示前端路由、表单处理、与服务器端通信、质量保证、工程化与架构等，并以开发 AI 聊天机器人为例探索 AI 时代前端开发的创新方向。同时，本书会在相关章节中融入 AI 辅助开发的内容，涵盖 AI IDE、智能体代码生成、组件拆分辅助、性能问题分析、样式代码生成和单元测试、代码审查等。

本书既适合有一定编程经验的 Web 应用程序开发人员阅读，也可作为高校及培训机构相关专业课程的教学用书。

◆ 著　　　　宋一玮

　　责任编辑　贾　静

　　责任印制　王　郁　胡　南

◆ 人民邮电出版社出版发行　　北京市丰台区成寿寺路 11 号

　　邮编　100164　　电子邮件　315@ptpress.com.cn

　　网址　https://www.ptpress.com.cn

　　北京隆昌伟业印刷有限公司印刷

◆ 开本：800×1000　1/16

　　印张：18.75　　　　　　　　2025 年 9 月第 1 版

　　字数：407 千字　　　　　　　2025 年 9 月北京第 1 次印刷

定价：89.80 元

读者服务热线：(010)81055410　印装质量热线：(010)81055316

反盗版热线：(010)81055315

前言

当生成式 AI 能在 30s 内产出完整页面代码，前端开发者该如何重新定义自己的价值？

2023 年以来，生成式 AI 技术的爆发式发展，正在重塑软件开发的基本范式。目前，这项技术已经可以有效地辅助生产级别的软件开发。不只是编程环节，软件开发的其他环节，如设计、测试、持续集成、运维等，都在不同程度上引入了 AI 技术。在前端领域，GitHub Copilot、Vercel v0 等工具已实现通过自然语言生成组件代码，Claude 等大模型甚至能独立完成模块开发。

根据 Gartner 预测，到 2028 年将有 75% 的软件工程师使用 AI 辅助开发。这带来了如下两个问题。

- 在生成式 AI 能产出可用代码的今天，为何还要深入掌握 React 等框架？
- 前端工程师是否会被 AI 取代？

其实，答案就藏在技术变革的规律中：**AI 越是强大，开发者越需要精准、高效的技术判断力**。作为一位拥有 20 多年前端开发经验的"老兵"，我的观点是，持续夯实技术基础、深入业务实践、保持开放学习心态。具体来说，就是以下两点。

（1）**只有扎实掌握基础的开发框架，才能有效运用 AI 辅助编程**。目前，AI 在执行大型任务时仍存在较高不确定性，但如果将大型任务分解为足够"小"的任务，AI 完成任务的成功率和准确度将显著提升。因此，工程师（无论是前端工程师还是后端工程师）需要具备以下能力。

- 能够精准拆解开发任务。
- 熟练掌握常用的开发框架的原理与实践性内容。
- 明确 AI 工具的能力边界，掌握提示语（Prompt）设计技巧。
- 能够准确评估 AI 的产出质量。

（2）**AI 与前端工程师间是协同关系，而不是替代关系**。目前，无论是 Cursor 还是 GitHub Copilot 都在积极推进智能体（Agent）技术的发展。在智能体中，AI 能自主决策、完成更复杂的开发任务，开发者如何与智能体高效协作已成为业界新课题，同时也带来了企业实践中无法回避的问题：**AI 开发的代码由谁来负责**。所谓负责，包括产品经理与谁对接，谁与后端开发者整合联调，谁来负责部署上线、运维，谁负责修复 bug，谁负责版本迭代，等等。只要代码的负责人还是工程师，就意味着工程师不仅要理解智能体的工作过程或生成的代码，还必须有能力随时接管智能体的工作。

AI 能够显著提升开发效率，但它永远无法替代开发者对技术本质的深刻理解和对业务需求的精准把控。

在这样的背景下，React 展现了强大的生命力。在 2024 年，React 迎来了时隔 3 年的重大版本更新，即 React 19。React 19 带来了多项突破性改进：内置表单处理减少了冗余代码，增强的异步处理能够灵活应对复杂交互场景，服务器组件则为全栈开发开辟了新路径。这些改进直击长期存在的开发痛点，使 React 在 AI 时代依然保持着强大的竞争力。

作为 Meta 开源的声明式 UI 框架，React 始终引领着前端技术趋势。

- 2023 年以 40.58% 使用率稳居框架榜首（Stack Overflow 数据）。
- 从 React 18 开始全面支持"函数组件 + Hooks"的现代开发范式。
- 生态库（如 Zustand、React Router）持续进化，形成了完整的技术矩阵。

无论是门户网站、企业级 Web 应用，还是移动端甚至 PC 端桌面 App，React 框架展现出广泛的应用前景。从就业方面来看，2021 年以来，初、中、高级 React 前端开发岗位的数量、薪资水平均显著高于其他框架。

但不可忽视的是，技术快速迭代也带来学习焦虑：**当框架不断升级，开发者应该如何避免陷入"学不动了"的困境？**这种焦虑本质上源于"为学而学"的误区。**本书给出的解决方案是，以 Web 应用开发为目标驱动学习，使技术真正为业务需求服务。**

因此，本书有如下两大技术支点。

（1）**现代 React 深度实践。**

本书对 React 的讲解不局限于 React 框架本身，而是全面覆盖使用 React 开发 Web 应用的各个环节，包括 React 的概念、API 和使用方法，以及为满足 Web 应用开发需求而衍生的 React 相关技术生态，如 Zustand、React Router、React Hook Form 等。

- 基于 React 19（兼容 React 18），聚焦函数组件与 Hooks。
- 淡化类组件等传统模式，首选 useState/useEffect 等核心 API。
- 选用 React Hook Form 等适配 Hooks 的生态库。
- 详解 React 19 新增和增强的部分 API，如 startTransition 支持异步回调、ref 可作为 prop 传递等，相关内容以"React 19"作为标题前缀。

（2）**AI 辅助开发实战。**

为应对未来 AI 技术与开发工作深度融合的趋势，本书在系统讲解 React 应用开发的基础上，特别加入有关 AI 辅助开发的实践内容。本书以 React 及相关技术生态为主线，将 AI 相关内容嵌入对应章节中，并以"AI 辅助"作为标题前缀。

- 在组件开发、单元测试等环节植入 AI 辅助场景。
- 演示如何用大模型开发聊天机器人等 AI 功能。
- 构建"人工 -AI"协作的完整工作流。

通过系统学习全书 AI 相关内容，你将全面了解 AI 辅助前端开发的最新实践，并掌握基于 AI 辅助的 React Web 应用开发技能。

为了尽可能降低学习门槛并确保能够学以致用，本书贯彻如下写作策略。

- 循序渐进，以一款聊天应用的完整开发过程为线索串联知识点。为实现这一目标，部分复杂知识点被特意放在后续章节中，以避免打断学习思路。例如，useReducer 接口虽然在设计实现上与 useState 相近，但如果放在第一部分介绍 React 基础知识时讲解有可能会打乱学习节奏，因此特意被安排在第二部分介绍 React 技术进阶时再做讲解。

- 学习一门技术，重在触类旁通。因此，本书在讲解 React 技术细节的同时深入剖析每个知识点所解决的实际问题，旨在培养迁移应用的能力。
- 采用贯穿全书的聊天应用，各章节围绕这个聊天应用循序渐进地拓展功能，而不是孤立展示分散的示例代码，这种方式有助于快速掌握项目上下文、理解局部功能与整体架构的关联。

贯穿全书的样例应用

无论是学习 React 技术还是其他软件开发技术，动手编写代码都是最有效的学习方式之一。本书主要讲解使用现代 React 技术开发 Web 应用，动手编写实践项目代码自然成为核心内容。纵观市面上的图书和在线课程，大多会为单个知识点提供相对独立的样例代码。这种方式更具针对性，可以通过更少的代码阐释相关知识点，但同时也存在明显缺陷——与项目实践存在巨大差距。在现实的软件开发项目中，开发者需要整合多种技术栈，即使限定于单一项技术领域，也需要综合应用这项技术所包含的多个技术点。

鉴于此，选择一款合适的应用作为本书的示例至关重要。**首先，该应用应具备典型性、扩展性和复杂性，但涉及的业务逻辑又不宜过于复杂，以确保不受行业背景或技术门槛的限制。**基于这些考量，本书选择一款名为"我聊"的聊天应用（项目名为 oh-my-chat）作为示例，其功能和界面与"微信"桌面端类似。

本书建议跟随各章节内容，逐步动手编写 oh-my-chat 项目的代码。在完成全书学习后，你不仅能掌握 React 的核心知识点，还可以收获一套类似"微信"桌面端的 Web 应用前端源代码。如果希望系统学习 React 核心知识点后再动手实践，可以从 https://github.com/evisong/oh-my-chat 或 https://gitee.com/evisong/oh-my-chat 获取 oh-my-chat 应用的完整代码。在 oh-my-chat 的代码中，我已经根据章节划分记录了修改历史，并添加了版本标签。

本书内容

全书共 18 章，可以分成 React 基础、React 进阶、应用开发 3 个部分。这 3 个部分形成的知识体系结构及其与聊天应用之间的关系，可以参考图 0-1。

图 0-1 中由上至下的箭头展示了本书的学习路径：从基础知识开始逐步深入，同时从实现基本功能开始不断为 oh-my-chat 添加更高级的功能，并针对开发中遇到的具体问题持续优化和重构代码。

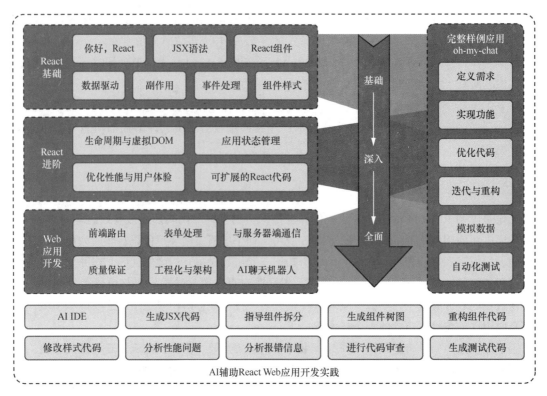

图 0-1 全书知识体系结构

第一部分"React 基础"(第 1 章到第 8 章)。本部分以 React 概述为起点,在简要介绍 React 技术的同时,介绍如何从零开始逐步创建 React 项目,并实现 oh-my-chat 的初始页面;然后,逐章介绍 JSX 语法、React 组件、基础 Hooks API,其间穿插如何在 oh-my-chat 页面中创建和分拆 React 组件;最后,讲解 props、state、context 等数据是如何驱动 React 开发的,以及如何利用 React 的副作用和事件处理实现业务、交互逻辑,同时会为 oh-my-chat 加入数据流和基础的交互功能。

第二部分"React 进阶"(第 9 章到第 12 章)。本部分聚焦 React 底层的原理,首先介绍 React 的生命周期与虚拟 DOM 机制;然后展开 React 应用开发中的 3 个关键主题,包括应用状态管理及相关框架,性能与用户体验的优化,以及 React 代码的可扩展性;最后,展示如何将不可变数据、独立应用状态管理框架和公共组件等技术应用到 oh-my-chat 项目中。

第三部分"Web 应用开发"(第 13 章到第 18 章)。本部分将跳出 React 本身,探索 React 的技术生态。首先,以开发完整的 Web 应用为线索,系统讲解前端路由、表单处理、与服务器端通信这 3 大主题,并在 oh-my-chat 中实践 React Router、React Hook Form 和 React Query 这 3 个框架;然后,介绍包含单元测试、端到端测试在内的 React 项目的质量保证,以及前端工程化实践,以帮助大家更好地应对大型 React 项目的开发和团队协作;最后,利用开源大语言模型(Large Language

Model，LLM）为 oh-my-chat 项目加入聊天机器人功能，探索 React 应用在 AI 时代的新边界！

从第 2 章开始，每章开篇均会提供本章的知识地图及项目实现，用来展示本章的核心知识点，以及与 oh-my-chat 项目相关的实践内容。"React 基础""React 进阶""Web 应用开发"这 3 大部分的叶子节点，基本与本节目录一一对应，其中带有星星图标的节点代表对应章节包含 oh-my-chat 项目的实现；带有小飞机图标的节点则代表 AI 辅助 React Web 应用开发的相关内容；带有对钩图标的节点则代表已在前面章节介绍过的内容。知识点与项目实现通过虚线关联，形成直观对应关系。

需要注意的是，本书以 CSR（Client-Side Rendering）架构为核心，系统讲解 React 在浏览器环境中的应用；17.5 节会简要提及 React 的另一大趋势 SSR（Server-Side Rendering），即 React 在服务器环境中的应用，但不会深入展开介绍。这是因为在实际开发中，基于 SSR 功能的需求通常通过 Next.js 等全栈框架实现，直接使用 React SSR API 的场景较少。

本书适合以下人士阅读。
- 初级前端开发者，具备 HTML、CSS 和 JavaScript 基础，希望系统掌握 React 技术。
- 中级前端开发者，熟悉 Vue、Angular 或其他 Web 前端技术，计划转向 React 技术栈。
- 曾使用 React 16.8 之前版本的开发者，希望学习 React 技术最新特性和最佳实践。

本书配套资源

从 https://github.com/evisong/oh-my-chat 或 https://gitee.com/evisong/oh-my-chat，可以获取本书 oh-my-chat 应用的完整代码，本书的知识地图及项目实现，以及其他彩图文件。

写给 AI 时代的开发者

作为一名从 jQuery 到 React 技术演进的亲历者，我深刻认识到：**框架会变，但解决问题的思维方式永不过时**。在 oh-my-chat 项目中实践 AI 辅助开发时，你将真切体会到：
- 只有能够精准描述需求的开发者，才能训练出真正有效的 AI 助手；
- 只有深入理解 Hooks 依赖数组等核心机制，才能识别出 AI 生成代码中的潜在 bug；
- 只有具备组件设计经验的开发者，才能将 AI 生成的代码重构为可维护的优雅实现。

这并不是简单的技术迭代，而是开发者能力的全面进化。当 AI **承担基础代码的"搬运"工作，工程师就能更专注于业务的本质——用技术为用户创造价值**。

一款软件能否被用户认可，很大程度上取决于其"看得见、摸得到"的部分：用户界面（User Interface，UI）。UI 是用户与软件交互的桥梁，用户通过 UI 传递操作指令，软件也通过 UI 反馈系统响应。**在 AI 重构代码生产的新时代，前端开发者作为用户与产品的第一触点，凭借对界面交互细节的极致把控和对用户需求的精准解码，具备不可替代的核心竞争力**。

宋一玮
2025 年 3 月于北京

资源与支持

资源获取

本书提供如下资源：

- 配套代码
- 配套视频及 PPT
- 书中彩图文件
- 本书知识地图及项目实现
- 异步社区 7 天 VIP 会员

要获得以上资源，您可以扫描下方二维码，根据指引领取。

提交勘误

作者和编辑已尽最大努力来确保书中内容的准确性，但难免会存在疏漏。欢迎您将发现的问题反馈给我们，帮助我们提升图书的质量。

当您发现错误时，请登录异步社区（https://www.epubit.com），按书名搜索，进入本书页面，点击"发表勘误"，输入勘误信息，点击"提交勘误"按钮即可（见下图）。本书的作者和编辑会对您提交的勘误进行审核，确认并接受后，您将获赠异步社区的 100 积分。积分可用于在异步社区兑换优惠券、样书或奖品。

图书勘误		发表勘误

与我们联系

我们的联系邮箱是 contact@epubit.com.cn。

如果您对本书有任何疑问或建议，请您发邮件给我们，并请在邮件标题中注明本书书名，以便我们更高效地做出反馈。

如果您有兴趣出版图书、录制教学视频，或者参与图书翻译、技术审校等工作，可以发邮件给本书的责任编辑（jiajing@ptpress.com.cn）。

如果您所在的学校、培训机构或企业想批量购买本书或异步社区出版的其他图书，也可以发邮件给我们。

如果您在网上发现有针对异步社区出品图书的各种形式的盗版行为，包括对图书全部或部分内容的非授权传播，请您将怀疑有侵权行为的链接发邮件给我们。您的这一举动是对作者权益的保护，也是我们持续为您提供有价值的内容的动力之源。

关于异步社区和异步图书

"异步社区"（www.epubit.com）是由人民邮电出版社创办的 IT 专业图书社区，于 2015 年 8 月上线运营，致力于优质内容的出版和分享，为读者提供高品质的学习内容，为作译者提供专业的出版服务，实现作者与读者的在线交流互动，以及传统出版与数字出版的融合发展。

"异步图书"是异步社区策划的精品 IT 图书的品牌，依托人民邮电出版社在计算机图书领域 30 余年的发展与积淀。异步图书面向 IT 行业以及各行业使用相关技术的用户。

目录

第一部分　React 基础

第二部分 React 进阶

第三部分　Web 应用开发

第一部分
React 基础

本部分介绍 React 基础内容，共 8 章。

首先以快速创建 React 项目的方式介绍 React 的基础概念，然后逐章介绍 JSX 语法、React 组件、基础 Hooks API，讲解 props、state、context 等数据是如何驱动 React 开发的，如何利用副作用和事件处理实现业务、交互逻辑，以及如何开发组件样式。

经过这一部分的学习，你可以掌握 React 的基本概念、代码写法和主要接口，同时跟随相关章节完成基础 oh-my-chat 应用的开发实践，具备独立开发简单 React Web 应用的能力。

第1章

你好，React

学习一门新技术往往令人充满期待又伴随"能否学好"的担忧，而经典的"Hello, World！"程序正是消除这种不安的最佳起点。本章将带领你在入门和精进 React 的路上迈出坚实的一步。

本章首先简要介绍 React 技术，然后提出贯穿全书的聊天应用 oh-my-chat 的需求和原型设计，接着介绍如何搭建开发环境、创建 React 项目脚手架、为 oh-my-chat 应用编写第一段 React 代码，随后从全局视角出发介绍 React 技术的生态，最后介绍 AI IDE 的安装与利用 AI 生成代码的方法。

1.1 React 技术简介

React 是声明式、组件化的前端开发框架。与传统的前端开发框架相比较，React 具有以下显著优势。

- React 采用声明式的 **JSX 语法**，融合模板功能与 JavaScript 语言的表达能力，易学性、灵活性和性能表现远超其他模板引擎。
- 在视图之外，React 设计了一套**单向数据流**机制进行**应用状态管理**。从视图事件触发状态变更，到状态变更结果汇总，再通过不可变数据传递给相关视图，最终由视图根据传入的数据决定是否重新渲染。
- 开发者将视图和相关逻辑封装为独立的 **React 组件**，React 底层基于轻量级**虚拟 DOM 模型**，通过智能对比新旧两个虚拟 DOM 来实现高效渲染。
- 从 16.8 版本起，React 引入的 **Hooks API** 显著增强了函数式编程能力，在极大程度上简化了组件开发和代码复用。Hooks 不仅引领了前端技术开发的新趋势，还巩固了 React 的领先地位。

与同期的 Angular 等框架相比，React 的设计理念更为克制，并没有试图囊括所有 Web 应用开发需求。这正是 React 得以流行的重要原因之一。React 专注于自身的核心优势（声明式、组件化、单向数据流），有效避免了功能冗余带来的学习成本和使用负担，并且通过开放生态鼓励第三方创新，从而造就了繁荣的 React 技术生态。

这种架构使 React 既能保持轻量高效，又能满足各类 Web 应用开发需求。

1.2 贯穿全书的聊天应用 oh-my-chat

本书将设计一个名为"我聊"的聊天应用作为案例，参考微信 macOS 版的交互设计。为方便阅读，全书正文及代码均使用 **oh-my-chat** 作为项目名称。

oh-my-chat 的产品需求可以分为功能需求和非功能需求。oh-my-chat 的核心功能是基于短文本的、类似短信的即时通信，辅以联系人管理功能，因此功能需求包括消息功能、联系人功能和其他功能。

其中，消息功能可以描述为如下两项。

- 用户可以与特定联系人建立对话。在对话中用户可以发送、接收消息，消息格式为纯文本，已发送或已接收的消息不可以修改。
- 用户可以删除消息，也可以删除整个对话。

联系人功能可以描述为如下 3 项。

- 用户可以添加、修改联系人。修改联系人时，与该联系人的对话中显示的联系人信息应自动同步更新。
- 用户可以修改本人信息。
- 用户可以删除联系人，同时将自动删除与该联系人的对话。

其他功能包括用户注册登录等，但考虑到篇幅和代码复杂度，本书将忽略这些功能实现。

oh-my-chat 的非功能需求是仅开发桌面端 Web 应用，需支持主流现代浏览器，无须支持 IE 等老旧浏览器和移动端浏览器。由于 oh-my-chat 项目的主要用途是辅助学习 React 的样例代码，因此其服务器端接口均采用模拟实现，不涉及多用户系统和即时通信功能。

接下来是 oh-my-chat 的原型设计。oh-my-chat 有两个主要视图——聊天视图和联系人视图，产品界面左侧的纵向导航图标按钮用于实现视图切换功能。在两种视图下，主要内容区域都是两栏式设计——左栏是列表栏，右栏是详情栏。

聊天视图的原型如图 1-1 所示。左栏是对话列表，左栏顶部可以搜索对话，也可以新建对话。当选中左栏某一对话后，右栏会显示该对话的详细信息，顶部显示联系人名称，中部显示聊天消息，底部输入框可以输入新消息。

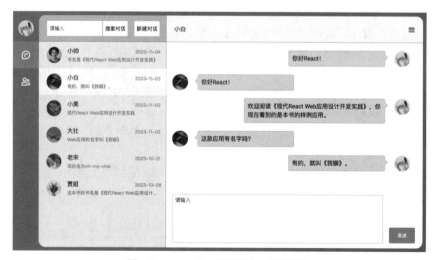

图 1-1   oh-my-chat 原型设计：聊天视图

联系人视图的原型如图 1-2 所示。左栏是联系人列表，左栏顶部可以搜索联系人，也可以添加联系人。当选中左栏某一联系人后，右栏会显示联系人的详情（包括联系人的头像和昵称），右栏底部有 3 个功能按钮，分别用于给该联系人发消息、修改联系人和删除联系人。

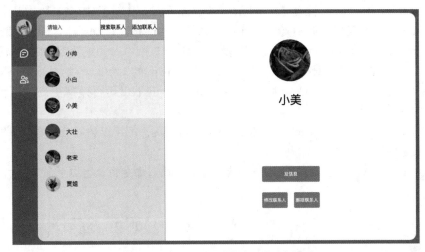

图 1-2 oh-my-chat 原型设计：联系人视图

这里描述的 oh-my-chat 的功能需求比传统软件需求文档更加简明扼要。同时，上述功能只是 oh-my-chat 项目整体需求中的一小部分，其他需求会在后续章节中随着项目进展逐步完善和补充。

1.3 快速创建 React 项目

在明确产品需求后，本节将以尽量简化的步骤，快速创建一个可以在浏览器中运行的 React 项目。

1.3.1 准备开发环境

在各大主流操作系统中，前端开发环境都有成熟的解决方案。本书将以 macOS 作为主要开发环境并编写样例代码。当然，其中涉及的大多数技术和技巧均具有跨平台特性，本书也会在必要时特别说明 Windows 系统的开发注意事项。

前端开发环境的基础是 Node.js，大部分主流前端开发工具都依赖 Node.js 运行。下面将介绍 Node.js 的安装方法。如果已安装 Node.js 22，可以跳过本节内容。

Node.js 的版本迭代迅速，2023 年的主流版本是 Node.js 18，2025 年则升级为 Node.js 22，具体可以参考其官网的"Node.js 版本"页面。虽然在实际开发中不必追逐 Node.js 的最新版本，但这里建议尽量使用最新或次新的长期支持（long term support，LTS）版本。选择新的 LTS 版本意味着加入新功能的同时，既有功能更加成熟稳定，安全补丁等的维护和更新也更及时。本书使用的是 Node.js 22。

　　由于 Node.js 的版本迭代迅速，开发者不仅需要确保开发环境的相对稳定，还要应对不同项目因使用不同 Node.js 版本带来的挑战。因此，建议开发者利用 Node.js 版本管理工具提升切换 Node.js 版本的效率，以降低切换过程对开发环境的影响。

　　目前主流的 Node.js 版本管理工具有 nvm 和 fnm 等。nvm 基于 SHELL 脚本语言开发，在 macOS 和 Linux 上运行良好，但不支持 Windows 系统。fnm 是基于 Rust 语言开发的跨平台工具，其功能与 nvm 类似，可以在一台计算机上安装多个 Node.js 版本，并根据需要随时切换。fnm 具备智能版本切换功能，能够根据项目配置文件（支持 nvm 的 .nvmrc 文件）在开发者切换工作目录时自动切换至对应的 Node.js 版本。相比 nvm，fnm 不仅运行效率更高，而且支持包含 Windows 在内的多平台环境。

　　无论你使用的操作系统是 macOS、Linux 还是 Windows，都可以访问 fnm 官网下载对应的版本，再按照安装向导将其集成到命令行环境中。

　　当然，对于 macOS 系统，更便捷的安装方式是直接通过命令行执行以下命令：

```
brew install fnm
```

　　安装成功后在 .bashrc 或 .zshrc 配置文件中添加以下配置，保存并重启命令行窗口使配置生效：

```
eval "$(fnm env --use-on-cd)"
```

　　其中，--use-on-cd 参数会为 cd 命令添加一个智能钩子，在切换工作目录时自动检测当前目录是否存在 .nvmrc 或 .node-version 配置文件，若存在则自动切换至指定的 Node.js 版本。这一特性对需要同时维护多个依赖不同 Node.js 版本的项目非常实用。

　　安装 fnm 后，可以使用以下命令安装最新的 Node.jsLTS 版本：

```
$ fnm install --lts
Installing Node v22.15.0 (arm64)
```

　　使用以下命令查看版本信息：

```
$ node -v
v22.15.0
```

　　当开发环境中安装有多个 Node.js 版本时，新建命令行窗口后默认使用不同的 Node.js 版本。这时可以通过以下命令查看当前已经安装的所有版本：

```
$ fnm list
* v16.20.2
* v18.18.2 default
* v22.15.0 lts-latest
* system
```

　　如果希望默认使用新安装的 LTS 版本，可以设置别名 default 指向的版本：

```
$ fnm alias 20 default
$ fnm list
* v16.20.2
* v18.18.2
```

```
* v22.15.0 default, lts-latest
* system
```

这样，每当用户新开命令行时，都会默认使用 Node.js 的 22 LTS 版本。

1.3.2　选择代码编辑器

准备好开发环境后，建议安装一个适合前端开发的代码编辑器。本书推荐微软的 Visual Studio Code（即 VS Code），它为 JavaScript 和 TypeScript 提供了强大的语言服务器（Language Server）支持，在语法检查、代码补全等方面表现优异，其丰富的插件生态能够显著提升 React 前端开发效率。

安装 VS Code 后，用户可以通过在 VS Code 菜单上单击 View → Command Palette →输入 `install code` →选择提示的 `Shell Command: Install 'code' command in PATH` 并按下 Enter 键将其添加到命令行环境，即可在命令行环境中通过 `code/path/to/my/project` 命令快速用 VS Code 打开项目目录。

新安装的 VS Code 默认已内置对 JavaScript 和 React 的支持，开箱即用。在开始编写代码之前，建议为 VS Code 安装以下插件（extension）。具体方法是在菜单栏中单击 View → Extensions 打开插件市场，在搜索框中输入插件名称或标识符（Identifier），找到对应插件后安装。

- VS Code 的简体中文语言包标识符为 `ms-ceintl.vscode-language-pack-zh-hans`。VS Code 默认提供英文界面，如果希望使用简体中文界面，可以安装这个语言包。
- ESLint 插件标识符为 `dbaeumer.vscode-eslint`。ESLint 是 JavaScript 和 TypeScript 语言生态中广泛使用的静态代码检查工具，可以根据社区规范或者自定义规则检测代码问题，并提供自动修复功能。例如，检测 JavaScript 代码中声明后未使用的变量，或使用了未声明的变量，这些都会被 ESLint 及时检查出来，并在代码编辑器中高亮显示，方便开发者根据提示及时修正。
- Stylelint 插件标识符为 `stylelint.vscode-stylelint`。Stylelint 插件专注于 CSS 等样式表的静态代码检查，帮助开发者发现 CSS 代码中的潜在错误并应用代码规范。
- Prettier 代码格式化插件标识符为 `esbenp.prettier-vscode`。Prettier 是一个智能的代码格式化工具。例如，决定使用空格还是 `tab` 进行缩进，控制左大括号"`{`"写在行尾还是另起一行，`if` 语句与相连的左括号"`(`"之间是否需要保留空格，Prettier 默认应用社区主流的代码规范，来确保不同开发者写出的代码风格保持统一，提高团队协作的效率。
- Code Spell Checker 插件标识符为 `streetsidesoftware.code-spell-checker`。这是一个英语拼写检查工具，可以提示常见的拼写错误，并给出修改建议。

后文中提及 IDE（整合开发环境）时，如无特殊说明默认指代 VS Code。

1.3.3　AI 辅助：安装 AI 代码编辑器

如果希望在后续开发过程中使用 AI 辅助开发，需要安装一款 AI 代码编辑器。这里推荐在 VS Code 中安装微软推出的 **GitHub Copilot**（后文简称为 Copilot）插件，其标识符为 `github.`

copilot。安装该插件时，系统会自动同步安装配套的 GitHub Copilot Chat 插件。

使用 Copilot 需要先登录 GitHub 账号，具体操作步骤：在 Command Palette→输入 copilot→选择提示的 GitHub Copilot: Sign In 并按 Enter 键，然后在弹出的浏览器页面中完成 GitHub 登录，最后返回 VS Code 完成授权。安装配置成功后，可通过 VS Code 菜单中的"查看"→"聊天"选项在主界面右侧打开 Copilot 视图，如图 1-3（a）所示。为验证 Copilot 能否正常工作，可以在聊天框中输入"React 是什么"进行测试，如图 1-3（b）所示。

（a）VS Code 中的 GitHub Copilot 插件   （b）测试 Copilot 能否正常工作

图 1-3   在 VS Code 中安装 GitHub Copilot 插件

除 VS Code 扩展方案外，可以选择安装专业 AI IDE，如 **Cursor** 或字节跳动推出的 **Trae**。这两款 AI IDE 均基于 VS Code 定制开发，其基础开发体验与 VS Code 一致，同时兼容 VS Code 插件，但它们的 AI 辅助开发功能各有特色，可以根据需求选择。

后文提及 AI IDE 时，如无特殊说明，默认指代 VS Code + GitHub Copilot。

1.3.4   使用 create-vite 创建 React 项目

前端技术栈的配置比较复杂，这与日益提升的前端技术复杂性正相关。配置流程主要包括创建 Node.js 项目、安装依赖库、安装配置前端打包工具和创建入口的代码文件等。尽管流程较为烦琐，但当前主流前端技术大都配套有脚手架工具来帮助开发者搭建项目。

Vite 作为现代 JavaScript 打包工具，其官方提供的 create-vite 工具内置 React 项目脚手架。关于该工具的具体实现细节及 React 工程化配置，将在 17.1 节介绍前端工程化实践时有所涉及，本节则重点演示 create-vite 的基础用法。

下面将介绍 create-vite 的用法。首先，在命令行创建一个工作目录，然后借助 npm 执行 create-vite 命令：

```
mkdir ~/workspaces
cd ~/workspaces
npm create vite@latest
```

如果命令行提示需要安装 create-vite 包，键入 y 并按 Enter 键即可完成安装：

```
Need to install the following packages:
create-vite@6.5.0
Ok to proceed? (y) y
```

如下面代码所示，运行 create-vite 后命令行后将进入交互式配置向导，当提示 Project name 时输入项目名称 oh-my-chat，提示 Select a framework 时选择 React，提示 Select a variant 时选择 JavaScript。值得注意的是，向导同样提供 TypeScript 选项，使用 TypeScript 编写 React 应用已成为主要趋势，相关内容将在 17.2 节简单介绍。完成安装向导后，create-vite 将自动创建 React 项目的脚手架。

```
✓ Project name: ... oh-my-chat
✓ Select a framework: › React
✓ Select a variant: › JavaScript
```

按照 create-vite 提示，继续执行如下命令：

```
$ cd oh-my-chat
$ npm install
$ npm run dev

  VITE v6.5.0  ready in 509 ms
  ➜  Local:   http://localhost:5173/
  ➜  Network: use --host to expose
  ➜  press h + enter to show help
```

这时在浏览器地址栏手动输入 http://localhost:5173/ 并按 Enter 键，即可在浏览器窗口中运行 React 的代码示例，如图 1-4 所示。

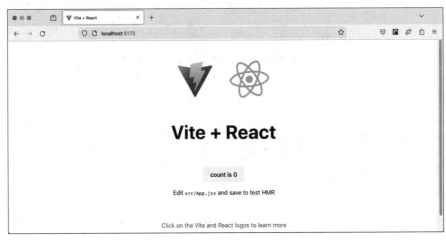

图 1-4　通过 Vite 创建的 React 脚手架项目默认页面

用 IDE 打开项目目录，可以看到项目脚手架的代码。代码文件结构和主要代码文件的内容如图 1-5 所示。在 package.json 文件中可以看到，新项目使用的 React 版本是 9.1.0。

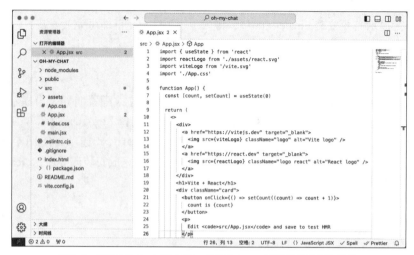

图 1-5　在 VS Code 中查看 Vite 创建的 React 脚手架项目代码结构

此项目的代码风格与 React 社区规范存在显著差异，例如 JavaScript 语句末尾省略分号（;）。为了保持整个项目的代码风格统一，可以使用 Prettier 来格式化代码。具体做法是打开 src/App.jsx 文件，在 VS Code 菜单上单击 View → Command Palette →输入 formatdoc →选择提示的 Format Document... 并按 Enter 键，当 VS Code 弹出"选择格式化程序"提示（如图 1-6 所示）时，选择 Prettier。

图 1-6　在 VS Code 中对 Vite 创建的 React 脚手架项目代码进行格式化

使用 Prettier 格式化前后的项目代码对比，如图 1-7 所示。可以看到 App.jsx 文件每行代码末尾都自动添加了分号。用户可在格式化过的代码基础上进行修改，例如修改 <h1> 标题，完成修改后保存文件即可使代码生效。

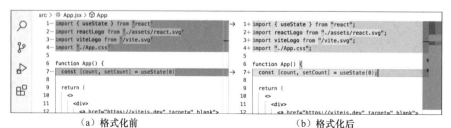

（a）格式化前　　　　　　　　　　（b）格式化后

图 1-7　对 Vite 创建的 React 脚手架项目代码格式化的结果

浏览器页面会自动更新，如图 1-8 所示。

图 1-8　修改后的 Vite 脚手架项目默认页面

这种即时反馈是前端开发领域为开发者提供的高效体验：每次修改代码后开发者都能直观看到页面变化，从而快速验证代码的正确性。使用 Vite 搭建的 React 环境均具备这一特性。

对比 Prettier 格式化前后的代码，可以发现格式化后的代码中的所有引号均被统一替换为双引号，这是因为 Prettier 认为，在英文环境中，与单引号字符串 `'It\'s Jim\'s book.'` 相比，双引号字符串 `"It's Jim's book."` 中的转义符（ `\` ）明显少得多。虽然本书认为使用单引号或者双引号没有优劣之分，关键在于保持全局一致性，但考虑到国内开发者的习惯，本书将优先使用单引号。用户只需要在项目根目录中添加配置文件 .prettierrc，使用如下方式修改 Prettier 的默认引号规则为使用单引号，然后重新格式化即可：

```
{
  "singleQuote": true
}
```

需要说明的是，尽管本节选用了 create-vite 创建 React 项目，但截至 2025 年初，在 React 技术社区广泛应用的脚手架工具是 Meta 公司推出的 Create React App（CRA）工具（不过，CRA 已于 2025 年 2 月被 Meta 官方正式弃用）。除了 CRA 和 create-vite，市面上还有其他优秀的脚手架工具供 React 开发者选择。在开发样例代码时，开发者可能难以察觉各种脚手架工具的差异。但在实际应用中，当前端项目规模不断增大，源文件数成百上千时，CRA 的打包性能将成为瓶颈，启动 npm start 甚至需要数分钟，这会显著影响开发效率。

Vite 是一款现代 JavaScript 打包工具，它创新性地利用现代浏览器对原生 ES 模块的支持，将部分打包任务交由浏览器处理。此外，通过其他方面的优化，Vite 比传统 JavaScript 打包工具具备更高的打包性能。因此，本书后续的样例代码将统一使用 Vite 进行打包。当然，开发者也可以根据实际开发需求自行选择打包工具。

1.3.5　提交代码到代码仓库

利用版本控制（version control）工具将本地开发的代码及时提交到代码仓库，是个好习惯。我曾多次目睹因本地代码丢失导致的事故，其代价往往是数日的工作成果化为乌有，开发者只能凭记忆重新编写代码，严重影响项目进度。

在本书中，将代码提交到代码仓库还包含另一层含义。你可以跟随本书的节奏练习编写相关代码，并在每章结束时提交代码到代码仓库以保存该版本，如果在学习后续章节时需要反复修改当前代码以验证某些功能，可以再回滚到前面章节的版本。当然，你也可以选择直接下载本书附带的代码，在本地阅读、执行和调试。在这种情况下，比起下载 zip 包格式的代码，本书更建议使用 VCS 工具克隆代码，这样既能在本地查看完整的代码修改历史，也便于理解各章节内容和回滚本地代码。

本书选用 Git 作为 VCS 工具。Windows 用户可以从 Git 官网安装，macOS 用户则有多种安装方法，其中较简单的是安装 Xcode 内置的 Git。

在命令行中执行如下命令：

```
git --version
```

如果 macOS 未安装 Git，系统会提示安装命令行工具。

此外，也可以使用 HomeBrew 来安装：

```
brew install git
```

安装 Git 后，VS Code 内置的源代码管理功能即可正常使用。

这时可以将 1.3.4 节使用 create-vite 工具创建的脚手架代码提交到代码仓库中。在提交代码之前，可以先使用 Prettier 将所有源文件格式化。

当然，你也可以选择线上的 Git 代码仓库，如 GitHub 或 Gitee。本书样例代码的开发过程将以 GitHub 代码仓库为例，同时也会提供在 Gitee 上的镜像代码仓库。

首先在 GitHub 上创建一个代码仓库，命名为 oh-my-chat。按照 GitHub 官方文档"通过 SSH 连接到 GitHub"的指导，配置好本地的 SSH 密钥。然后通过命令行进入项目目录，执行如下命令：

```
$ cd oh-my-chat
$ git init
Initialized empty Git repository in /Users/user/workspaces/oh-my-chat/.git/

$ git add .
$ git commit -m " 初次提交 "
[master (root-commit) 7215194] 初次提交
 14 files changed, 6205 insertions(+)
 ...

$ git branch -M main
$ git remote add origin git@github.com:evisong/oh-my-chat.git
$ git push -u origin main
```

```
Enumerating objects: 19, done.
...
Writing objects: 100% (19/19), 67.16 KiB | 6.71 MiB/s, done.
Total 19 (delta 0), reused 0 (delta 0), pack-reused 0
To github.com:evisong/oh-my-chat.git
 * [new branch]      main -> main
branch 'main' set up to track 'origin/main'.
```

　　以上提示信息说明代码已成功提交，这时可以在 GitHub 网站上查看刚提交的代码。

　　回顾已经提交代码的文件名，可以发现其中混用了大小写字母。目前，前端社区推荐使用帕斯卡命名法（PascalCase）来命名 React 组件源码文件（如 App.jsx、MessageList.jsx 等），使用驼峰命名法（camelCase）来命名非 React 组件的其他源码文件，如 index.js、useTabs.js 等。这种命名法的好处在于保持文件名与文件导出的组件或其他模块命名的一致性。然而，在 macOS 和 Windows 等**不区分大小写**（case-insensitive）的操作系统中，混用大小写字母的文件名配合 Git 使用可能会引发诸多问题，如 Git 认为 A.txt 和 a.txt 是两个不同文件，但操作系统将其识别为同一个文件。本书不对这些问题作过多展开，唯一的建议是，对于已提交的文件，应避免再修改文件名中的大小写，如果已提交 messageList.jsx，应避免在本地将其重命名为 MessageList.jsx，否则可能导致 Git 提交时会出现一系列错误。

1.4　编写基础应用代码

　　完成准备工作后，现在开始编写 oh-my-chat 的代码。

1.4.1　项目实现：编写聊天视图代码

　　本节将使用尽可能简单的代码和模拟数据，实现 1.2 节定义的 oh-my-chat 的第一个视图——聊天视图。实现这部分代码的目的有以下 3 个。

- 展示 React 组件及其样式代码的基本构成。
- 直观展示 React 应用开发的过程。
- 作为后续章节的基础，以不断迭代的方式逐步引入新知识点。

　　为了更好地实现上述目标，建议你跟随本节内容动手编写应用代码，也可以从本书配套的代码仓库直接将完整代码复制到本地，然后进入第 1 章目录 /ch01_3_5，运行 npm install && npm run dev 查看效果。

　　首先使用 IDE 打开 1.3.4 节通过 create-vite 创建的 oh-my-chat 项目，清理并调整项目脚手架代码。在项目根目录新建 .nvmrc 文件，指定 Node.js 版本为 22：

```
22
```

　　该配置结合 fnm 工具，能够确保每次进入项目根目录时会自动切换至 Node.js 22 LTS 版本，该 .nvmrc 文件将纳入版本控制，以确保所有项目参与者使用同一 Node.js 版本。

　　修改 index.html 文件中的标题：

```
    <meta name="viewport" content="width=device-width, initial-scale=1.0" />
    <title> 我聊 - 现代 React Web 应用设计开发实践 </title>
</head>
```

　　另外，脚手架代码样式支持暗黑主题。为了简化示例，我们先清理相关的配色 CSS 样式。打开 src/index.css 文件删除多余样式代码，并增加 overflow 属性：

```
:root {
    font-family: Inter, system-ui, Avenir, Helvetica, Arial, sans-serif;
    font-weight: 400;
    font-synthesis: none;
    /* 保留 ... */
}
body {
    /* 保留 ... */
    min-height: 100vh;
    overflow: hidden;
}
    /* 删掉 button 和 @media (prefers-color-scheme: light) */
```

　　在 src/assets 目录下，准备好本节示例所需的 SVG 图标：icon-contact.svg、icon-menu.svg 和 icon-message.svg。将 src/App.jsx 中全部内容替换成如下代码，在应用最外层构建基础的三栏式 DOM 结构：

```
import { useState } from 'react';
import reactLogo from './assets/react.svg';
import contactIcon from './assets/icon-contact.svg';
import messageIcon from './assets/icon-message.svg';
import './App.css';

function App() {
  const [activeView, setActiveView] = useState('chat');

  return (
    <div className="root">
      <nav>
        <img src={reactLogo} className="my-avatar" alt=" 我的头像 "/>
        <ul className="top-nav">
          <li className={activeView === 'chat' ? 'active' : undefined}>
            <a href="#" onClick={() => setActiveView('chat')}>
              <img src={messageIcon} />
            </a>
          </li>
          <li className={activeView === 'contact' ? 'active' : undefined}>
            <a href="#" onClick={() => setActiveView('contact')}>
              <img src={contactIcon} />
            </a>
          </li>
        </ul>
      </nav>
      <aside>{/* TODO: 对话列表 */}</aside>
      <main>{/* TODO: 消息列表 */}</main>
```

```
      </div>
   );
}

export default App;
```

这段代码的主体是 JavaScript，但在函数返回值中嵌入了 HTML 标签结构，这种语法被称作 JSX。对于仅接触过 HTML 和 JavaScript 的初学者而言，初次看到 React 的语法可能会有些陌生，甚至不适应。2.1 节将会重点介绍 JSX 语法。

在 src/App.css 文件中将所有样式代码替换成如下代码，可以在前面构建的三栏式 DOM 结构基础上实现"左中右"的布局样式：

```
#root {/* 省略 ... */}

.root {
  display: flex;
  flex-direction: row;
  height: 100%;
}

.root > nav {
  margin: 28px 0;
  flex: 0 0 80px;
  display: flex;
  /* 省略 ... */
}

.root > aside {
  margin: 12px 0;
  border-radius: 20px 0 0 20px;
  border-right: 1px solid #9a9a9a;
  flex: 0 0 400px;
  display: flex;
  /* 省略 ... */
}

.root > main {
  margin: 12px 12px 12px 0;
  border-radius: 0 20px 20px 0;
  flex-grow: 1;
  display: flex;
  /* 省略 ... */
}

.top-nav {/* 以下省略，请参考代码仓库 */}
```

可以看到，oh-my-chat 主要采用 CSS 的 Flexbox 布局技术。与传统的绝对定位、浮动等布局技术相比，Flexbox 的灵活性更高、所需的 DOM 元素更少，从而提升 HTML 的代码整洁度（Code Cleanliness）。需要特别说明的是，为了优化阅读体验，本书正文中的代码片段在换行等部分格式上有细微调整，对于重复出现的或非关键的代码片段会使用 JavaScript 或 CSS 注释进行省略处理；

如果需要查看经过格式化的完整代码，可以参考代码仓库。

　　在命令行中运行 npm run dev 命令并在浏览器中打开页面，布局如图 1-9 所示。前面的代码实现了左侧的纵向导航栏功能，单击页面左侧导航栏中的聊天、联系人图标还可以切换高亮项目，同时预留了中栏和右栏的空白区域，用于后续实现对话列表和消息列表。

图 1-9　为 oh-my-chat 主页面加入页面布局

　　接下来实现对话列表栏。在 src/App.jsx 文件 App() 函数前，插入对话列表的代码：

```
const ThreadsPane = () => {
  const threads = [
    {
      id: 1,
      contactName: ' 小帅 ',
      updateTime: '2023-11-04',
      latestMessage: ' 书的主题是现代 React Web 应用的设计开发实践。',
    },
    {
      id: 2,
      contactName: ' 小白 ',
      updateTime: '2023-11-03',
      latestMessage: ' 有的，就叫《我聊》。',
      active: true,
    },
    // 省略 id: 3 ~ id: 5
  ];

  return (
    <>
      <header className="thread-top-menu">
        <form><input maxLength={20} /><input type="submit" value=" 搜索对话 " /></form>
        <button> 新建对话 </button>
      </header>
      <ul className="thread-list">
        {threads.map((thread) => (
          <li key={thread.id} className={thread.active && 'active'}>
            <a href="#">
              <img src={reactLogo} className="avatar" alt=" 头像 " />
```

```
            <div className="thread">
              <span className="contact-name">{thread.contactName}</span>
              <span className="update-time">{thread.updateTime}</span>
              <span className="latest-message">{thread.latestMessage}</span>
            </div>
          </a>
        </li>
      ))}
    </ul>
  </>
  );
};
```

ThreadsPane() 函数为对话列表创建了多条模拟数据，并在后面的 HTML 标签中使用了这些数据，相关的写法和原理将在 2.3.2 节进行详细介绍。

需要说明的是，如果在安装 VS Code 时安装了 AI 辅助开发工具 Copilot，那么在编辑器界面中输入上述代码的过程中，会频繁收到来自 Copilot 的代码补全提示，如图 1-10 所示。这时可以预览代码补全建议，如果基本符合要求，则可以按 Tab 键直接采纳。与传统的自动代码补全不同，基于 AI 的智能代码补全通常会提供多行连贯代码，而且与项目中既有代码的业务逻辑关联性更强，这大大提高了开发者编写代码的效率。为了快速熟悉 React 基础代码的编写过程，本书建议暂时禁用 Copilot 的自动补全功能（可以暂时关闭 Copilot），全程采用手动编码方式。

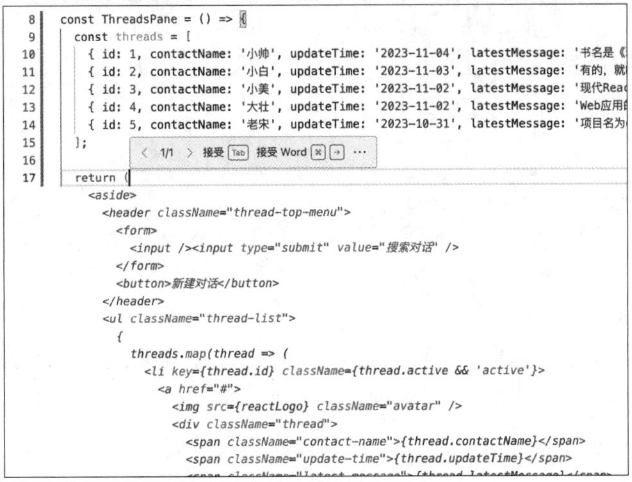

图 1-10 Copilot 的自动代码补全

将 App() 函数返回值中的注释 "TODO：对话列表" 替换为以下标签，即可将完成的对话列表嵌入到中栏布局中：

```
<aside>{activeView === 'chat' && <ThreadsPane />}</aside>
```

在 src/App.css 中添加对话列表及对话列表顶栏的样式定义：

```
.thread-top-menu {
  flex: 0 0 5rem;
```

```
  display: flex;
  flex-direction: row;
  /* 省略 ... */
}

.thread-list {
  /* 省略 ... */
  list-style: none;
  overflow-x: hidden;
  overflow-y: auto;
}
.thread-list li.active {
  background-color: #ffffff99;
}
.thread-list li > a:hover,
.thread-list li > a:active {
  background-color: #ffffff77;
}
```

/* 省略其他样式 ... */

　　保存修改，浏览器页面将自动更新为图 1-11 所示效果。新增代码实现了对话列表及用于管理对话列表的顶栏，但是暂未实现交互功能，相关逻辑将在后续章节逐步添加。

图 1-11　为 oh-my-chat 主页面加入对话列表

　　最后实现消息列表栏功能。在 src/App.jsx 文件顶部导入新的 SVG 图标：

```
import menuIcon from './assets/icon-menu.svg';
```

　　React 支持引用图片，将图片导入 JavaScript 的方式将在 17.1.2 节介绍前端构建时详细说明。

　　在 App() 函数前插入如下代码，实现消息列表：

```
const MessagesPane = () => (
  <>
    <header className="message-top-menu">
      <h1> 小白 </h1>
      <button><img src={menuIcon} alt=" 消息菜单 " /></button>
    </header>
```

```jsx
  <ul className="message-list">
    <li className="from-me">
      <img src={reactLogo} className="avatar" />
      <p className="message">你好 React！</p>
    </li>
    <li>
      <img src={reactLogo} className="avatar" />
      <p className="message">你好 React！</p>
    </li>
    <li className="from-me">
      <img src={reactLogo} className="avatar" />
      <p className="message">欢迎学习 React Web 应用开发，你现在看到的是本书的聊天应用。</p>
    </li>
    <li>
      <img src={reactLogo} className="avatar" />
      <p className="message">这款应用有名字吗？</p>
    </li>
    <li className="from-me">
      <img src={reactLogo} className="avatar" />
      <p className="message">有的，就叫《我聊》"。</p>
    </li>
  </ul>
  <form className="compose-message">
    <textarea placeholder="请输入消息..." />
    <input type="submit" value="发送" />
  </form>
  </>
);
```

将 `App()` 函数返回值中的注释 "TODO：消息列表"，整行替换成如下标签以嵌入刚实现的消息列表功能：

```jsx
<main>{activeView === 'chat' && <MessagesPane />}</main>
```

从当前 `src/App.jsx` 文件中包含的 HTML 标签可以看出，oh-my-chat 并没有过度依赖 `<div>` 标签，而是根据实际业务语义选择符合 Web 标准的标签，这种做法可以显著提升代码的可读性和可维护性。这里可以尝试清空所有 CSS 样式，观察在样式文件加载失败的情况下，oh-my-chat 的 HTML 默认呈现效果。

在 `src/App.css` 中添加消息列表相关样式：

```css
.message-top-menu {/* 省略 ... */}

.message-list {
  flex: 1;
  margin: 0 1.2rem;
  padding: 1.2rem 0;
  list-style: none;
  overflow-x: hidden;
  overflow-y: auto;
}
.message-list li {
```

```
  display: flex;
  align-items: flex-start;
  justify-content: flex-start;
  column-gap: 1.2rem;
  min-height: 2rem;
}
.message-list li.active {
  background-color: #ffffff99;
}
.message-list li.from-me {
  flex-direction: row-reverse;
}

.compose-message {/* 省略 ... */}
/* 省略其他样式 ... */
```

　　保存文件后，浏览器将显示如图 1-12 所示的完整界面，当前已实现的功能包括：消息列表、消息列表的顶栏，以及底部的发送消息表单。目前，消息列表为硬编码，表单交互功能暂未实现，这些将在后续章节中逐步完善。至此，聊天视图已经基本实现。

　　建议将当前所有代码修改提交至代码仓库，以方便后续使用。

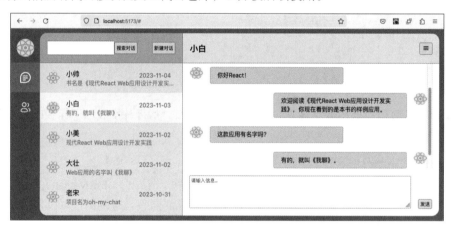

图 1-12   为 oh-my-chat 主页面加入消息列表

1.4.2   AI 辅助：生成联系人视图代码

　　本节将实践 AI 辅助开发的内容。

　　值得注意的是，本节的 AI 生成代码仅作为实验用途，在完成本节内容学习后将被清除，请务必保存 1.4.1 节手动编写的代码，以方便回滚。下面基于 1.2 节联系人视图的原型设计图，利用 AI 生成相关代码。作为准备工作，需要先从代码仓库中下载原型设计图文件 oh-my-chat-mockup_2.png。

　　首先在 VS Code 中打开 App.jsx 文件，然后打开 Copilot 视图，将刚才的原型设计图拖拽到聊天框中，输入以下提示语：

请在当前文件中，根据上传的图片生成联系人视图的代码。代码中已经包含聊天视图，在用户点击导航中的"联系人"链接时，切换到联系人视图。

在聊天框底部，将默认的"询问（Ask）"模式切换至"代理（Agent）"模式，并将默认的"GPT-4o"模型切换至"Claude 3.5 Sonnet"模型。如图 1-13 所示，完成设置后点击"发送"按钮。首次使用可能需要确认是否启用 Claude 模型，确认启用即可。

图 1-13　将 Copilot 切换至代理模式

在响应阶段，Copilot 会智能分析用户需求，自动生成代码修改方案并直接应用到 App.jsx 源文件中。如图 1-14 所示，代码变更将在代码编辑器中被高亮显示。在审查每处修改后，用户可以点击右侧的"保留"按钮确认代码修改方案；或者点击"撤销"按钮放弃修改，使代码回滚至原始状态。

图 1-14　Copilot 代理模式生成代码的结果

在浏览器中查看页面，点击左侧导航栏的联系人视图按钮，可以发现 Copilot 部分实现了原型设计，如图 1-15 所示。

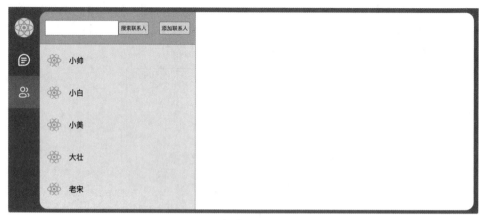

图 1-15　Copilot 代理模式实现的联系人视图

尽管 Copilot 实现的联系人视图并不完整，但是还原了原型设计中的界面布局和数据展示，其代码结构与 1.4.1 节手动编写的示例基本一致。关于 AI 生成的代码质量将在第 2 章系统学习 JSX 语法后再做讨论。本节实践暂时结束，需要将 Copilot 生成的代码回滚，为第 2 章的实践做好准备。

1.5　React 的技术生态

1.4 节运用 React 为 oh-my-chat 项目实现了基础功能，对于一个完整 Web 应用而言，这仅是一小部分。面对日益复杂的前端开发场景，**仅依靠 React 框架难以构建符合生产环境标准的完整 Web 应用**。这一现状可能会让初学者感到困惑，但它恰恰反映了当前前端开发领域的真实情况。与 10 年前相比，Web 前端开发的复杂度显著提升，但与之对应的是，Web 前端的技术能力实现了质的飞跃，其应用场环境得到了极大拓展。这种演进在为开发者带来更多挑战的同时，也创造了更多机遇。React 技术凭借其独特优势在这样的背景下脱颖而出。正如 1.1 节所述，对比各大主流前端框架，React 的内置功能并不是最多最全的，但其克制的设计理念和对第三方库的开放性，造就了**繁荣的 React 技术生态**。使用 React 的开发者越多，为 React 开发的第三方开源库就越丰富；React 技术生态越繁荣，又会吸引更多开发者选择 React。这种良性循环形成了 **React 的马太效应**。

因此，开发者无须担忧学习 React 与开发完整 Web 应用之间的差距。以 React 为基础，结合其强大的技术生态，前端开发者完全可以应对各种规模、各种复杂度的 Web 应用开发需求。这也带来一个新的课题，开发者需要明确 React 框架的能力边界，并了解其生态中的重要组成，从而针对不同场景选择最合适的技术方案。

1.5.1　一些开源 React 组件库

HTML 和 DOM API 作为浏览器原生技术，最初是为网页设计而开发的。尽管 HTML 标准化工作已取得显著成果，新增了许多标签和 API，但面对现代 Web 应用开发需求，仍然缺乏富交互应用（Rich Web Application）所需要的、开箱即用的前端组件。

React 框架虽然在底层封装了 DOM API 的实现细节，但其面向用户的组件仍基于 HTML 原生元素，例如 `<button>`、`<input>`、`<select>` 和 `<div>` 等。对于更高级的组件需求，如 `<Tab>`、`<ToggleButton>` 和 `<Tree>` 等，需要开发者自行实现。此外，如果希望统一所有组件的视觉风格、交互行为和编程接口，往往需要对基础组件进行深度封装或重写。另一种更高效的选择则是利用现成的 React 组件库。

组件库本质上是经过系统设计、具备统一风格、完善封装和一致接口的可复用前端组件的集合。React 组件库，尤其是开源组件库，是 React 生态的重要组成部分。以下是 2023 年 11 月 npm 单周下载量排名前三的 React 组件库。

- MUI，前身是著名的 material-ui，基于谷歌的质感设计（Material Design）语言，提供丰富的组件和稳定的接口。MUI 官方已经分化出一套 Base UI，支持开发者脱离质感设计定制主题。
- AntD，全称 Ant Design，是蚂蚁集团开源的组件库，提供完整的设计体系与丰富的组件，以及数十种国际化语言支持。
- React Bootstrap，基于传统前端组件库 Bootstrap，JavaScript 部分完全为 React 重写，摒弃了 jQuery 依赖。组件种类齐全，保留了传统 Bootstrap 的分栏布局和定制主题的功能。

上述 3 个开源组件库都采用了商用友好的 MIT 协议，在各类 Web 应用项目中被广泛应用。考虑到组件开发是 React 学习过程中的关键环节，本书后续章节将不会采用现成的开源组件库。如需了解组件库的具体用法，可以参考各项目的官方网站。

1.5.2　什么是"React 全家桶"

当开发 Web 应用时，除了组件库，开发者还需要关注如下领域。
- 应用状态管理框架：Zustand、Redux、MobX 等。
- 服务器通信：浏览器标准的 fetch API 框架、Axios 框架，以及 React Query 框架。
- 表单处理：React Hook Form 框架、Formik 框架。
- 前端路由：事实标准的 React Router 框架。
- 组件样式：诸多 CSS-in-JS 框架，Linaria。
- 打包编译工具：Webpack、Babel，以及集成了 Webpack、Babel 的 Create React App 脚手架，目前 Vite 凭借其出色的性能表现成为许多新项目的首选构建工具。
- 自动化测试框架：Jest、React Testing Library。

这些工具与框架的组合，在中文技术社区常被称为"React 全家桶"。例如 React+Zustand+React Router+Axios+Vite +Jest。

上述框架、工具对于现代 Web 应用开发大都是必需的，后续章节将会详细介绍其使用方法，并在 oh-my-chat 项目中实践应用。

1.5.3　React Native 简介

在 React 的发展历程中，移动互联网的兴起对 React 的技术演进产生了深远影响。自 iOS 和 Android 主导移动互联网以来，跨平台代码复用成为关键的技术方向——即实现一份代码可同时运行于 iOS、Android 和 Web 端平台。目前该领域的主流技术方案当属 Flutter 和 React Native，其中后者凭借其独特优势占据了重要地位。

其实，oh-my-chat 的 `package.json` 文件中有两个依赖项（dependencies）：`react` 和 `react-dom`，前者是 React 的核心逻辑，后者则实现 React 在 Web 端的特有接口和功能。这种架构设计自然引出一个问题：是否存在其他平台的实现方案？ React Native 是对应移动端的接口和实现，对应的 npm 包为 `react-native`，与 React 的 Web 端共享 React 内核。这种跨平台能力的基础正是 React 的虚拟 DOM 设计，具体原理将在后续章节详细讨论。

React Native 秉承 "*Learn once, write anywhere*" 的理念。它极具创新性地将 JavaScript 和 iOS/Android 上的原生组件结合在一起，既将 JavaScript 和 React 这两种主流 Web 开发技术引入移动端开发，又利用移动端的原生组件提高了渲染和交互性能，并且通过在组件接口层面的抽象从一定程度上屏蔽了 iOS 和 Android 的差异，实现了高效的跨平台代码复用。对于业务导向型且对移动端原生功能依赖度较低的应用程序，采用 React Native 是比较理想的开发方案。

Facebook 早期推广 React 技术时，React Native 曾力其生态扩张，许多开发者希望通过掌握 React 技术把握住移动互联网时代的机遇。时至今日，React 的架构设计与功能实现都充分考虑了 Web 端和移动端开发需求的双重支持。

需要说明的是，本书聚焦于 Web 前端开发，后续章节不会深入探讨 React Native 接口的具体应用。如需要进一步了解移动端开发，可以参考 React Native 的官方文档获取详细信息。

1.6　AI 辅助的前端开发概述

为了理解 AI 辅助的前端开发模式，首先需要了解 **AI 辅助软件开发生命周期**（AI-assisted Software Development Lifecycle）的运行机制。

本章在配置开发环境和编写基础应用代码时，以 GitHub Copilot 为例演示了 AI 辅助编程工具的部分功能。初次接触这类 AI 工具的开发人员可能会对这些功能留下深刻印象。但需要明确的是，无论是 Copilot 还是其他 AI 辅助编程工具，都只是 AI 辅助在软件开发生命周期中的部分应用体现。

软件开发生命周期（Software Development Lifecycle）通常包括计划、设计、实现、测试、部署和维护这 6 个阶段，每个阶段都涉及大量任务，这些任务的自动化程度直接影响软件开发效率。在生成式 AI 技术出现之前，软件开发自动化工具和相关实践已经相对成熟，效率提升空间逐渐缩小。而生成式 AI 技术为整个领域注入了新的活力，几乎在每个开发阶段都能提供智能化支持。

在软件开发生命周期的各阶段，AI 可以辅助的具体任务如表 1-1 所示。其中标记"↑↑"的项目表示已有较为成熟的商业产品或开源工具支持，并且已被较多企业采用；标记"↑"的成熟度稍低，但发展迅速，受到业界广泛关注；未做标记的则表示仍处于探索阶段。

表 1-1 AI 辅助的软件开发生命周期

计划	设计	实现	测试	部署	维护
业务需求分析	UI 与交互设计↑	开发任务分解↑	单元测试↑↑	CI/CD↑	监控↑↑
产品需求文档↑	技术设计文档↑	编写代码↑↑	集成测试↑	制品管理	故障管理↑
业务风险评估	安全设计	代码审查↑↑	性能测试	灰度或蓝绿部署	故障分析↑
原型设计制作↑↑		配置开发环境	安全测试	配置管理↑	技术栈升级↑↑
				变更管理	

本书聚焦于 React 和 Web 前端开发领域，因此关于 AI 辅助的软件开发生命周期不做深入介绍。Copilot 作为一款 AI 编程辅助工具，主要覆盖代码编写、代码审查、单元测试等核心开发环节。在此基础上，原型设计、系统监控、故障分析等任务都可以被整合到 AI 辅助的前端开发流程中。

本书会在后续章节中适时引入 AI 辅助开发的相关内容，这些内容将以 AI 辅助 React 代码开发为核心，同时根据不同章节的主题，也会涉及其他环节的工作，如 AI 辅助编写单元测试等。

1.7 小结

本章首先介绍了 React 技术的概况，并说明了贯穿全书的 oh-my-chat 项目的主要功能。然后，详细说明如何在本地配置 Node.js 开发环境，推荐使用 VS Code 作为代码编辑器，并使用 create-vite 脚手架工具创建 oh-my-chat 的项目基础结构。在此基础上，我们为 oh-my-chat 的聊天视图编写了基础的 React 代码，实现了左栏、中栏和右栏的三栏布局，以及基于模拟数据、暂未实现交互逻辑的对话列表和消息列表功能。随后，本章简要介绍了包括开源组件库、"React 全家桶"在内的 React 生态，构建了使用 React 开发 Web 应用的完整技术全景图。

此外，本章演示了 AI 代码编辑工具 GitHub Copilot 的安装配置过程和 Copilot 的代码补全功能，体验了通过 Copilot 的代理模式来生成大段代码，并探讨了 AI 技术在软件开发生命周期中的辅助作用。

第2章

JSX 语法

本章的知识地图及项目实现，如图 2-1 所示。

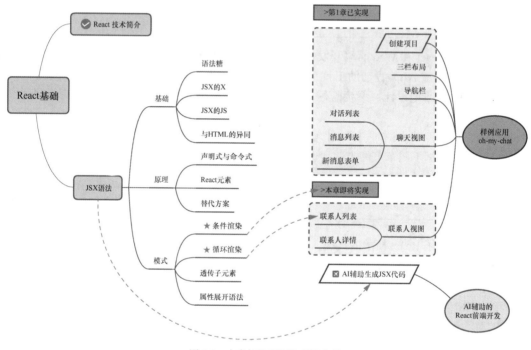

图 2-1　本章知识地图及项目实现

许多初学者首次接触 React 时，最深刻的印象往往来自其独特的 **JSX**（JavaScript XML）模板语法。以下代码改写自第 1 章的 oh-my-chat 项目的示例代码，展示了 JavaScript 代码与 HTML 片段的混合写法：

```
function App({ view }) {
  return (
    <div>
      <nav>导航栏</nav>
      <main>{view === 'chat' ? <MessagesPane /> : <ContactDetailPane />}</main>
    </div>
  );
}
```

针对以上语法，初学者可能会产生如下 4 种误解。

- 将 JSX 等同于 React。
- 将 JSX 等同于 React 组件。
- 将 JSX 当作另一种形式的 HTML。
- JSX 能同时声明视图和嵌入 JavaScript 表达式，可以把所有逻辑都写在 JSX 中。

这些误解会导致开发时遇到如下问题：

- 编写出长达数百行甚至近千行的 JSX 代码，导致代码臃肿且难以维护；
- 在 JSX 标签中添加了 HTML 属性却无法生效；
- 在 JSX 中混入 JavaScript 表达式，导致页面频繁报错。

实际上，只要正确理解 JSX 和 React 组件的关系，这些问题都能迎刃而解。React 作为声明式的、组件化的前端框架，组件**声明**是 React 前端开发工作重要的组成部分。JSX 语法虽然用于声明组件，但它既不是 HTML，也不等同于组件本身。

本章将重点介绍 JSX 语法，分析 JSX 与 HTML 的异同，以及 JSX 与 React 框架的关系，然后从 JSX 引出 React 元素的概念，并以第 1 章编写的 oh-my-chat 项目的示例代码为例，介绍包括条件渲染、循环渲染在内的常见 JSX 使用技巧。最后，为巩固 JSX 的学习效果，本章通过扩展 oh-my-chat 的联系人视图功能进行实践练习，继续探索 AI 工具生成 JSX 代码的能力。

2.1　JSX 语法基础

随着现代 Web 应用复杂度的提升，视图层往往需要处理大量控制逻辑，例如条件判断、循环遍历等。采用声明式开发方式时，这些控制逻辑代码需要添加至视图声明语句中，这对代码的可读性和可维护性提出了更高要求。

在 JSX 出现之前，前端领域已有多种视图模板技术，如 JSP、Struts、Handlebars、Pug 等，它们各自采用不同方式来解决这些问题。那么，JSX 语法与其他声明式模板语法究竟有何异同？

2.1.1　JSX 是一种语法糖

JSX 本质上是在 JavaScript 语言基础上扩展的类 XML 语法，其核心仍然是 JavaScript。

如本章开篇所述，React 组件是 React 开发的基本单元。在组件内部，需要被渲染的内容可通过以下两个 API 中的任意一个来声明。

- `react/jsx-runtime` 子路径导出的 `jsx(type, props, key)`。
- `React.createElement(component, props, ...children)`。

JSX 实际上是 `jsx()` 函数的语法糖。由于浏览器本身不支持 JSX 语法，因此在应用发布上线前，**需要借助编译工具将 JSX 源码转换成由若干 `jsx()` 函数组成的标准 JavaScript 代码**，然后才能在浏览器中正常执行。17.1.2 节将会详细介绍编译工具。

例如，消息列表组件的部分 JSX：

```
<header className="message-top-menu">
  <h1> 小白 </h1>
  <button>
    <img src={menuIcon} />
  </button>
</header>
```

　　编译成 JavaScript 就会变成（jsxs() 可以看作 jsx() 的别名）：

```
jsxs("header", {
  className: "message-top-menu",
  children: [
    jsx("h1", {
      children: " 小白 "
    }),
    jsx("button", {
      children: jsx("img", { src: menuIcon })
    })
  ]
}),
```

　　开发者也可以选择不使用 JSX，而是手动编写 JavaScript 代码。手动编写代码时需要调用前面提到的 React.createElement()，虽然该函数与 jsx() 的参数设置略有区别，但功能实现是完全等效的。关于这个 API 的具体细节将在下一节详细介绍。手动编写 JavaScript 模板代码的优势在于无须进行 JSX 编译，可以直接在浏览器中运行。但当元素结构复杂、嵌套层级较深时，JavaScript 代码中会出现大量右括号，这不仅影响代码可读性，也会显著降低开发效率。即便 IDE 能够提供自动格式化和对应层级缩进功能，也无法从根本上解决括号嵌套过多的问题。

　　在 Web 开发领域，类 HTML 语法因其直观性而广受开发者青睐。**JSX 提供的类 HTML/XML 语法配合 IDE 的语法高亮功能，使声明式代码更加直观，其可读性和可维护性都远超 JavaScript 代码**。考虑到 JSX 带来的开发效率提升，其编译成本几乎可以忽略不计。

　　如果仅关注 JSX 中"X"的部分，可能难以将其与其他 HTML/XML 模板技术区分开来，这里需要强调 JSX 中"JS"的核心特性。这里从第 1 章的 oh-my-chat 项目中节选一段 JSX 代码，它实现了典型的条件渲染，即只有当 activeView 变量值为 chat 时才渲染对话列表中的 ThreadsPane 组件，否则不显示任何内容：

```
<aside>{activeView === 'chat' && <ThreadsPane />}</aside>
```

　　将这段 JSX 编译成 JavaScript 后会得到如下代码，可以看到大括号中的 JavaScript 代码（activeView === 'chat' && ）被保留了下来：

```
jsx('aside', {
  children: activeView === 'chat' && jsx(ThreadsPane, {}),
})
```

　　将其与在 Java SSH（Spring+Struts2+Hibernate）技术栈中使用 Struts2 模板实现条件渲染的方式进行对比：

```
<aside>
  <s:if test="activeView=='chat'">
```

```
  <div>ThreadsPane...</div>
  </s:if>
</aside>
```

可以发现两者的条件判断逻辑是相同的，但实现方式存在显著差异：Struts2 通过 XML 定义了一套名为标签库的领域特定语言（Domain-Specific Language，DSL），由标签库提供的 <s:if></s:if> 来实现条件渲染；而 **JSX 则直接内嵌 JavaScript 表达式。这意味着任何有效的 JavaScript 表达式都可以在 JSX 中使用，开发者无须额外学习新的 DSL 语法。**

如果想深入了解两者的区别，可以通过以下两种方式对比 JSX 编译前后的代码。

第一种方式是使用在线工具 **Babel REPL**（Read–Eval–Print Loop，交互式解释器）。使用搜索引擎搜索"Babel 官网 REPL"，打开标题为"Babel - The compiler for next generation JavaScript"的网页。这是著名的 **JavaScript 代码编译器 Babel** 的"Try it out"功能，即 REPL。进入工具后，确认 PRESETS 选项中已勾选"react"，然后在左侧代码编辑区输入 JSX 代码，REPL 会自动在代码栏右侧窗口中显示编译后的结果，如图 2-2 所示。

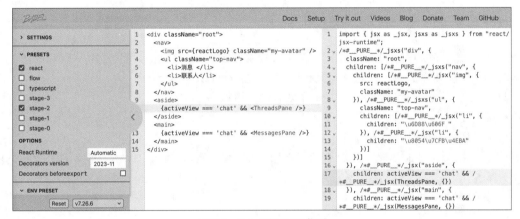

图 2-2　Babel 的 REPL 截图

第二种方式是在本地使用如下命令启动 oh-my-chat 项目：

```
NODE_ENV=production npm run dev
```

然后在浏览器的开发者工具源代码视图中找到 top → localhost:5173 → src → App.jsx，即可查看 App.jsx 文件编译后的代码，如图 2-3 所示。通过对比 IDE 中的 JSX 源码，可以清晰了解编译过程中的具体转换细节。

如果在命令行中省略 NODE_ENV=production 环境变量设置，你会发现编译后的 jsx() 函数被替换为 jsxDEV() 函数，且参数数量有所增加。这个 jsxDEV() 函数是专为提升开发调试体验而创建的 jsx() 函数变体，额外参数主要用于记录和追踪调试信息，其核心功能与 jsx() 函数完全相同。为了便于理解，本章在演示 JSX 编译过程时，将统一简化为 jsx() 函数。

JSX 作为一种语法糖，其设计可谓相当"甜蜜"。可以说，JSX 是前端视图领域"最 JavaScript 化"的声明式语法，对 React 的推广和普及起到了至关重要的作用。

图 2-3   浏览器开发者工具中查看 App.jsx 编译后的代码

接下来，将 JSX 拆解为两个部分进行讲解：先介绍"**X**"的部分，即标记语法和相关的命名规则；然后是"**JS**"的部分，重点说明在 JSX 中嵌入 JavaScript 表达式的具体位置和规则。

2.1.2   JSX 的"X"：标记的基本写法

一般而言，在编写 JSX 时，语句主体是由 HTML 标记构成的。开发者可以基于熟悉的 HTML 语法来构建页面视图，同时确保 HTML 标记符合 JSX 规范。

与 HTML 标准直接相关的 JSX 规范主要包括如下两个。

- 标签需闭合。
- 标签属性需加引号。

首先，JSX 要求所有标签（tags）**闭合**。例如下面这段代码是有效的 HTML，但不是有效的 JSX：

```
<ul>
  <li><p> 你好 React！
  <li><p> 你好 React！
</ul>
```

在 JSX 中，需要开发者显式地闭合 <li> 和 <p> 标签：

```
<ul>
  <li><p> 你好 React！ </p></li>
  <li><p> 你好 React！ </p></li>
</ul>
```

再如 <img> 和 <input> 标签，在 HTML 中并不需要闭合：

```
<img src="menu.png" alt=" 消息菜单 ">
<input type="submit" value=" 搜索对话 ">
```

但在 JSX 中，这样的标签需要使用 "/>" 进行闭合：

```
<img src="menu.png" alt=" 消息菜单 " />
<input type="submit" value=" 搜索对话 " />
```

其次，为标签属性（attributes）赋值时，字符串类型的**值需要使用引号包裹**。HTML 中并不强调这一点，但未使用引号包裹的值在 JSX 中会报错：

```
<input type=submit value=搜索对话 />
```

JSX 属性值需要使用引号：

```
<input type="submit" value="搜索对话" />
```

对于熟悉 XML 规范的开发者来说，以上两条规则应该并不陌生。其实早在 21 世纪初，W3C 标准化组织曾推出 **XHTML 标准**作为 HTML4 的升级版，其本质是符合 XML 标准的 HTML 格式，这种设计使 HTML 文档能在非浏览器环境中被更好地解析。虽然当时出现了许多完美支持 XHTML 标准的 Web 框架和工具，但是由于一系列现实问题，W3C 与 WHATWG 工作组合作推出了 HTML5，并最终雪藏了 XHTML。可以说，任何符合 XHTML 规范的代码，基本上都可以直接作为有效的 JSX 使用。

JSX 除了继承 XML/XHTML 的特性外，还具有一些独特的语法规则：

- 整段 JSX 需要包含在一个单独的根标签内；
- HTML 标签名必须使用小写，自定义组件名首字母必须大写；
- 标签属性名需要采用驼峰格式；
- HTML 注释需被替换为 JavaScript 注释；
- <script> 标签会被忽略（React 19 之前的版本）。

在 React 中，JSX 作为 React 组件函数的返回值时，无论代码结构多么复杂，必须包含在一个单独的根标签内。以 oh-my-chat 项目的 App 组件为例，其返回值使用一个单独的 <div> 作为根标签包裹所有内容：

```
function App() {
  return (
    <div className="root">
      <nav>导航</nav>
      <aside>{activeView === 'chat' && <ThreadsPane />}</aside>
      <main>{activeView === 'chat' && <MessagesPane />}</main>
    </div>
  );
}
```

当返回值有多个标签时，可以使用 JSX 特有的 <> 和 </> 标签对进行包裹，正如 oh-my-chat 的 MessagesPane 组件，其返回值是使用 <></> 标签包裹起来的 3 个平级的标签 <header>、<ul> 和 <form>：

```
const MessagesPane = () => (
  <>
    <header className="message-top-menu">{/* 表头 */}</header>
    <ul className="message-list">{/* 消息列表 */}</ul>
    <form className="compose-message">{/* 发消息表单 */}</form>
  </>
);
```

这里的 <></> 标签对实际上是 React 提供的一个特殊组件 React.Fragment 的简写形式，

上述代码也可以写成：

```
import { Fragment } from 'react';
const MessagesPane = () => (
  <Fragment>
    <header className="message-top-menu">{/* 表头 */}</header>
    <ul className="message-list">{/* 消息列表 */}</ul>
    <form className="compose-message">{/* 发消息表单 */}</form>
  </Fragment>
);
```

在选择使用 <></> 还是 <div> 作为根标签时，开发者可以根据项目需求和个人偏好自行选择。这里建议优先保持 HTML 标签的**语义化结构**，避免引入不必要的嵌套层级，这样可以显著提高代码的可读性和可维护性。

关于标签的命名规范，从前面示例中可以看出，JSX 中的 HTML 标签名称均为小写字母，如 <h1>、<img>、<button> 等。除了标准的 HTML 标签，还有类似 <ThreadsPane />、<MessagesPane /> 等 React **自定义组件**标签。自定义组件的具体定义将在 3.2 节详细介绍。开发者开发自定义组件时，组件名称（无论是变量名还是函数名）都必须以大写字母开头，如以下代码所示：

```
function App() {
  return (<div></div>);
}

const MessagesPane = () => (
  <div></div>
);
```

在 JSX 中使用这些自定义组件时，标签名应与组件名保持一致，即首字母大写：

```
<main>
  <MessagesPane />
</main>
```

如果尝试将自定义组件名首字母小写，可以做一个简单实验：将 oh-my-chat 项目的 MessagesPane 组件重命名为 messagesPane，同时在 App 的 JSX 中将标签名改为 <messagesPane />。在浏览器中你会发现该组件的内容完全不会渲染。在浏览器开发者工具中定位到这个元素，你会发现 React 将其视为一个不规范的 HTML 标签直接传递给浏览器，而浏览器无法识别这种自定义标签，最终将其解析为 <messagespane></messagespane>。因此，自定义组件名首字母需要大写，这是 React 开发中的一项重要约定（Convention）。

接下来看标签中的属性命名规则。在 JSX 中，属性名需要使用驼峰命名法，且区分大小写。虽然大部分 HTML 标签属性都是单个单词，全小写时与 JSX 的差异不大，但对于多单词的属性则明显不同，例如 <input> 标签的 maxlength 属性，在 HTML 中可以写成：

```
<input maxlength="40" />
```

但在 JSX 中需要写成驼峰格式（关于大括号包裹值的含义将在下一节说明）：

```
<input maxLength={40} />
```

例如在下面这个自定义组件的标签中，甚至可以同时传递两个字母相同但大小写不同的属性，这与传统的 HTML 属性截然不同：

```
<FileCard filename=" 文件名 " fileName=" 另一个文件名 " />
```

JSX 还有一些特殊的属性命名规则需要注意。HTML 标签中用于指定 CSS 类的 class 属性，在 JSX 中需要改用 className，如 `<header className="thread-top-menu">`；由于历史兼容性原因，以 aria- 和 data- 开头的属性名仍与 HTML 保持一致，使用连字符连接多个单词，如 `<button data-test-id="myButton">`。

注释的写法也有特殊要求。在 JSX 中添加注释时，必须使用 {/* xxx */} 注释语法编译时被当作 JavaScript 注释处理并移除，而传统的 HTML 注释 `<!-- xxx -->` 会导致编译错误。

需要注意的是，在 React 18 以及更早的版本中，JSX 中的 `<script>` 标签在运行时会被完全忽略，既不会加载也不会执行。开发者如果需要动态加载额外的 JavaScript，可以通过在 useEffect Hook 中手动调用对应的 DOM API 来实现。具体方法将在 6.2 节详细介绍。而 React 19 新支持了利用 `<script>` 标签加载和执行 JavaScript 脚本，简化了相关用例的实现。

这里还要特别提醒一个常见的语法陷阱。在 oh-my-chat 项目的代码中可以看到，当 App() 的 return 语句返回 JSX 时，特意用一对括号 () 将 JSX 包裹起来，这是为了避免 JavaScript 自动分号插入机制导致的问题。来看一个简化示例：

```
function Component() {
  return <div>{/* 这行 JSX 语句只有单行，与 return 语句写在同一行 */}</div>;
}
```

这段 JSX 代码经过编译会生成正确的 JavaScript：

```
function Component() {
  return jsx("div", {});
}
```

但如果把这段 JSX 稍作修改，在 return 语句后面直接换行：

```
function Component() {
  return
    <div>{/* 这行 JSX 语句虽然只有单行但很长，为了提升代码可读性才刻意换行 */}</div>;
}
```

再将这段 JSX 代码进行编译，生成的 JavaScript 会有所不同：

```
function Component() {
  return;
  jsx("div", {});
}
```

从上面的例子可以看出，jsx() 语句根本不会执行，整个函数执行被提前结束。为了解决这个问题，需要在 JSX 最外层添加括号：

```
function Component() {
  return (
    <div>{/* 这行 JSX 语句虽然只有单行但很长，为了提升代码可读性才刻意换行 */}</div>
  );
}
```

再次编译：

```
function Component() {
  return jsx("div", {});
}
```

你能想象当年我和同事花了整整一天时间排查 Bug，最终发现问题竟然只是缺少一对括号 () 吗？正所谓 "吃一堑长一智"，自此，我养成了为 JSX 表达式添加括号的习惯，甚至连单行 return 语句也不例外。因为在修改旧代码时，单行 return 有可能会被扩展为多行，存在忘记添加括号的隐患。

2.1.3 JSX 的 "JS"：JavaScript 表达式

JSX 的一大特色是允许嵌入 **JavaScript 表达式**，这些表达式需要用大括号 {} 包裹起来，可以在以下两个位置插入。

- 作为属性值，如 <input maxLength={20} />。
- 作为 JSX 元素的子元素，如 {thread.contactName}。

这些表达式可以非常简单（如基本数据类型 {true}、{123}），也可以非常复杂（如由多个 Lambda 组成的函数表达式 {threads.filter(thread => thread.contactName === ' 小白 ').map(thread => <ThreadItem {...thread} />)}，只要最终返回值符合 JSX 属性值或者子元素的要求，都是有效的表达式。关于 JSX 子元素具体包含哪些类型，下一节将进行详细介绍。

需要特别注意的是，并不是所有 JavaScript 语句都可以被嵌入到 JSX 中，JSX 只接受表达式。表达式可以是一个字面值、一个变量，也可以是由一组字面值、变量、操作符、函数等组合运算得到的单个值。正如 React 是声明式的前端框架，**JSX 语法也是声明式的，因此其中不应该出现命令式的 JavaScript 语句**，如 if...else...。如果不确定某段代码是否可以作为表达式嵌入 JSX，可以尝试将其直接赋值给一个 JavaScript 变量。如果赋值成功，说明它是有效表达式；如果赋值失败，可以从以下 4 个方面进行检查。

- 是否有语法错误。
- 是否使用了 for...of 的声明式变体 array.forEach。
- 是否缺少返回值。
- 返回值是否符合 JSX 属性或者子元素的要求。

对于 JSX 标签中的属性值，只有属性类型为字符串时，才可以使用引号包裹属性值；如果属性类型为布尔值、数字、函数等，则需使用大括号 {} 包裹属性值；当属性类型为字符串，但需要经过表达式计算才能得到属性值时，同样需要用大括号 {} 来包裹表达式。参考以下示例：

```
<ul className="top-nav">
<input type="submit" value=" 发送 " />
<input type="checkbox" checked={false} disabled={true} />
<input maxLength={20} />
<li className={activeView === 'chat' ? 'active' : undefined}>
<a href="#" onClick={() => setActiveView('chat')}>
```

对于类型为布尔值的标签属性，当值为 true 时，可以省略值和等号，仅保留属性名，如：

```
<input type="checkbox" checked />
{/* 等效于 */}
<input type="checkbox" checked={true} />
```

JSX 的 HTML 标签属性与原生 HTML 存在一些关键差异，这些差异实际上是 React 封装的 HTML 标签对浏览器 DOM 进行的标准化处理，例如在 HTML 中容易引起混淆的 readonly="true"，其 W3C 标准应该是 readonly="readonly"，而常被误用的 readonly="false" 并不会生效，在 React JSX 中统一为 readOnly={true} 或 readOnly={false}，更符合 JavaScript 的开发习惯。至于前面反复出现的 className="top-nav"，主要是为了避免与原生 HTML 标签中的 JavaScript 保留字发生冲突。原生 HTML 标签上的事件处理属性 on*，如 onclick、onchange 等，在 JSX 中绝大多数都被标准化成为接收函数值类型的属性 onClick、onChange 等，这些内容将在 7.1 节中详细介绍。

另外，JSX 中的双层大括号 {{ }}，如以下代码中的 style 属性：

```
<ul style={{
    margin: '16px 0',
    padding: 0,
    listStyle: 'none',
    width: '100%',
  }}
>
  <li>...</li>
</ul>
```

其实是将一个 JavaScript object 对象作为值传给这个属性。外层的大括号负责接收表达式，内层的大括号负责创建 JavaScript object 对象。这种赋值方式也体现了 JSX 中的 style 属性与 HTML 中的 style 属性不同，后者接受一个包含 CSS 规则的字符串，而前者则接受一个包含样式信息的 CSSStyleDeclaration 对象，相当于 ulElement.style.listStyle = 'none'。

2.1.4　JSX 与 HTML 的异同

JSX 与 HTML 的异同，如表 2-1 所示。

表 2-1　JSX 与 HTML 的异同

特征	HTML	JSX
标签闭合	不严格，如 \<p\> 段落	严格，如 \<p\> 段落 \</p\>
空标签闭合	无须闭合，如 \<br\>、\<img\>	需要闭合，如 \<br /\>、\<img /\>
单根元素	不限制	组件需返回单根元素，如 \<div\>\</div\>、\<\>\</\>
属性值加引号	可选，如 \<input type=text size=10\>	须加引号或者大括号，如 \<input type="text" size={10} /\>
标签名	不区分大小写	HTML 标签小写，自定义组件标签首字母需大写

续表

特征	HTML	JSX
属性名	不区分大小写，如 `onclick`	驼峰命名法，区分大小写，如 `onClick`
样式类属性名	`class`	`className`
样式属性值	字符串，如 `style="background-color: red;"`	对象，如 `style={{backgroundColor:'red'}}`
`<script>` 标签	支持	不支持（React 19 以前版本）
JavaScript 表达式	不直接支持	在标签属性值或子元素位置使用大括号 `{ }`
注释	`<!-- xxx -->`	`{/* xxx */}`

2.2   进一步理解 JSX

本节将介绍 JSX 背后的声明式设计理念，以及与 JSX 相关的声明式接口定义。

2.2.1   前端开发的声明式与命令式

本章开篇再次强调了 React 是一套声明式的、组件化的前端框架。既然提到了声明式（Declarative），就有必要介绍与之相对的命令式（Imperative）。这两种编程范式的较量贯穿软件开发的各个领域。表 2-2 从现实世界用例、各领域代表性技术、具体 JavaScript 语句等方面将声明式和命令式进行了系统对比。

表 2-2   前端开发中声明式与命令式的对比

	声明式	命令式
现实世界用例	我希望大象在冰箱里。	一、打开冰箱门；二、把大象装到冰箱里；三、关上冰箱门。
代表性编程范式	函数式编程	面向对象编程
代表性后端技术	SQL	Java
代表性前端技术	HTML、CSS	DOM API
代表性前端框架	React	jQuery

JavaScript 条件语句	`a ? b : c`	`if (a) {`
		`    console.log(b)`
		`} else {`
		`    console.log(c)`
		`}`

JavaScript 循环语句	`array.map(item => (`
	`    item.prop`
	`))`
		`for (let item of array) {`
		`    console.log(item)`
		`}`

React 作为声明式前端技术的代表，其核心特性首先体现在组件视图的创建方式上，无论是使用 JSX 语法还是直接调用 `React.createElement()` 函数，都是在**描述开发者期待的视图状态**。开发者只需关心渲染结果，而具体的渲染过程和 DOM 操作则由 React 框架内部处理。

除了 jQuery，还有其他命令式的前端框架吗？答案是肯定的，但很明显，声明式编程已成为主流趋势。目前的 3 大主流前端框架（React、Vue 和 Angular）都是声明式的，包括 Flutter 这样的新兴跨端框架也遵循这一趋势，其官方示例展示了典型的声明式 API 风格：

```
Widget titleSection = Container(
  padding: const EdgeInsets.all(32),
  child: Row(
    children: [
      Expanded(
        child: Column(
          crossAxisAlignment: CrossAxisAlignment.start,
          children: [
            Container(
              padding: const EdgeInsets.only(bottom: 8),
              child: const Text('Oeschinen Lake Campground'),
            ),
            Text('Kandersteg, Switzerland'),
          ],
        ),
      ),
      Icon(
        Icons.star,
        color: Colors.red[500],
      ),
      const Text('41'),
    ],
  ),
);
```

这种语法看起来似曾相识。有趣的是，自 2017 年开始，Flutter 社区每年都有开发者呼吁引入 JSX 语法。虽然这个愿望至今未能实现，但足以证明 JSX 语法糖的强大吸引力。

充分理解 React 是声明式的前端框架，能够帮助开发者明确开发目标，编写出更优质的 JSX 代码。

2.2.2 JSX 的产物：React 元素

从 2.1 节的示例代码可以看出，组件函数返回的是完整的 JSX 结构。JSX 生成的每个节点都称作 React 元素（Element），它是 React 应用中最基础的构建单元。接下来，根据 React 元素的不同类型来详细介绍 React 元素的具体形态。

React 元素主要分为 3 种**基本类型**。

- React 封装的 HTML 或 SVG 元素，如 `<div></div>`、`<img />`，这类元素最终会被渲染为真实的 DOM 节点。
- React 组件渲染的元素，如 `<ThreadsPane />`，这类元素会调用对应组件的渲染方法。

- React Fragment 元素，`<React.Fragment></React.Fragment>` 或者简写为 `<></>`，这类元素不具有业务意义，也不会生成额外的 DOM，主要用于将多个子元素分组。

另外，还有 Portal、Suspense 等类型，本章暂不做详细介绍。

我们可以为 JSX 元素添加**属性 props**，以区别不同类型元素。这里为了强调 React 的接口，特别使用了 props 这个英文单词来代替 "属性"。

HTML 元素的 props 与原生 HTML 标签属性（attributes）基本对应，两者间的差异已在 2.2.1 节做过对比分析。

React 组件渲染的元素，JSX 中的 props 应该与自定义组件定义中的 props 对应起来；如果没有特别处理，没有对应的 props 会被忽略掉。开发者常犯的错误是在组件定义中修改了 props 的属性名，但忘记同步更新 JSX 元素中的 props，导致子组件无法获取预期属性值。

Fragment 元素并不支持额外的 props。

除了显式写在 JSX 上的 props，当闭合标签包含任何子元素时，该标签对应的元素会自动生成一个隐式的、名为 `children` 的 prop。

在介绍 React 元素类型的同时，有必要介绍一下**子元素类型**。JSX 元素可以指定子元素。后续章节会经常提到 "子组件" 这一概念，这里需要与 "子元素" 进行明确区分：**子元素不一定是子组件，子组件一定是子元素。**

子元素的类型包括：

- 字符串，最终会被渲染成 HTML 标签中的字符串；
- 另一段 JSX，会嵌套渲染；
- JavaScript 表达式，会在渲染过程中执行，其返回值将参与渲染过程；
- 布尔值、null 值和 undefined 值，不会被渲染；
- 以上各种类型组成的数组。

子元素也可以是字符串和表达式的混合，如以下代码。JSX 在编译时会自动将字符串和表达式分组，并作为数组的两个成员传递给 div 元素的 `children` prop。

```
<div> 你好 {username}</div>
```

关于上述最后一种类型，JSX 允许将数组当作子元素。例如以下代码，虽然可以在子元素位置嵌套 JSX 标签，但这里特意采用数组形式编写：

```
<ul className="message-list">
  {[
    <li className="from-me"> 你好 React！</li>,
    <li> 你好 React！</li>
  ]}
</ul>
```

虽然上述代码可以正常渲染，但无论是在 IDE 还是浏览器的开发者工具控制台中，都会报一个警告：`Warning: Each child in a list should have a unique "key" prop`，这是 React 对渲染数组子元素的特殊要求。key 属性的作用和规范将在 2.3 节进行详细讨论。

2.2.3 不用 JSX 还能写 React 代码吗

前面的 2.1.1 节提到，JSX 是 `jsx()` 函数的语法糖，其功能与 `React.createElement()` 函数完全等效。如果开发者选择不使用 JSX，则需要手动调用 `React.createElement()` 函数来创建 React 元素。

`React.createElement()` 的函数签名如下：

```
React.createElement(type)
React.createElement(type, props)
React.createElement(type, props, ...children)
```

其中 `type` 参数为必选参数，表示元素类型；`props` 是可选参数，用于定义元素属性，当参数数量≥3时，可传入一个或多个子元素，即 `children` 参数。

以下列 JSX 代码为例：

```
function App() {
  return (
    <div className="root">
      <nav> 导航 </nav>
      <main>{activeView === 'chat' && <MessagesPane />}</main>
    </div>
  );
}
```

尝试改写为 `React.createElement()` 形式：

```
function App() {
  return React.createElement('div', { className: 'root' },
    React.createElement('nav', null, ' 导航 '),
    React.createElement('main', null,
      activeView === 'chat' && React.createElement(MessagesPane, null)
    )
  );
}
```

可以看到，这种形式与编译的 `jsx()` 函数版本非常相似。

在 React 的早期版本中，JSX 语法会被编译为 `React.createElement()`，直到 React 17 RC 版本之后，为了进一步提升框架的优化空间，JSX 才被编译为新开发的 `react/jsx-runtime`，即 `jsx()` 函数。

在大多数情况下，推荐使用 JSX 语法进行开发，但在开发组件库或较复杂的可复用组件时，`React.createElement()` 依然有用武之地。

2.3 编写 JSX 的常用模式

本节将介绍 JSX 开发实践中的常用模式（pattern）。在介绍这些 JSX 模式的过程中，本节会结合实践内容，在第 1 章的基础上为聊天应用 oh-my-chat 实现联系人视图。

2.3.1 条件渲染

在开发应用页面时，条件判断是模板中的核心需求之一，JSX 也不例外。

以 oh-my-chat 项目中的代码为例：

```
<main>{activeView === 'chat' && <MessagesPane />}</main>
```

这是一个典型的条件表达式，当 activeView 值为 'chat'，即 activeView === 'chat' 为 true 时，会返回后面的 JSX，渲染消息列表组件；否则返回 false。根据子元素类型的规则，false 值并不会被渲染出来，因此消息列表组件在此情况下不会显示。

常见的条件语句包括 if...、if...else...、switch...case...。但正如 2.1.3 节和 2.2.1 节反复提到的，JSX 中嵌入的 JavaScript 代码必须是有效的表达式，可以用短路表达式、三元运算符等技巧来替代传统的条件语句。表 2-3 列举了各种条件语句对应的 JSX 表达式写法。

表 2-3 各种 JavaScript 条件语句对应的 JSX 表达式写法

JavaScript 条件语句	JSX 条件渲染
if ...	`<div>{condition && <CompA />}</div>` `<div>{condition || <CompB />}</div>`
if ... else ...	`<div>{condition ? <CompA /> : <CompB />}</div>`

switch ... case ...	`<div>`
	`  {conditionVar === 'case1' && <CompA />}`
	`  {conditionVar === 'case2' && <CompB />}`
	`  {/* 也可以嵌套使用三元运算符，但可读性较差，故不推荐 */}`
	`</div>`

在 JSX 中为标签属性赋值时，同样可以嵌入 JavaScript 表达式实现条件逻辑，如 oh-my-chat 导航栏的样式属性中使用了三元运算符，根据 activeView 的当前值来决定是否应用高亮样式：

```
<li className={activeView === 'chat' ? 'active' : undefined}>
  {/* 消息图标 */}
</li>
```

虽然前文反复强调 JSX 中必须使用 JavaScript 表达式，但这个限制仅适用于 JSX 代码块内部。实际上 React 组件作为一个 JavaScript 函数，可以包含多个 JSX 代码块，在这些代码块之外，开发者可以自由使用各种 JavaScript 语句，如在函数体中使用 if...else... 语句：

```
function Main({ activeView }) {
  if (activeView === 'chat') {
    return <MessagesPane />;
  } else {
    return <ContactDetail />;
  }
}
```

甚至是 switch...case... 语句：

```
function Main({ activeView }) {
  switch (activeView) {
```

```
    case 'chat':
      return <MessagesPane />;
    case 'contact':
      return <ContactDetail />;
    default:
      return null;
  }
}
```

在掌握条件渲染的知识后，我们来进行一个实践练习。第 1 章为 oh-my-chat 项目实现了消息视图，但尚未实现联系人视图，导致在页面上点击左侧导航栏联系人图标时，中栏和右栏显式为空。现在，我们来运用掌握的条件渲染技巧，补齐条件渲染的另一个分支。

首先实现中栏的联系人列表。在 App.jsx 的 App() 函数之前插入 ContactsPane 函数，代码包含顶部的联系人工具栏和作为主体的联系人列表。这里暂时使用硬编码（hardcode）的方式实现列表内容，循环渲染的内容将在下一节讲解。

```
const ContactsPane = () => (
  <>
    <header className="contact-top-menu">
      <form>
        <input maxLength={20} />
        <input type="submit" value=" 搜索联系人 " />
      </form>
      <button> 添加联系人 </button>
    </header>
    <ul className="contact-list">
      <li>
        <a href="#">
          <img src={reactLogo} className="avatar" alt=" 头像 " />
          <div className="contact-name"> 小帅 </div>
        </a>
      </li>
      <li>
        <a href="#">
          <img src={reactLogo} className="avatar" alt=" 头像 " />
          <div className="contact-name"> 小白 </div>
        </a>
      </li>
      <li className="active">
        <a href="#">
          <img src={reactLogo} className="avatar" alt=" 头像 " />
          <div className="contact-name"> 小美 </div>
        </a>
      </li>
    </ul>
  </>
);
```

在 App.css 中添加对应的样式，代码与对话列表的实现代码类似，此处不再赘述。

在 App.jsx 的 App() 函数中找到中栏的渲染代码，将第 1 章的短路表达式修改为三元运算符：

```
<aside>{activeView === 'chat' && <ThreadsPane />}</aside>
{/* 改成 */}
<aside>
  {activeView === 'chat' ? <ThreadsPane /> : <ContactsPane />}
</aside>
```

　　然后实现右栏的联系人详情视图。在 App() 函数前插入下面的 ContactDetail 函数，用于展示联系人详细信息和相关操作按钮。

```
const ContactDetail = () => (
  <>
    <div className="contact-detail">
      <img src={reactLogo} className="avatar" alt=" 头像 " />
      <div className="contact-name"> 小美 </div>
    </div>
    <div className="contact-actions">
      <button className="primary-button">发消息 </button>
      <button className="secondary-button">修改联系人 </button>
      <button className="secondary-button">删除联系人 </button>
    </div>
  </>
);
```

　　在 App.css 中添加对应的样式，具体实现可参考代码仓库，此处不再展示。

　　最后，修改 App.jsx 中 App() 函数的右栏渲染逻辑：

```
<main>{activeView === 'chat' && <MessagesPane />}</main>
{/* 改成 */}
<main>
  {activeView === 'chat' ? <MessagesPane /> : <ContactDetail />}
</main>
```

　　保存文件，运行 npm run dev，这时在浏览器中点击左侧导航栏的联系人图标，可以看到更新后的联系人视图，如图 2-4 所示。

图 2-4　为 oh-my-chat 添加联系人视图

2.3.2　循环渲染

　　现代前端开发中，有很多页面都是由数据驱动的，其中数组作为一种重要的数据类型，常用于渲染列表。在 JSX 中将数据渲染成列表通常被称为循环渲染。

以 oh-my-chat 应用中的对话列表实现为例:

```
<ul className="thread-list">
  {threads.map((thread) => (
    <li key={thread.id} className={thread.active && 'active'}>
      <a href="#">
        <img src={reactLogo} className="avatar" alt=" 头像 " />
        <div className="thread">
          <span className="contact-name">{thread.contactName}</span>
          <span className="update-time">{thread.updateTime}</span>
          <span className="latest-message">{thread.latestMessage}</span>
        </div>
      </a>
    </li>
  ))}
</ul>
```

这是一个典型的数组转换表达式。当 threads 数组为空时，表达式返回一个新的空数组，不会产生任何渲染;而当 threads 数组包含 1 个或多个元素时，将返回一个 JSX 元素数组。在这个过程中，每个数组元素 thread 都会被转换为对应的 JSX 结构:

```
<ul className="thread-list">
  {[
    <li key={1}> 小帅 </li>,
    <li key={2} className="active"> 小白 </li>,
    <li key={3}> 小美 </li>,
    {/* 其他省略 */}
  ]}
</ul>
```

在循环渲染中，每个列表项的根元素 <li> 都需要指定一个 key 属性。在数组成员被执行排序、添加或删除操作时，这个 key 属性值能够确保 React 正确渲染 DOM 元素，并优化渲染性能。具体原理会在 9.2 节的虚拟 DOM 和 9.3 节的协调过程中解释，本节只介绍 key 的用法。key 属性可以是数字或字符串类型。React 对 key 的值有以下要求:首先，每个 key 值在元素对应的数组中应该是独一无二的，它可以是来自数据库 ID，也可以是某种 UUID;其次，key 值对于同一个数组成员应该是稳定的，即多次获取同一批数组数据，相同数组成员数据的 key 值应保持不变。

学习循环渲染后，我们来进行一个实践练习。回到 2.3.1 节在 oh-my-chat 项目中添加的 ContactsPane 函数，将函数体的小括号 () 改写成大括号 {} 加显式的 return 语句，在函数内部定义一个包含多个联系人信息的 contacts 数组:

```
const ContactsPane = () => {
  const contacts = [
    {
      id: 1,
      name: ' 小帅 ',
    },
    {
      id: 2,
```

```
      name: '小白',
    },
    {
      id: 3,
      name: '小美',
      active: true,
    },
    {
      id: 4,
      name: '大壮',
    },
    // 省略
  ];

  return (
    {/* 省略 */}
```

然后将 <ul> 的子元素改写成 JavaScript 表达式，循环渲染 contacts 数组，可以看到数组被遍历时，数组成员会被传递为 contact 参数，循环体 JSX 中会使用 contact 对象的各个属性：

```
<ul className="contact-list">
  {contacts.map((contact) => (
    <li key={contact.id} className={contact.active && 'active'}>
      <a href="#">
        <img src={reactLogo} className="avatar" alt=" 头像 " />
        <div className="contact-name">{contact.name}</div>
      </a>
    </li>
  ))}
</ul>
```

保存文件，在浏览器中验证修改，从图 2-5 可以看到渲染结果与 2.3.1 节硬编码代码的渲染结果并无区别。

图 2-5　为 oh-my-chat 的联系人列表加入循环渲染

本章对 oh-my-chat 项目的修改暂告一段落，现在尝试用 Copilot 自动生成 Git 提交消息。在 VS Code 中打开"源代码管理"视图，点击更改消息文本框右侧的"用 Copilot 生成提交消息（Generate Commit Message with Copilot）"按钮，Copilot 就会根据当前修改的 App.jsx 和 App.css 文件生成相应的提交消息，如图 2-6 所示。这时点击"提交"按钮，即可将代码提交至本地代码仓库。

图 2-6　用 Copilot 生成 Git 提交消息

2.3.3　透传子元素

从前面的各种示例中可以看出，当存在多个组件时，JSX 语法能够轻松将这些组件**组合**（composite）在一起。其中，**嵌套**（nested）是一种特殊的组合方式，而透传子元素则是在 React 自定义组件中常见的嵌套方式。

以 HTML 标签的嵌套为例：

```
<ul>
  <li> 消息 </li>
</ul>
```

如果是两个自定义组件进行嵌套，例如：

```
<List>
  <Item text=" 消息 " />
</List>
```

如 2.3.2 节所示，List 元素的子元素会传递给 List 组件的 children prop，因此 List 组件可以写成：

```
const List = ({ children }) => (
  <ul>
    {children}
  </ul>
);
```

通过这种方式，传递给 List 的 children 的子元素会被透传到 List 自身的 JSX 中，作为 <ul> 的子元素渲染出来。需要注意的是，这些子元素并不局限于自定义组件，也可以是 HTML 元素（如 <li>）或其他合法的子元素类型。

2.3.4　属性展开语法

JSX 在处理标签属性时提供了一种特殊的语法特性：**属性展开**。例如：

```
const Button = (props) => (
  <button {...props} />
);
```

这段代码使用了 JavaScript 构建对象的展开语法（...），将 props 对象中的所有属性一次性传递给 button 元素。这种方式避免了手动逐个罗列属性，使代码更加简洁。这一语法常用于将父组件的属性透传给子组件或子元素。后面 4.3.3 和 5.2.2 节的实践中都会用到这一模式。

除了以上 4 种模式，在实际开发中，尤其是 React 组件的抽取和复用过程中，还存在其他 JSX 编写模式，12.3 节会有所涉及。

2.4　AI 辅助：生成 JSX 代码

回顾 1.4.2 节，我们曾使用 Copilot 的代理模式生成了联系人视图的代码。现在，我们来对比一下手动编写代码与 AI 生成的代码有何不同，从代码仓库中检出第 1 章结尾时的代码，然后在此基础上，使用 1.4.2 节的提示语再次生成联系人视图的代码。AI 修改的代码片段如图 2-7 所示。

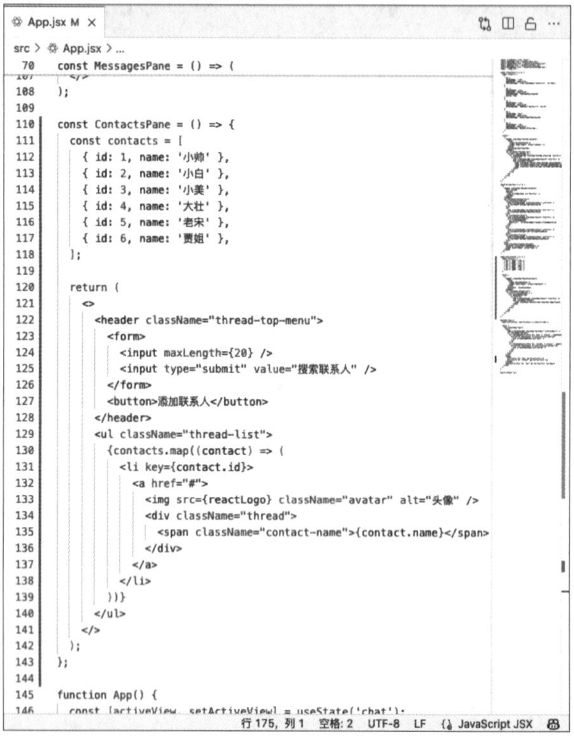

```jsx
const MessagesPane = () => (
...
);

const ContactsPane = () => {
  const contacts = [
    { id: 1, name: '小帅' },
    { id: 2, name: '小白' },
    { id: 3, name: '小美' },
    { id: 4, name: '大壮' },
    { id: 5, name: '老宋' },
    { id: 6, name: '贾姐' },
  ];

  return (
    <>
      <header className="thread-top-menu">
        <form>
          <input maxLength={20} />
          <input type="submit" value="搜索联系人" />
        </form>
        <button>添加联系人</button>
      </header>
      <ul className="thread-list">
        {contacts.map((contact) => (
          <li key={contact.id}>
            <a href="#">
              <img src={reactLogo} className="avatar" alt="头像" />
              <div className="thread">
                <span className="contact-name">{contact.name}</span>
              </div>
            </a>
          </li>
        ))}
      </ul>
    </>
  );
};

function App() {
  const [activeView, setActiveView] = useState('chat');
```

图 2-7　Copilot 代理模式生成的联系人视图代码

可以看到，AI 实现的中栏 JSX 代码与手动编写的代码基本相同，AI 甚至使用了与手动编写代码相同的组件名 ContactsPane。不过对于 CSS 样式，AI 直接复用了 ThreadsPane 的现有样式。AI 还在 App 组件中根据当前视图 state 条件渲染了 ThreadsPane 或 ContactsPane。遗憾的是，AI 未能生成右栏的内容。即便如此，如果我们选择接受 AI 生成的代码，则可以大量减少编写工作。

　　这里需要特别说明的是，当初我在手动编写代码时，并未借鉴 AI 的代码。那么，AI 为什么能写出如此相似的代码呢？这与生成式 AI 的**上下文**（Prompt Context，区别于 React 的 context）有关。

　　以 Copilot 为例，目前主流的 AI IDE 主要功能都是基于生成式 AI（Generative AI）技术的。我们在 Copilot 聊天框中输入的文本被称为**提示语**（Prompt，目前主流翻译包括提示词和提示语两种，本书选用提示语），提示语可以是任意自然语言文本，中文或英文均可，在聊天框中上传的原型图片也属于提示语的一种。从用户点击 Copilot 聊天框的发送按钮起，Copilot 会将项目部分源文件中的代码作为上下文，结合输入的提示语（包含图片），以及一系列内置的**指示**（Instruction）拼接形成完整的提示语，发送给远程的 LLM，如 Anthropic 的 `Claude 3.5 Sonnet` 或 OpenAI 的 `GPT-4o`。LLM 预训练所使用的知识库中包含了 JavaScript、React 开发的相关知识，这为 LLM 赋予了编程能力。LLM 接收到输入后，会生成并返回相应的分析过程和代码。

　　如果我们在发送时选择了 Copilot 的**代理**（Agent）模式，Copilot 会多次调用 LLM，每次调用都会将更加相关的上下文传递给模型，并根据模型的返回结果动态调整下一次调用，直至返回使调用方满意的结果。这种由 LLM 自主决定运行步骤的程序，在中文技术社区一般被称为**智能体**（Agent 或 Intelligent Agent），这个翻译比"代理"更为贴切。智能体还有一个重要能力是主动调用外部工具，这里不作展开介绍。Copilot 的代理模式就是一个智能体，与传统的一问一答相比，它能够处理更复杂的需求，并能根据生成结果自动修改源文件。

　　回到之前的问题，Copilot 为什么能写出与手动编写相似的代码呢？这主要是因为它将 1.4.1 节编写的 `App.jsx` 中聊天视图的代码纳入了上下文，由此生成的代码风格，包括变量命名、JSX 嵌套结构、样式写法等就会接近聊天视图，也就是手动编写的风格。我们可以尝试在全新创建的 React 项目中使用相同的提示语生成代码，你会发现生成的代码风格有所不同。风格相近的代码更有利于项目的扩展和维护。

　　再来看看 AI 生成代码的不足之处。最明显的问题是未能生成右栏的代码，这可能有多种原因：提示语不足、上下文不足或模型能力不足。针对这个例子，我曾经尝试更换不同模型和 AI IDE（如 Cursor），每次生成的内容都不尽相同。其中有几次我使用 Cursor 成功生成了中栏和右栏的 JSX 代码，同时还额外生成了对应的 CSS 代码并写入 `App.css` 中，这里不再详细说明。实际上，即使是完全相同的提示语和原型图，甚至是相同的代码上下文，使用相同的 AI IDE 和模型多次生成也会产生不同的结果，这种随机性与 LLM 的原理有关，本书不做深入探讨。

　　如果想要弥补这个不足，我们可以在提示语中尽量详细地描述项目需求，或者缩小任务的范围。我们尝试下第一种方案。在 Copilot 中撤销上次生成的代码，然后输入包含 Markdown 语法的提示语：

请在当前文件中，根据上传的图片生成联系人视图的代码。代码中已经包含聊天视图，在用户点击导航中的"联系人"链接时，切换到联系人视图。新生成的联系人视图应包含：
* 中间栏位的联系人列表，其中第三项处于被选中状态
* 右侧栏位的联系人详情

生成的代码应包括：
* `App.jsx` 中的联系人列表、联系人详情组件，并在 `App` 组件中使用这两个组件
* `App.css` 中对应的样式

生成结果如图 2-8 所示。可以看到，Copilot 根据要求在 `App.jsx` 中创建了 `ContactsPane` 和 `ContactDetail` 组件，并在 `App.css` 中加入了对应的样式。

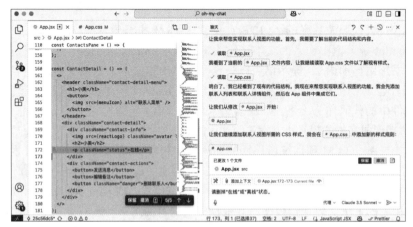

图 2-8   用更全的提示语生成联系人视图

现阶段，LLM 仍可能会出错，**幻觉**（Hallucination）问题不可避免，因此人工检查非常重要。在生成结果的代码编辑器中，Copilot 提供了便捷的代码改动浏览功能，需要逐一检查，发现并解决问题。在生成的两个组件中，Copilot 自动为联系人增加了"在线"和"离线"状态，这不符合需求，我们可以要求 Copilot 删除这些内容。后续代码基本符合我们的预期。完成实验后需要删除 AI 代码并检出 2.3.2 节最新的代码，以方便进行下一章的学习。

2.5   小结

本章详细介绍了 React 的页面模板技术——JSX 语法。首先揭示了 JSX 语法就是 `jsx()` 函数的语法糖，然后通过与传统 HTML 标记的比较，介绍了 JSX 中标签和 JavaScript 表达式的基本写法，接着强调了 JSX 声明式的设计理念，JSX 声明语句的直接产物是 React 元素，介绍了包括条件渲染和循环渲染在内的 JSX 常见模式，并利用这两种模式为聊天应用 oh-my-chat 实现了联系人视图。最后对比了 Copilot 代理模式生成的联系人视图代码和手动编写代码的区别，并通过优化提示语的方式改善了生成代码的不足。其间还介绍了生成式 AI 领域的部分专有名词，如 LLM、上下文、智能体、幻觉等。

第3章

React 组件

本章的知识地图及项目实现，如图 3-1 所示。

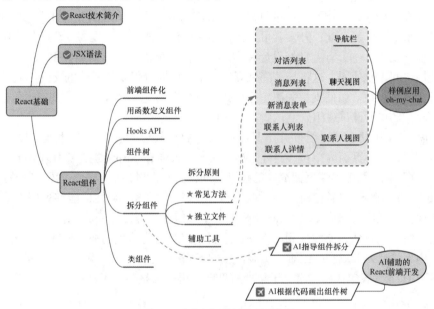

图 3-1　本章知识地图及项目实现

组件化开发已经成为现代前端开发的主流趋势，主流前端框架均引入了组件概念，不同框架中可能使用 "Component" 或 "Widget"。**React** 则将组件作为前端应用的核心。

在学习组件化开发的过程中，几乎所有开发者都会面临如下问题。

- 开发应用时是不是必须进行组件拆分？能否仅用单一组件完成整个项目开发？
- 若必须拆分组件，如何根据需求文档确定拆分方式？
- 怎样控制组件拆分的粒度？是否存在标准？

需要明确的是，**组件拆分不存在唯一标准**。在实际操作中，开发者应结合业务场景和交互流程设计组件层次结构（Hierarchy），并通过单一职责（Single Responsibility）原则验证拆分是否合理。另外也要避免一个误区，组件虽然可以用来实现代码复用，但并非所有组件都具备复用价值。

本章将从探讨前端组件化开始，逐步解析 React 组件的核心机制。首先介绍 React 组件的定义和构成，初探与组件密不可分的 Hooks API，以及多个 React 组件如何组成组件树。接着从实践入手，以 oh-my-chat 为例演示如何拆分 React 组件。最后补充讲解如何借助 AI 指导组件拆分，并画出组件树。完成本章的学习后，前文提出的问题将迎刃而解。

3.1 前端开发组件化

在前端开发领域，**组件是视图及与其关联的逻辑、数据、交互行为等的封装单元**。前端开发组件化，即通过将组件作为基本单元，在应用设计、开发、测试乃至部署过程中，实现现代化、模块化的前端开发模式。

前端开发组件化的优势包括如下 3 点。

- 提升开发效率。组件化开发通过将复杂前端应用分解成若干可以并行开发的模块，可以有效降低系统整体复杂度；开发者可以聚焦单一组件功能实现，提高专注度与协作效率。
- 促进代码复用。一个有着良好设计和实现的组件，可以在同一前端应用，甚至是不同的前端应用之间重复使用。这将显著降低开发成本，同时确保功能模块的交互体验的一致性。
- 提升测试可行性。组件支持脱离整个应用上下文环境进行独立测试，开发者可以为组件编写自动化的单元测试或组合测试脚本，有助于提升应用质量。

当然，在前端开发领域，组件并不是唯一可行的封装形式。早在 21 世纪初，ASP.NET 从 1.0 版本开始就以 Web 页面为单位设计了 Web Forms，Java 的 Struts 2 则采用以 Action 为核心的 MVC 框架，这类基于服务器端页面渲染的技术，同样为开发者提供了业务代码组织的最佳实践。而随着 Web 应用日渐强大和复杂化，组件凭借其更细粒度的封装特性，能够更好地适应 Web 开发需求。因此，在现代的浏览器端 JavaScript 框架中，组件化开发已经成为主流。

如果缺少组件化封装，前面提到的视图、逻辑、交互行为等代码往往分散、冗余，导致代码耦合度高、内聚性低，形成维护困难、扩展性差的代码结构。

例如以下 HTML 表单代码，常见于早期所见即所得的网站制作工具：

```
<div id="_panel1"><form id="_form1"><input name="__text1" value=""></form></div>
<div id="_panel2">
  <form id="_form2"><input name="__check1" type="checkbox" value="checked"></form>
</div>
<div id="_panel3">
  <script type="text/javascript">
  function _form3_submit(event) {
    var data = {};
    data.text1 = document.getElementById('_form1').elements['__text1'].value;
    data.check1 = document.getElementById('_check1').elements['__check1'].value;
    ajaxPost(_handler_url, data);
  }
  </script>
  <form id="_form3" onsubmit="_form3_submit">
    <input name="__submit1" type="submit"><input name="__reset1" type="reset">
  </form>
</div>
```

上述代码看似结构工整，实则杂乱无章。在引入现代 AI 技术以前，传统网站制作工具生成代码时通常基于其内部中间模型，但此类模型往往未考虑开发者的实际需求。这类代码的维护难度非常高。

也许在不远的将来，AI 可能承担部分前端开发工作，但现阶段，面向开发者的前端技术仍是辅助开发者构建高质量代码的重要保障。组件化封装作为低耦合、高内聚的软件工程实践，已被验证为前端开发的有效范式。

3.2　用函数定义 React 组件

React 作为组件化的前端开发框架，组件（Component）是 React 应用开发的基本单元。与其他前端框架类似，**React 组件是视图和逻辑的封装体**。依据不同的设计和拆分方式，组件粒度可灵活调整，它既可以是一个完整的页面功能，又可以是一个基础的按钮交互功能。

在 React 中定义组件，只需要创建一个 JavaScript 函数：

```
function MyComponent(props) {
  return (
    <p> 你好 , {props.name}</p>
  );
}
```

该函数甚至无须调用任何 React API。定义组件需遵循以下规范。

- 函数名首字母需要大写。
- 函数可以包含一个可选的、类型为 `object` 的参数，通常被命名为 props。
- 函数的返回值可以是：React 元素、字符串、数字、布尔值、`null` 值、`undefined` 值，或是由这些类型数据组成的数组。

这个函数定义的 `MyComponent` 组件可以以标签的形式被用在其他组件的 JSX 中：

```
function App() {
  return (
    <main>
      <MyComponent name="React" />
    </main>
  );
}
```

当 App 组件被渲染时，页面上会显示"你好 , React"字样。

还有一些其他场景可以使用已经定义的组件。例如 2.1.1 节提到的与 jsx() 函数等效的 React.createElement()，举例来说，以下两行代码是等效的：

```
<MyComponent name="React" />
React.createElement(MyComponent, { name: 'React' });
```

回顾 **oh-my-chat** 项目截至第 2 章的代码，可以发现其中 ThreadsPane、MessagesPane、ContactsPane 和 ContactDetail 都是有效的 React 组件，但其语法形式与 App 组件有所不同，前者没有使用传统的 function 关键字，而是使用了 ES6 的箭头函数语法，如 ThreadPane 的定义形式：

```
const ThreadsPane = () => {
  const threads = [/* 省略 */];
```

```
return (
  <>{/* 省略 */}</>
);
};
```

而 `ContactDetail` 组件直接返回 JSX，而且省略了函数体的大括号 `{}`：

```
const ContactDetail = () => (
  <>{/* 省略 */}</>
);
```

以上语法变体在功能层面完全等效，开发者可根据习惯灵活选择。需要注意的是，虽然函数式组件在形式上与常规 JavaScript 函数相似，但存在以下限制。

- 函数式组件内部不可使用 `this` 关键字。
- 函数式组件不能被当作构建函数，不要使用 `new` 关键字调用它。

回到本节一开始提到的，关于函数返回值的要求，其与 2.2.2 节讲到的 JSX 子元素类型一致。实际上，React 内部为函数组件的返回值定义了一个专门的类型 `ReactNode`，JSX 子元素类型也是 `ReactNode`：

```
type ReactNode = ReactElement | string | number | boolean | null | undefined
  | ReactPortal | Iterable<ReactNode>;
```

需要注意的是 undefined，在 React 18 之前的版本中，组件函数不允许直接返回 undefined。早期版本设定这一限制的原因是，开发者有可能忘记在函数内添加 `return` 语句，在函数的返回值是 undefined 的情况下，React 在渲染时会用报错的方式提示开发者可能存在代码遗漏。这与显式的 `return undefined` 的结果相同，因此 React 早期版本禁止了这样的写法。而 React 18 之后的版本更倾向于利用静态代码检查（lint）工具来提醒开发者设置返回值，因此放宽了这一限制。但为了保持代码语义清晰，以及与早期版本的一致性，本书仍然建议开发者减少组件 `return undefined` 的写法，如果需要渲染空内容，可以使用 `return null` 或者 `return false`。

除了上面包含 JSX 的例子，以下示例（尽管在实际开发中较少使用）展示了其他有效的 React 组件形式：

```
const StringComponent = () => '你好 React';
const NumberComponent = () => 1234;
const NullComponent = () => null;
const ArrayComponent = () => [1, 2, 3];
```

3.3   组件与 Hooks API

以函数为载体，组件可以实现的功能包括声明组件名称、传递 props、用 JSX 语法定义组件渲染内容，这 3 大功能分别对应了函数名、函数参数和函数返回值。

然而在现代前端开发实践中，这些功能还不足以构建完整的前端组件，若要满足各类前端应用的开发需求，至少还需要实现以下功能。

- 组件状态管理。
- 副作用的处理。
- 组件生命周期。
- 事件处理。

除事件处理可以通过 JSX 的标签属性（如 `<button onClick={}>`）直接实现外，其他功能均需通过定义组件的函数内部逻辑实现。从语义来看，函数名、参数和返回值分别对应声明组件名称、传递 props、用 JSX 语法定义渲染内容，那么函数的可扩展部分包括函数体、附加参数，以及函数装饰器（decorator）。React 通过扩展函数体实现上述功能，其具体实现方式为 Hooks API（后文简称为 Hooks）。

3.3.1 借用函数式编程理解 Hooks

Hooks 是 React 实现组件逻辑的重要方式，可以用于操作状态、定义副作用，以及自定义 Hooks。Hooks 借鉴自函数式编程，但在实际使用中需遵循特定约束条件。

React 对 UI 的**理想模型是** UI=f(state)，**其中** UI **是视图**，state **是应用状态**，f **则是渲染过程**。这个模型与函数式编程的理念是相似的。接下来，我们借助函数式编程中纯函数和副作用这两个概念来理解什么是 Hooks。

这里首先明确**纯函数**（Pure Function）的概念。当一个函数满足以下条件时，即可被视为纯函数。

- 对于给定的输入参数，函数的返回值始终一致，不受外部状态或者 I/O 操作的影响。
- 函数被调用时不会产生**副作用**（Side Effect），即不会修改传入的引用参数、修改外部状态、触发 I/O 操作或调用其他会产生副作用的函数。

下面这段 JavaScript 代码就是典型的纯函数示例，对于给定的参数 a 和 b，返回值始终是两者之和：

```javascript
const func = (a, b) => {
  return a + b;
};
```

用纯函数的概念来分析下面的 React 组件，对于给定的 props a 和 b，每次渲染时均会返回相同的无序列表元素：

```javascript
const Component = ({ a, b }) => {
  return (
    <ul>
      <li>{a}</li>
      <li>{b}</li>
    </ul>
  );
};
```

尽管 React 官方并未正式使用这一术语，但为了方便理解，我可暂时将应用纯函数方式编写的 React 组件称作**"纯函数组件"**。

正如前面提到的，此类纯函数组件仅能实现声明组件名、传递 props、定义 JSX 等基础功能，而无法实现 React 组件的其他扩展功能——**对于纯函数组件而言，这些扩展功能均涉及外部状态或副作用**。换言之，如果要使用函数组件支持扩展功能，只需通过显式方式访问函数的外部状态，或者执行副作用即可实现。

Hooks 正是这样一套为函数组件设计的，用于访问 React 内部状态或执行副作用操作，以函数形式存在的 React API。需要特别说明的是，这里提到的"React 内部状态"是比组件状态更广义的概念，不仅包含后续章节会讲到的 state 和 context，还包括 memo、ref 等。

以下示例通过在纯函数组件代码中加入 Hooks 实现状态管理功能。useState 这一 Hook 会读取或存储组件的 state，从而使函数组件具备操作 state 的功能：

```
import { useState } from 'react';
const Component = ({ a, b }) => {
  const [m, setM] = useState(a); // 一个 Hook
  const [n, setN] = useState(b); // 另一个 Hook
  return (
    <ul>
      <li>{m}<button onClick={() => setM(m + 1)}>+</button></li>
      <li>{n}<button onClick={() => setN(n + 1)}>+</button></li>
    </ul>
  );
};
```

更贴近实际场景的应用可以参考 oh-my-chat 项目中的 App 组件，以下代码用 useState Hook 创建了一个名为 activeView 的 state，并在 JSX 中进行绑定与更新：

```
function App() {
  const [activeView, setActiveView] = useState('chat');
  return (
    <ul className="top-nav">
      <li className={activeView === 'chat' ? 'active' : undefined}>
        <a href="#" onClick={() => setActiveView('chat')}>消息 </a>
      </li>
      <li className={activeView === 'contact' ? 'active' : undefined}>
        <a href="#" onClick={() => setActiveView('contact')}>联系人 </a>
      </li>
    </ul>
    {/* 省略 */}
  );
}
```

需要明确的是，组件的 state 并不是绑定于组件函数本身，而是绑定至组件渲染生成的虚拟 DOM 节点，即 FiberNode 节点（相关原理将在 9.3 节详细讲解）。因此，在组件函数中调用 useState 时，意味着函数将访问函数本身以外、React 以内的状态，这将导致函数产生副作用，函数组件也因此不再是"纯函数组件"。React 并未强制要求组件函数必须是纯函数。虽然引入 Hooks 的函数组件不再纯粹，但在保持代码简洁性的同时实现了状态管理、副作用操作等扩展功能。

纯函数、外部状态和副作用这些概念，可以作为理解 Hooks 工作机制的参照物，也有助于理解、分析 React 组件的运行逻辑。

3.3.2 React Hooks 有哪些

React 19.1.0 版本共提供了十多个 Hooks，虽然数量比较多，但并不意味着我们需要精通所有 Hook。本书的建议是，首先精通 3 个基础 Hooks，然后再熟悉其他常用 Hooks 的用法，至于部分不常用的 Hooks，随用随查即可。

React 中的基础 Hooks 包括如下 3 个。

- useState：用于操纵 state，详见 4.3 节。
- useEffect：用于处理副作用，详见 6.2 节。
- useContext：用于访问 context，详见 4.4 节。

其他常用的 Hooks 包括以下几个，有些是基础 Hooks 的扩展，有些虽然用途不同，但与基础 Hooks 共享底层实现。

- useReducer：多用于在大中型 React 项目中处理复杂 state，详见 10.4 节。
- useRef：在基础 Hooks 之外，useRef 也可以用来操作数据，详见 12.3.2 节。
- useImperativeHandle：当需要封装组件对外提供命令式接口时，配合 useRef 使用。
- useLayoutEffect：与 useEffect 基本相同但执行时机不同，详见 9.1 节。
- useMemo / useCallback：用于优化性能，减少不必要的渲染，详见 11.2 节。
- useTransition / useDeferredValue：页面中与用户操作（如输入文字、点击、拖拽等）直接相关的操作称为更新称作紧急更新（Urgent Updates），当紧急更新受到异步渲染的拖累、产生卡顿时，可以使用这两个 Hooks 进行优化，详见 11.2 节。
- useActionState 和 useFormStatus：React 19 新增的表单处理 Hooks，详见 14.6 节。

此外，还有在 Web 应用项目中不太常用的 useDebugValue、useId 等，以及 React 官方专为第三方库开发者提供的 useSyncExternalStore 和 useInsertionEffect，开发者可在需要时查阅官方文档。

3.3.3 Hooks 的使用规则

虽然 Hooks 借鉴了函数式编程的特性，且其实现基于 JavaScript 函数，但 **Hooks 本质上是 React 专属的 API**，使用 Hooks 并不等同于函数式编程，也无法直接套用函数式编程的最佳实践。

与传统的函数式编程相比，Hooks 在使用中应遵循以下两条规则。

- **只能在 React 的函数组件中调用 Hooks**。其中包括在自定义的 Hook 中调用其他 Hooks 的间接方式，目的是确保 Hooks 在 React 的虚拟 DOM 中运行，脱离 React 环境的 Hooks 会完全失效。
- **只能在组件函数的最顶层调用 Hooks**。无论组件函数执行多少次，所有 Hooks 都必须按固定顺序执行，否则将导致 React 无法正确追踪和管理 Hooks 的状态。这就要求开发者不能在循环、条件分支中或者任何 return 语句之后调用 Hooks。

这些使用规则的具体原理，将在 9.3.5 节进行分析。

3.4　组件树

比单个组件更进一步的概念是**组件层次结构**（Hierarchy）。在面向对象编程中，Hierarchy 一般是指父类与子类之间的继承关系，但 React 并没有用类继承的方式扩展现有组件（后面会提到的类组件继承 React.Component 类，但类组件与其他类组件之间没有继承关系）。在 React 中，Hierarchy 指组件与组件间的层次结构。

通过组件层次结构，开发者可**将前端应用需要承担的业务逻辑和技术复杂度拆解为多个独立组件，最终通过将这些组件拼装在一起构建完整功能**。

React 组件层次结构从一个根组件开始，逐层加入子组件，最终形成一棵**组件树**。例如，一个图书馆管理系统的组件树结构可能如下所示：

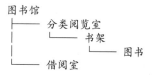

在该示例中，"图书馆"组件由"分类阅览室"与"借阅室"组合构成，而"分类阅览室"的基本陈列单元是"书架"，"书架"则承载具体的"图书"组件。在开发"图书馆"组件时，不需要考虑"图书"组件；在开发"书架"组件时，也不需要考虑"分类阅览室"，更不需要考虑"借阅室"。这种分层设计充分体现了软件开发中的关注点分离原则。这些组件最终得以显示到浏览器页面中的前提是先在组件的渲染函数中加入对应的 HTML 元素，具体实现方式可参考第 2 章所述内容。

上面提到的组件树虽然符合常理，但需要明确：**React 并未在技术层面实现传统意义上的组件树**（Component Tree）。无论是在 React 的外部 API 还是内部实现，均未提供针对组件的，类似 addChild()、setParent() 等建立组件间父子关系的方法。组件间的层次结构本质上是由 React 元素间接建立起来的逻辑关系。

在 React 中，组件和 2.2.2 节介绍的元素是两个不同的概念。React 元素是组件渲染的直接产物。在 React 内部，元素只是轻量级的 POJO（Plain Old JavaScript Object），仅用于描述节点结构，并不具备主动渲染其他组件或元素的功能。

我们经常提到的组件树和父子组件，需要借助 React 元素，从**组件声明**和**渲染**两个层面来理解。

首先，从组件声明层面：根据静态代码，**在一个组件的 JSX 返回值中包含另一个组件作为子元素，那么可以说前者是父组件，后者是子组件**，两者形成逻辑上的父子关系。

假设"图书馆"组件由以下代码实现（虽然首字母不是大写，但中文是有效的 React 组件名）：

```
const 图书馆 = () => (
  <div>
    <分类阅览室 />
    <借阅室 />
  </div>
);
```

从代码结构来看，"分类阅览室"和"借阅室"是"图书馆"的子组件，"图书馆"是前两者共同的父组件，但这种判定方法存在局限性。回顾 2.3.3 节编写 JSX 的模式之一：透传子元素，假设"分类阅览室"组件支持透传子元素时，父子关系可能因动态渲染逻辑产生偏差，代码如下：

```
const 分类阅览室 = ({ name, children }) => (
  <div>
    <h1>{name} 分类阅览室 </h1>
    {children}
  </div>
);
```

随后"图书馆"组件会在 JSX 中指定"分类阅览室"的子元素，代码如下：

```
const 图书馆 = () => (
  <div>
    <分类阅览室 name=" 文学 ">
      <书架 category=" 小说 " />
      <书架 category=" 传记 " />
    </ 分类阅览室>
    <分类阅览室 name=" 计算机 ">
      <书架 category=" 操作系统 " />
      <书架 category=" 前端开发技术 " />
    </ 分类阅览室>
    <借阅室 />
  </div>
);
```

为了明确"书架"是"图书馆"的子组件还是"分类阅览室"的子组件，需要从组件渲染层面来判断：组件返回的元素树，从逻辑上排除 HTML、Fragment 等元素，仅保留对应 React 组件的元素节点。在这棵的组件精简树中，**当前组件直接包含的组件则为子组件，存在嵌套关系的、间接包含的则不是子组件**，但根据子组件的具体渲染逻辑，**被嵌套的组件有可能是子组件的子组件**。

回到上面的示例，由于"分类阅览室"最终渲染了透传过来的"书架"，且与"书架"是直接包含关系，因此"书架"是"分类阅览室"的子组件。这一判定与"分类阅览室"的渲染逻辑密不可分，假设"分类阅览室"在 JSX 中并没有渲染 children 而是直接弃用，则"书架"不是任何组件的子组件。

以上父子组件基于渲染逻辑建立了父子关系，最终构成了一棵完整的组件树，又称为组件**渲染树（Render Tree）**。后面的 9.2 节和 9.3 节会讲到 React 的虚拟 DOM 和协调机制，帮助我们深入理解组件层级结构和渲染树。

3.5　如何拆分 React 组件

React 组件是 React 应用开发的基本单元，其设计需紧密围绕前端产品需求。延续前端组件化的思路，探讨如何设计 React 组件才能实现具体的产品业务需求。这里提到的设计不仅是指单一组件的设计，而是包含多个组件在内的、组件层次结构的设计。

在实践中，与其说整个组件层次结构**是设计出来的，不如说是拆出来的**，这一过程与产品需求的分解相辅相成。那么该如何拆分组件呢？下面以聊天应用 oh-my-chat 为例，介绍组件拆分的思路和方法，并在第 2 章结尾的 oh-my-chat 代码基础上，对组件进行进一步拆分和封装，并将其分别抽取到独立的源代码文件中。

3.5.1 用 React Developer Tools 查看组件树

为了设计合理的组件树结构，首先需要明确当前的组件树结构。由于组件树的本质是动态生成的渲染树，其实际结构受到运行时逻辑的影响，如果仅通过静态分析 JSX 代码，即使是已经具有一定经验的 React 开发者，也难免会误判。这时，不妨利用工具来辅助识别组件树。Meta 官方推出了一款名为 React Developer Tools 的浏览器插件，其核心功能如下：

- 查看页面上的 React 根组件，以及根组件所渲染的组件树；
- 监控页面上的 React 性能。

在主流浏览器，如 Chrome、Firefox、Edge 的插件商店、扩展中心搜索 "React Developer Tools"，检查确认发布者为 Meta 或者 React 后，点击 "安装" 按钮即可进行安装。安装成功后，浏览器的开发者工具中将新增两个功能 Components 和 Profiler，如图 3-2 所示。

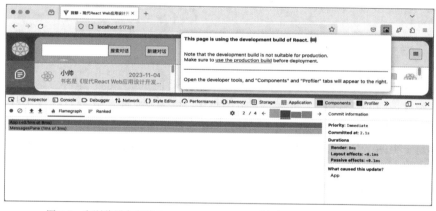

图 3-2　在浏览器中安装 React Developer Tools 后新加入的开发者工具标签页

需要说明的是，Safari 浏览器暂未支持该浏览器插件，如果需要使用 Safari 浏览器开发调试 React 应用，需要安装独立的 npm 包，在命令行执行：

```
npm install -g react-devtools
```

安装完成后运行 react-devtools，将启动一个 Electron 桌面应用，其功能与浏览器插件相同。

之后在 index.html 的 <head> 中加入一行标签：

```
<script src="http://localhost:8097"></script>
```

刷新页面即可实现页面与 react-devtools 桌面应用的交互。

安装好 React Developer Tools 插件后，启动 oh-my-chat 项目，然后在浏览器中打开开发者工具，即可在 Components 标签页查看当前应用的组件树结构，如图 3-3 所示。

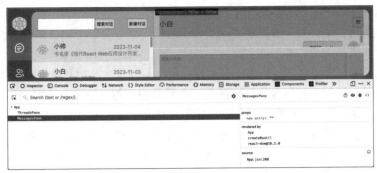

图 3-3　在 React Developer Tools 中查看 oh-my-chat 的组件树

从图中可以看到 App 是整个 React 应用的根组件，其下挂载有两个子组件。点击选中其中任意一个组件，其对应的 UI 将在页面中高亮显示，右侧面板将同步显示该组件的详细信息。点击插件左上角的"检查（Inspect）"按钮，可启用光标在页面上反查页面元素对应的 React 组件。

3.5.2　拆分组件的原则和常见方法

组件拆分不存在统一标准，其粒度划分及实施流程往往因开发者经验和项目需求的不同而存在显著差异。

拆分组件的动机是创建一系列低耦合、高内聚的组件，将视图及与视图相关联的逻辑、数据和交互行为封装到独立的组件中，从而实现模块式开发。

有一些基本的编程原则可以指导组件的拆分过程，本章将强调其中至关重要的一条：**单一职责原则**（Single Responsibility Principle）。在面向对象编程领域，该原则是指每个类应仅承担单一功能，迁移至组件化前端开发领域可以衍生为，每个组件应聚焦单一功能。这就意味着可以依据功能来拆分组件，一个功能对应一个组件，一个组件不应具有多种功能。需要明确的是，该原则对于组件拆分并不是绝对的，毕竟在前端领域，"功能"这个名词的概念本身就具有一定模糊性。

功能有大有小，从组件粒度来看，拆分出来的组件**可大可小**。组件数量与组件颗粒度的关系如图 3-4 所示。

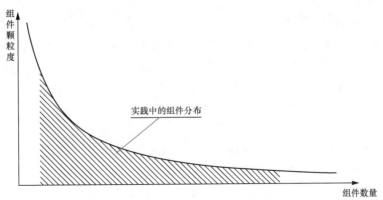

图 3-4　组件拆分过程中组件数量与颗粒度的关系

不妨设想两种极端情况：一种是完全不进行组件拆分，所有视图和逻辑的视线都集中于根组件中，对应横轴的最左端；另一种是将每个 DOM 结构均拆分为一个独立组件，组件基本等价于 HTML 标签，对应横轴的最右端。在实践中，需要避免出现这两种极端情况。大部分情况下，组件的粒度和数量分布在中间区域。这是平衡组件数量和组件层次结构复杂度的结果。

进入实操阶段，组件拆分虽没有标准流程，但可以根据拆分顺序分为**自上而下（Top-down）拆分和自下而上（Bottom-up）拆分**两大类。其中，自上而下拆分是从顶层组件出发，以功能需求分解为线索，逐步将根组件拆分成子组件、后代组件，适用于整体应用架构设计，强调业务模块的层级划分；自下而上则是从具体功能出发，先设计作为叶子节点的组件，然后将其进行组合形成更高一级的组件，常用于可重用组件开发。下一节将以 oh-my-chat 项目为例详细介绍自上而下拆分，12.3 节将详细介绍自下而上拆分。

当视图和逻辑相对简单时，我们可以边开发边拆分。而在项目实践中，开发者通常先定义组件层级与职责，再逐步实现具体功能。这样做的好处是可以快速明确组件层次结构，有助于任务分配并开展团队协作。

3.5.3　项目实现：继续拆分 oh-my-chat 的组件

从本节开始，凡是涉及 oh-my-chat 项目实践，包括功能扩展、代码重构或优化实践等，都会在节标题中添加前缀"项目实现："以方便定位。

前两章采用了**自上而下的组件拆分策略**，即从根组件 App 开始，在 App 组件内部搭建了左中右三栏布局并实现了左侧导航栏。然后向下拆分，从中栏位置拆分出了 ThreadsPane，右栏位置拆分出了 MessagesPane。其中 ThreadsPane 组件实现了对话列表及其顶部工具栏，MessagesPane 实现了消息列表及其顶部工具栏。根据当前视图条件的不同，又从中栏拆分出 ContactsPane 实现联系人列表及其顶部工具栏，从右栏拆分出 ContactDetail 实现联系人详情。

可以看出上述组件拆分的依据是业务需求的功能模块，属于典型的按业务功能拆分组件。

本节将根据单一职责原则来检验所有组件，并对各组件进行优化。

通过分析发现，当前 App 承担了过多的职责，其中包括定义页面布局、提供导航、条件渲染聊天视图或者联系人视图。视图与组件的对应关系：聊天视图对应的组件是 ThreadsPane + MessagesPane，联系人视图则是 ContactsPane + ContactDetail，这种设计导致两个视图各自的内部逻辑，被集中到 App 组件中维护，违反了单一职责原则。改进方法是，从 App 中拆分出两个新的代表视图的子组件，ChatView 和 ContactView 组件，App 原有的 4 个子组件改为这两个视图组件的子组件。这两个视图组件的代码如下：

```
const ChatView = () => (
  <>
    <aside>
      <ThreadsPane />
    </aside>
    <main>
      <MessagesPane />
    </main>
```

```
    </>
  );
const ContactView = () => (
  <>
    <aside>
      <ContactsPane />
    </aside>
    <main>
      <ContactDetail />
    </main>
  </>
);
```

App 中使用这两个视图组件的代码如下：

```
function App() {
  const [activeView, setActiveView] = useState('chat');

  return (
    <div className="root">
      <nav>{/* 省略... */}</nav>
      {activeView === 'chat' ? <ChatView /> : <ContactView />}
    </div>
  );
}
```

进行上述优化后，App 仅根据条件渲染 ChatView 和 ContactView 两个视图之一，而不再直接管理先前 4 个子组件的渲染逻辑。

经过上述优化，浏览器页面并无明显变化，但在浏览器开发者工具的 React Component 标签页中，可以发现组件树比之前新增了 ChatView 层级，如图 3-5 所示。

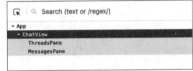

图 3-5　组件树增加了一层 ChatView

App 左栏的纵向导航栏需进一步被拆分为一个独立的子组件，这个改动涉及组件间的数据传递，将在 5.3.2 节中详细展开。

接下来看 ThreadsPane 组件。从功能上，可以将它拆分为顶部工具栏 ThreadTopMenu 和主体对话列表 ThreadList 两个子组件。这两个新组件的代码如下：

```
const ThreadTopMenu = () => (
  <header className="thread-top-menu">
    <form>
      <input maxLength={20} />
      <input type="submit" value=" 搜索对话 " />
    </form>
    <button> 新建对话 </button>
  </header>
);

const ThreadList = () => {
  const threads = [/* 省略... */];
```

```
  return (
    <ul className="thread-list">
      {threads.map((thread) => (
        <li key={thread.id} className={thread.active && 'active'}>
          {/* 省略 ... */}
        </li>
      ))}
    </ul>
  );
};
```

修改后，ThreadsPane 组件仅作为子组件的容器，代码如下：

```
const ThreadsPane = () => (
  <>
    <ThreadTopMenu />
    <ThreadList />
  </>
);
```

MessagesPane 组件同样可以按照上栏、中栏和下栏拆分成 MessageTopMenu、MessageList、NewMessageForm 3 个新组件，更新后的 MessagesPane 组件代码如下：

```
const MessageTopMenu = () => (
  <header className="message-top-menu">
    {/* 省略 ... */}
  </header>
);

const MessageList = () => (
  <ul className="message-list">
    {/* 省略 ... */}
  </ul>
);

const NewMessageForm = () => (
  <form className="compose-message">
    {/* 省略 ... */}
  </form>
);

const MessagesPane = () => (
  <>
    <MessageTopMenu />
    <MessageList />
    <NewMessageForm />
  </>
);
```

这时再查看浏览器开发者工具中的 React Components 标签页，组件树比之前更加清晰地呈现了产品功能结构，如图 3-6 所示。

沿用 ThreadsPane 的拆分思路将联系人视图下的 ContactsPane 拆分成 ContactTopMenu 和 ContactList 两个子组件。这两个组件及更新后的 ContactsPane 代码实现与 ThreadsPane

类似，此处省略。读者可以自己尝试修改后，在 React Developer Tools 中进行验证。

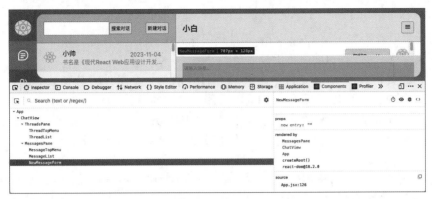

图 3-6   更清晰的组件树

以上新拆分出的列表组件 ThreadList、MessageList、ContactList，均包含循环渲染逻辑，其列表项可以进一步拆分为子组件，该优化涉及数据驱动视图的实现，将在 4.2.2 节详细展开。

到目前为止，本节进行的拆分都是从已经实现的组件及其 JSX 中，拆分出新的、颗粒度更小的组件，并没有修改页面的展示和相关逻辑，属于对组件树的重构。

3.5.4   项目实现：将组件拆分为独立文件

经过 3.5.3 节的拆分重构，App.jsx 文件的代码行数已超 200 行，可读性明显降低。为了提高代码可读性和可维护性，建议开发者将这些 React 组件转移分散到多个独立文件中去。

即便是包含 JSX 语句的 *.jsx 文件，其本质也是 JavaScript 源文件，可以用 JavaScript 语言中标准的 import/export 语句来导入导出其他源文件。本节将以 3.5.3 节刚修改过的 oh-my-chat 项目为例，展示如何将 React 组件保存在独立的源文件中。

首先在 oh-my-chat 项目的 src 目录下建立一个新的目录 components，用于存储拆分出来的组件文件。在 components 目录下创建一个新的 ThreadTopMenu.jsx 文件，将 App.jsx 中的 ThreadTopMenu 组件代码整体复制到新文件中，然后在文件最后一行添加默认导出语句。ThreadTopMenu.jsx 文件完整代码如下：

```
const ThreadTopMenu = () => (
  <header className="thread-top-menu">
    <form>
      <input maxLength={20} />
      <input type="submit" value=" 搜索对话 " />
    </form>
    <button> 新建对话 </button>
  </header>
);

export default ThreadTopMenu;
```

在 App.jsx 中添加一行导入语句：

```
import ThreadTopMenu from './components/ThreadTopMenu.jsx';
```

这时可以将原有的 ThreadTopMenu 组件代码从 App.jsx 中删除，保存文件后，浏览器页面功能与样式保持不变，即表明文件拆分成功。

接下来，需要将 App.jsx 文件中除 App 组件外的每一个组件拆分到独立的组件文件中。这一过程比较烦琐，但可以借助 IDE 的重构功能来减少重复性工作。例如在 VS Code 中，光标选中 ThreadList 变量，按快捷键 ^⇧R 或鼠标右键打开重构菜单，选择"移动到新文件"，VS Code 会将 ThreadList 组件的代码及其相关的 import 语句（即 import reactLogo from './assets/react.svg'），移动到一个与 App.jsx 文件位于在同一目录下的新文件 ThreadList.jsx 中。这时再将 ThreadList.jsx 文件拖入 components 目录，VS Code 会自动提示更新代码中的引用路径，选择"是"选项。查看 ThreadList.jsx 文件源代码，可以发现组件声明语句的开头多了"export"，即

```
export const ThreadList = () => { // ...
```

在 App.jsx 中，对应的 import 语句与手动编写的稍有不同：

```
import { ThreadList } from './components/ThreadList.jsx';
```

这是因为在 VS Code 重构的"移动到新文件"功能中，目标文件采用了命名导出。

在 JavaScript 中，变量或其他成员的导出方式分为两种：**默认导出（default export）** 和 **命名导出（named export）**。当文件中只有一个导出项时，常用默认导出；当文件中有多个导出项时，常用命名导出。但这并不是绝对的，即使文件中只有一个导出项，也可以使用命名导出，默认导出和命名导出可以在同一个文件内共存。不同的导出方式对应不同的导入语句，如表 3-1 所示。

表 3-1   JavaScript 文件导出语句与导入语句的对应关系

	导出语句	导入语句
默认导出	`export default ThreadList;`	`import ThreadList` `  from './ThreadList.jsx';`
命名导出	`export const ThreadList = // ...`	`import { ThreadList }` `  from './ThreadList.jsx';`
混合	`export const threadData = // ...` `export default ThreadList;`	`import ThreadList, { threadData }` `  from './ThreadList.jsx';`

为了在项目内部保持统一，将 ThreadList.jsx 的导出方式改为默认导出，即 export default ThreadList 的方式。

以此类推，将 App.jsx 中的其他组件移动至 components 目录下各自的新文件中。在重构过程中，除了需要注意默认导出和命名导出的问题，还需要注意相对路径是否正确，如在 components/MessageList.jsx 中引入 assets 目录的资源，需要使用如下语句：

```
import reactLogo from '../assets/react.svg';
```

顺利完成拆分后，浏览器中的页面应保持原样。这时项目的文件目录结构如图 3-7 所示，每个 .jsx 文件的代码行数显著减少，可读性得到明显提升。

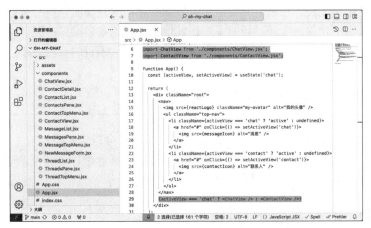

图 3-7　更新后的文件目录结构和对应的 App.jsx 源码

在 React Developer Tools 的 Component 标签页中，可以发现组件的来源已经发生变化，如图 3-8 所示。

图 3-8　在 React Developer Tools 中查看更新后的组件来源

除了 App.jsx，还有样式文件 App.css 需要进行拆分，这部分修改将在 8.4 节详细介绍。

随着项目不断推进，components 目录下的文件会越来越多，你可能会产生疑问：是否所有组件文件都应放在这同一个目录下？是否存在更具有扩展性的源文件目录结构？这个问题将在 12.4 节进行深入探讨。

3.5.5　组件拆分的一些心得

决策疲劳（Decision Fatigue）是一个心理学概念，是指当人们连续做出决策时，决策效率和准确性会逐渐下降，甚至可能导致错误判断。

在开发 React 应用时，为了将设计稿转化为实际界面，需要将其拆分成若干组件。组件可大可小，可简单可复杂，在拆分过程中需要不断权衡颗粒度、复杂度、可维护性、可测试性等因素。这种持续的决策过程容易引发决策疲劳，可能导致开发者对后期拆分的组件产生疑虑，甚至怀疑前期拆分的正确性，从而增加心理负担。

为了减轻或避免拆分组件时的决策疲劳，建议采用以下策略。

- 没必要追求一步到位，可以在具体实现过程中继续优化组件拆分。
- 没必要追求绝对完美，在后续开发中可以根据实际需求，随时调整组件结构。
- 在拆分组件时尽量保持专注，暂时不考虑其他方面（例如后端接口设计），减少决策维度。
- 在日常开发中积累组件拆分经验，这将有助于提升后续项目的开发效率。

3.6 AI 辅助：AI 与组件树设计

设计和拆分组件的工作如同庖丁解牛，随着经验的积累会越来越得心应手。但在学习 React 初期，有些开发者常会感到犹豫不决，难以确定如何设计和拆分组件，甚至希望能有一位导师随时在身旁提供指导。实际上，AI 可以充当这样的导师角色。

3.6.1 AI 辅助：用 AI 指导组件拆分

当开始开发一个新的 React 项目，或者需要为现有项目开发一个新业务模块，对组件设计和拆分感到困惑时，我们可以尝试向 AI 寻求帮助，让 AI 来指导你进行组件拆分。为此，你需要向 AI 清晰地描述 UI 的需求包括界面的功能布局。1.4.2 节和 2.4 节主要依赖原型图描述需求，本节将尝试单纯通过文字描述 UI 需求。

打开 Copilot 界面，将聊天框模式切换为"询问（Ask）"，并将模型切换至 o3-mini，输入以下提示语：

我需要实现一个网页端聊天应用的 UI，UI 设计如下：
* 这个 UI 整体是横向三栏式的。它包括两种视图：聊天视图和联系人视图。UI 的左栏是纵向导航栏，包含分别指向两种视图的链接。中栏和右栏会随视图动态改变。
* 当 UI 处于聊天视图时，中栏从上到下显示搜索框、聊天列表，用户可以选中列表中的其中一个聊天，右栏从上到下显示选中聊天的联系人名称、消息列表和发送消息文本框。
* 当 UI 处于联系人视图时，则中栏从上到下显示搜索框、联系人列表，用户可以选中列表中的其中一个联系人，右栏显示当前选中的联系人的详细信息（包括联系人名称等信息）。

请根据上述 UI 需求，帮我设计 React 组件层次结构，组件名称为英文，根组件为 `App`。输出结果采用 Markdown 格式。例如：
* `App`
  * `Form`
    * `TextInput`
    * `Button`

在"询问"模式下，Copilot 的表现类似于一个标准的基于 LLM 的聊天机器人，但是与 ChatGPT 或 DeepSeek 不同，它专注于回答软件开发领域的问题。选择 o3-mini 模型的原因是，对于需要进行深度思考和推理的问题，这款由 OpenAI 推出的**推理模型**（Reasoning Model）能够提供更优质的解答。目前 AI IDE 通常会接入多个厂商的 LLM，每个模型都有其擅长的领域，开发者可以根据具体需求进行选择。关于不同模型之间的差异，建议参考相关测评，这里不做详细介绍。

上述提示语有其特别之处，在 UI 描述后，我添加了一句**指示**，要求 AI 完成"设计 React 组件层次结构"的任务，指定了输出格式并提供了一个示例。这种提供示例的技术被称为**单样本提示**（One-shot Prompting），这个示例可以引导 LLM 生成更准确的答案。提示语的开发和优化技术已经形成了一个专门的学科叫作**提示工程**（Prompt Engineering），该学科不仅包含单样本提示，还包含零样本（Zero-shot）提示、少样本（Few-shot）提示、思维链（CoT）等提示技术。如需进一步了解，可以查阅提示工程的相关文档以获取更多信息。

点击"发送"按钮，Copilot 会返回如下结果：

下面是一个可能的 React 组件层次结构设计示例：
* App
  * Sidebar
    * NavigationLink（用于切换视图：Chat/Contacts）
  * ChatView（当选择聊天视图时）
    * ChatPanel（中栏）
      * SearchBar
      * ChatList
    * ConversationPanel（右栏）
      * ContactHeader
      * MessageList
      * MessageInput
  * ContactsView（当选择联系人视图时）
    * ContactsPanel（中栏）
      * SearchBar
      * ContactsList
    * ContactDetailPanel（右栏）
      * ContactDetail
这种设计中，App 作为根组件，会根据当前选择的视图呈现 ChatView 或 ContactsView，并在左侧的 Sidebar 中提供视图切换功能。
开发者可以根据具体项目需求进一步拆分或调整组件结构。

AI 生成组件树与手动拆分的结构十分相似，主要区别仅在于命名组件时使用的英文单词有所不同，可以作为实际组件设计和开发时的参考。

其实 AI 辅助组件拆分的工具，并不局限于 Copilot。例如，用户可以在 DeepSeek 中开启深度思考模式，输入相同的提示语来获取不同的解决方案。

3.6.2　AI 辅助：根据代码画出组件树

对于新项目，AI 可以辅助设计和拆分组件，那么对于已经存在的项目，能否借助 AI 来分析项目中现有的组件层次结构？答案是肯定的。俗话说"一图胜千言"，本节将演示如何利用 AI 根据项目中的组件代码自动生成组件结构图。

首先需要为 Copilot 安装 vscode-mermAId 插件，该插件以 VS Code 插件的形式提供。其标识符为 ms-vscode.copilot-mermaid-diagram。安装完成后，在 Copilot 的聊天框中，输入"@"符号后，会弹出可选的聊天对象（Chat Participants），在其中选择新添加的 @mermAId ，输入以下提示语：

@mermAId 请生成以 `App` 为根组件的组件层次结构图。

为了保证生成结果的准确率，需要手动将所有组件的源文件添加到上下文中。在 VS Code 的资源管理器视图中，选中 oh-my-chat 项目中除 main.jsx 外的所有 JSX 文件，将它们拖拽到 Copilot 的聊天框中，如图 3-9 所示。

图 3-9   将组件文件加入 mermAId 上下文

点击"发送"按钮，稍作等待，Copilot 的 mermAId 插件会根据选中的代码自动生成组件层次结构图。如图 3-10 所示。

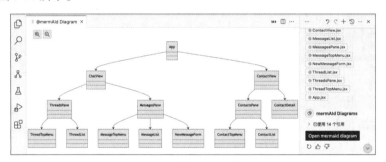

图 3-10   mermAId 插件生成的组件层次结构图

与在 React Developer Tools 浏览器插件中看到的组件层次结构图不同，AI 辅助工具生成的组件层次结构图是基于静态代码分析得到的，通常能够呈现完整的组件关系，有利于开发者更高效、更全面地了解项目中现有的组件架构。

3.7   过时 API：类组件

3.2 节介绍了 React 组件的写法，而在技术社区和部分文档中，有时还会见到 React 组件的另一种写法：类组件。本节将简要介绍类组件的发展历程。

3.7.1   函数组件的崛起

截至 2025 年，React 框架已经开源 12 年，期间 React 自身也在持续演进。其中最具代表性的转变之一是从类组件到函数组件的迁移。

　　在早期版本中，React 组件的写法并不像现在这样精简。2025 年 React 的最新版本是 v19.1，而早在 2015 年 React 发布了两个大版本 v0.13 和 v0.14（可以理解成 v13 和 v14），当时 React 组件的主流写法是：

```
const Thread = React.createClass({
  render: function() {
    return (<div>对话 ...</div>);
  }
});
```

　　Meta（Facebook）官方自 v0.13 版本开始推广基于 ES6（即 ECMAScript 6，于 2015 年发布）的 class 写法：

```
class Thread extends React.Component {
  render() {
    return (<div>最近消息：{this.props.latestMessage}</div>);
  }
}
```

　　通过这两种方式定义的组件统称为**类组件**。定义类组件的核心是实现 render() 方法，该方法的返回值可以是一段 JSX（或对应的 React 元素）、原始数据类型（注：该方法在 React v18 以前的版本不可以返回 undefined，否则会报错）、其他 React 元素类型或者是以上类型的数组。除了 render() 方法，这两种写法还可以添加其他属性和方法，完整实现 React 组件具有的状态管理、事件处理、生命周期等功能，这里不作详细展开。

　　除了前面介绍的两种写法，React 在 v0.14 版本中引入了一种更为简洁的**无状态函数组件**（Stateless Function Component）写法：

```
// ES6 箭头函数
const Thread = (props) => {
  const latestMessage = props.latestMessage;
  return (<div>最近消息：{latestMessage}</div>);
};

// 更简单的箭头函数 + 参数解构
const Thread = ({ latestMessage }) => (
  <div>最近消息：{latestMessage}</div>
);
```

　　函数的参数是 props，其返回值与前面两种写法中 render() 方法的返回值相同。在 React Hooks 尚未发布时，这种函数组件无法自行处理 state 状态，需要依赖父组件提供状态并通过 props 传递给它。虽然函数组件功能受限，但因其简洁性受到开发者的广泛欢迎。以至于开源社区开发了各种支持库（如高阶组件）来扩展其功能。

　　其中 recompose 是当时非常流行的库，以下是一个简单示例：

```
import { withState } from 'recompose';

const enhance = withState('activeView', 'setActiveView', 'chat');
```

```
const App = enhance(({ activeView, setActiveView }) => (
  <div className="root">
    <nav>
      {/* 省略 */}
      <a href="#" onClick={() => setActiveView('contact')}>联系人</a>
    </nav>
    <aside>
      {activeView === 'chat' ? <ThreadsPane /> : <ContactsPane />}
    </aside>
    {/* 省略 */}
  </div>
));
```

在这个示例中可以看到，App 组件的主体是作为 enhance() 函数参数的箭头函数组件。recompose 库的 withState(stateName, stateUpdaterName, initialState) 函数会创建一个单一功能的高阶组件（高阶组件将在 12.3.3 节介绍），它会创建名为 activeView 的 state，并通过 props 传递给作为子组件的函数组件，最终组合成一个功能完整的 React 组件。值得一提的是，recompose 的作者后来加入了 React 官方开发团队。

React v16.8 正式发布 Hooks API 后，函数组件具有了完整的组件功能，最终取代类组件成为 React 组件的主流选择。这里插一句题外话，对于 React 函数组件的流行，我在当年是有点意外的。虽然我最初是 ES6 类的忠实拥护者，但在使用 recompose 和官方的 Hooks 后，很快就被这种更简洁的 API 所征服。

纵观 React 近年来的发展，函数组件流行的主要原因包括如下几个。

- 符合 React 的哲学 UI=f(state)。
- 实现了更彻底的关注点分离（Separation Of Concerns）。
- 受函数式编程的影响。
- React 内部实现的不断优化。
- 开源社区的反哺。

3.7.2   还有必要学习类组件吗

目前 React 官方推荐在新开发的 React 应用中，优先使用函数来定义组件。开源社区中的一些主流组件库也逐渐将代码迁移至 "函数组件 + Hooks"。类组件虽然被归类为**过时 API**，但考虑到现有代码库中类组件的庞大数量，React 官方并未计划完全弃用它，因此在一些遗留代码、文档或教材中仍可能见到类组件的身影。

那么，现阶段还有必要学习类组件吗？我认为如果是以学习 React 应用开发为目标，那学习类组件的必要性不大，主要原因如下。

- React 官方已经将组件这个概念默认为函数组件。自 2019 年初 React v16.8.0 发布 Hooks，至今已有 5 年，React 已更新至 v19.1.0，**函数组件已经代替类组件成为主流组件形式**，"函数组件 + Hooks" 已成为标准开发模式。
- 先入为主。类组件和函数组件代表了两种不同的编程方式，前者面向对象，后者更接近函数式编程。先学习类组件，会让开发者倾向于用面向对象的思路理解 React 的各种概念，而实际上，在 React v18.3.1 版本的源码中，面向对象的比重已经越来越低了。这可能导致开发者后续需要重新调整理解方式。

我有不少同事完整经历了从类组件到函数组件加 Hooks 的转换，当他们在已经掌握类组件的基础上再学习 Hooks 时，会**不自觉地从前者中寻找参照物**，一旦发现在特定的功能上找不到对应概念时，多少会走些弯路。例如他们会将 useEffect Hook 理解成类组件里的生命周期方法 componentDidMount 和 componentWillUnmount，而在发现每次组件更新都会执行 useEffect 时感到困惑（6.2 节会介绍相关内容）。

相比之下，优先学习"函数组件 +Hooks"可以让开发者更直接地接触 React 元素、props、state、协调、渲染这些核心概念，提升学习效率。

当然凡事也有例外。在 9.1.2 节介绍组件生命周期时会提到，当组件作为错误边界时会进入一个错误处理阶段，然而截至 React 19，只有类组件才能成为错误边界，这是函数组件当前无法实现的场景之一。

3.8 小结

React 是一款组件化的前端框架，组件是 React 开发的基本单元。本章从前端组件化的概念和意义入手引出了 React 组件，具体涉及以下 4 个方面：

- 什么是 React 组件；
- 如何用函数编写 React 组件；
- Hooks API 的概念、成员、与组件的关系，以及使用时的一些限制；
- 多个组件如何构成组件树。

随后基于这些知识探讨了如何将完整应用拆分成若干组件，并将这些组件有机地组合在一起，构成组件树以实现业务需求。依据单一职责等原则，将聊天应用 oh-my-chat 继续拆分成颗粒度更小的组件，并将这些组件分别拆分到独立的文件中，提升每个组件文件的可读性和可维护性。

在掌握手动拆分组件的基础上，本章也介绍了如何利用 AI 辅助拆分组件，并演示了借助 Copilot 插件 mermAId 根据已有代码生成对应的组件层级结构图。

最后，本章介绍了组件的另一种写法，即 React 的过时 API 之一：类组件，帮助读者理解函数组件和 Hooks API 是如何发展成为 React 组件的主流开发方式的。

第4章

数据驱动（上）：React 的数据

本章知识地图及项目实现，如图 4-1 所示。

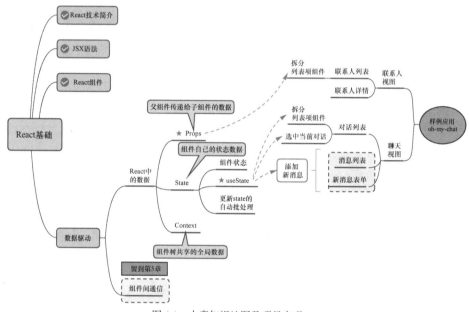

图 4-1 本章知识地图及项目实现

在现代社会中，数据无处不在。无论是浏览网页、使用手机或电脑中的应用程序，人们通过各种媒介与数据进行交互。正因如此，数据已成为现代前端应用的核心，数据驱动（Data-Driven）也发展成为前端开发技术的重要特性之一。React 正是基于这一理念设计的数据驱动前端框架。

接下来的两章将深入探讨数据驱动在 React 应用开发中的实践。通过学习这些内容，将能够帮助你回答以下问题。

- 前端应用涉及哪些类型的数据？是否仅限于数据库中的数据？
- React 框架中具体包含哪些数据？这些数据的作用分别是什么？
- React 组件之间如何实现数据传递？
- 什么是数据流？为什么 React 强调单向数据流的设计原则？

本章将会介绍数据驱动与 React 的关系，详细讲解 React 中与数据有关的概念，包括 props、state 和 context，以及其用法。下一章将介绍 React 应用中组件之间的通信机制，以及单向数据流的底层原理。

4.1　React 是数据驱动的前端框架

数据驱动（Data-Driven）是一个比较宽泛的概念，从商业活动到软件技术，从方法论到开发实践，各个领域都能见到数据驱动的身影，具体表现如下。

- 数据驱动决策（Data-Driven Decision Making）：根据数据分析而不仅仅是直觉做出决策，广泛应用于公司战略、市场营销、财务和运营等领域。
- 数据驱动设计（Data-Driven Design）：在产品、交互及界面设计等领域，利用用户行为追踪、用户反馈收集或 A/B 测试等技术手段获取数据，并分析利用这些数据以指导设计决策。
- 数据驱动开发（Data-Driven Development）：数据成为指导软件开发的首要因素，软件的设计、开发、测试等环节围绕数据展开。

在数据驱动开发领域，数据驱动编程（Data-Driven Programming）作为一种编程范式，将数据流和控制流抽象为运行时数据，进一步提升了应用的灵活性，例如，一些由数据驱动的动态表单库会根据数据字段类型自动选择对应的表单组件。

基于数据驱动开发理念设计的 React 框架充分体现了这一特性。如 3.3.1 节所述，React 的设计理念为 UI=f(state)，其中 state 代表数据参数设置，对于给定的组件 f，只要提供不同的数据，就可以渲染出所需要的 UI。这种显著大幅提升了动态、响应式 Web 应用的开发效率，具体来说，数据驱动特性为 React 带来以下优势。

- 更清晰的关注点分离（Separation Of Concerns）：React 通过专门的 API 分离视图和状态，使开发者可以专注于以声明式构建组件，React 会确保在数据变化时自动更新组件，使得代码更便于维护和调试。
- 更好的用户体验：确保 UI 始终与最新数据保持同步，用户的交互体验更流畅。
- 更高的性能：React 内部包含虚拟 DOM 和高效的 Diff 算法，能够针对特定的数据变化作出必要的更改，减少 DOM 操作并提高性能。
- 可重用和可扩展性：对数据流的抽象使 React 组件专注于视图和业务逻辑，复用性更强，能够轻松应对复杂应用的扩展需求。

第 3 章已经介绍了如何搭建 React 组件，本章将讲解 React 中有哪些数据，并探讨如何设计和使用这些数据。

驱动 React 应用的数据主要有 3 种：**属性 props、状态 state 和上下文 context**。这 3 个概念在 React 中是专有名词，有专属的 API 及其内部实现，为避免混淆，本书将直接使用它们的英文名称。接下来将分别介绍这 3 种数据。

4.2　Props：父组件传给子组件的数据

前两章在讲解 JSX 语法和自定义 React 组件时，曾多次提到过 props 或组件属性，本节将系统介绍 props。

4.2.1　如何声明和使用 props

　　自定义 React 组件接受一组输入参数，用于改变组件运行时的行为，这组参数就是 props。
Props 一般用于从父组件向子组件传递数据。子组件根据 props 的值自定义渲染或交互逻辑，并将
最终的决定权交给父组件，这大大提升了子组件的灵活性和复用性。

　　在用函数声明组件时，函数的第一个参数就是 props。以下两种写法在实践中较为常见。

- 在组件内部读取 props 对象的属性。
- 通过 ES6 的解构赋值（Destructing Assignment）语法展开函数参数，直接在组件内部读取
  单个 prop 变量。

　　这两种写法本质上是等价的，示例如下：

```
// 1. 读取 props 对象的属性
function MyComponent(props) {
  return (
    <ul>
      <li>{props.prop1}</li>
      <li>{props.prop2}</li>
    </ul>
  );
}

// 2. 用解构赋值语法展开 props 参数
function MyComponent({ prop1, prop2 }) {
  return (
    <ul>
      <li>{prop1}</li>
      <li>{prop2}</li>
    </ul>
  );
}
```

　　第二种写法支持更灵活的特性，例如为 prop 设置默认值：

```
function MyComponent({ prop1, prop2, optionalProp = 'default' }) { // ...
```

　　以及利用 ES2018 的 Rest Properties 语法，将解构剩余属性赋值给一个变量，便于透传给子元素：

```
function MyComponent({ prop1, prop2, ...restProps }) {
  return (
    <ul {...restProps}>
      <li>{prop1}</li>
      <li>{prop2}</li>
    </ul>
  );
}
```

　　JavaScript 作为一门动态编程语言，其函数参数的数据类型是动态的，十分灵活。props 作为
一个整体时，其数据类型是对象（object）；props 对象中的每个属性（property）都是一个单独的
prop，一个 prop 的数据类型可以是原始类型（字符串、数字、布尔、null 等）、对象、数组、
函数，甚至是 React 元素。

　　需要注意的是，无论是哪种参数写法，无论是作为整体还是其中单独的属性，无论单独属性

是哪种数据类型，props 都是**不可变**的，开发者不应该在组件内改写外部传递的 props。如果希望修改 props 以更新组件的渲染内容，则需要由父组件修改 state 传递新值来实现，这部分内容将在 4.3 节进行讲解。数据的不可变性（Immutability）将在 10.2 节讨论。

在其他组件中使用子组件时，可以通过 JSX 语法为子组件的 props 赋值：

```
const ParentComponent = () => (
  <MyComponent prop1=" 文本 " prop2={123} booleanProp={false}
    onClick={(evt) => {console.log('clicked')}} />
);
```

关于以上代码中 JSX 的写法，可以回顾第 2 章中与 JSX 标签属性相关的内容，这里不再赘述。此外，3.4 节还介绍了一个特殊的 prop：代表子元素的 children。

```
const 分类阅览室 = ({ name, children }) => (
  <div>
    <h1>{name} 分类阅览室 </h1>
    {children}
  </div>
);
```

在"分类阅览室"组件的 JSX 闭合标签中添加子元素（如"书架"），子元素便会被赋值给该组件中名为 children 的 prop，在"分类阅览室"组件的函数内部即可使用这个 prop。

JSX 中有两个形式类似 props，但实际上未包含在 props 中的属性。

- 形成列表子元素的 key，参见 2.3.2 节。
- 引用 DOM 元素的 ref，详见 12.3.2 节。

key 和 ref 的特殊之处在于，当其所在的 JSX 元素类型是自定义组件时，在该组件内部无法直接读取传递给它的 key 或 ref 值，原因是这两个属性名称并不存在于组件的 props 对象中（React 19 版本开始，ref 可以作为 props 的成员了，详见 12.3.2 节）；如果需要在组件中访问 key 或 ref 的值，必须通过额外的 prop 传递进来。

4.2.2　项目实现：利用 props 拆分 oh-my-chat 列表组件

在 3.5.3 节中，从 oh-my-chat 项目中拆分出了 3 个循环渲染列表组件，即 ThreadList、MessageList、ContactList 组件。当时提到，循环体中的列表项目还可以进一步拆分，接下来我们利用 props 继续拆分其中的 ContactList 组件。

在 src/components/ContactList.jsx 文件开头位置新建一个组件并命名为 ContactListItem，代码如下：

```
const ContactListItem = ({ contactName, active }) => (
  <li className={active && 'active'}>
    <a href="#">
      <img src={reactLogo} className="avatar" alt=" 头像 " />
      <div className="contact-name">{contactName}</div>
    </a>
  </li>
);
```

可以看到这个新组件有两个名为 contactName 和 active 的 props，并在 JSX 的表达式中使用了它们，除此之外的 JSX 语句与 ContactList 组件中的循环体代码基本一致。接下来修改 ContactList 的 JSX 代码，将 ContactListItem 作为子组件并调用它：

```
const ContactList = () => {
  const contacts = [/* 省略... */];

  return (
    <ul className="contact-list">
      {contacts.map((contact) => (
        <ContactListItem
          key={contact.id}
          contactName={contact.name}
          active={contact.active}
        />
      ))}
    </ul>
  );
};
```

在命令行中运行 npm run dev，在浏览器中切换到联系人视图，页面效果应该与拆分之前相同。需要注意的是，为 key 属性赋值的位置是在父组件 JSX 的循环体中，而不是在子组件的 JSX 中。以下实验可帮助理解其特性。

- 若在 ContactListItem 中尝试获取 key 的值并使用它，React 会报错：Warning: ContactListItem: `key` is not a prop...。
- 若强行将 key={contactId} 添加至子组件的 <li> 标签，并将 contactId 作为 prop，React 仍会报错：Warning: Each child in a list should have a unique "key" prop。

ThreadList 和 MessageList 的拆分和优化将在本章后续小节中进行介绍。

4.3　state：组件自己的状态数据

除了从父组件接收 props，组件也可以通过 state 管理自身数据，用于实现动态交互逻辑。

4.3.1　组件状态

在开发前端组件时，常会遇到这样的需求："显示一段提示信息""禁用按钮""高亮显示导航链接"，这些需求看起来像是命令或指令，但是其本质都是对 UI 状态的描述。在 React 中该如何实现这类需求呢？第 2 章曾提到 React 是声明式的前端框架，请你回忆一下声明式和命令式的区别。在 React 中，通常用组件状态来描述这些需求，例如"提示信息内容""按钮是否被禁用""链接是否需要高亮"，根据状态数据确定如何渲染视图，再通过修改状态数据来更新对应的视图。

上述需求通过 4.2 节介绍的 props 是不是也能实现？如果不考虑修改数据，父组件可以通过 props 告诉子组件"提示信息内容""按钮是否被禁用""链接是否需要高亮"分别都是什么值，需要注意的是，子组件只能使用这些值，不能修改它们，这意味着子组件无法自主更新视图。更进一步的问题是，在这样的设计中，父组件的数据是又从哪里来的呢？是从更高层组件通过 props 传递给父组件的吗？相信你已经意识到，这份数据肯定有一个源头。如果这个源头既不是来自外部系统，也不是硬编码，那它就应该是属于某个组件自身的、可更新的数据，这就是**组件状态**。

对于一个函数而言，"自身的数据"一般是指函数体内声明的变量。但对一个以函数声明的 React 组件来说，组件被挂载和更新时会触发多次渲染，每次渲染时组件的函数体都会重新执行，函数体内的变量也会被重新声明，这些变量并不适合用来保存组件的内部状态；为了使组件在生命周期中拥有一个"稳定存在"的数据，就需要为组件引入一个专属概念，即 **state**。这个概念还需要具有更新视图的能力，即**在组件内部改变 state 会导致组件重新渲染**。

本节中会多次提到组件的挂载和更新，这两个概念都属于组件的生命周期，会在后面的 9.1 节详细剖析，现阶段可以先简单理解为组件的首次渲染和再次渲染。

接下来介绍如何在组件中声明和使用 state。

4.3.2 核心 Hook：useState

在 React 中，开发者需要使用 Hooks API 来管理 state。具体来说，管理 state 的 Hooks 包括**基础的 useState 及其变体** useReducer。本节将介绍 useState，对 useReducer 的介绍详见 10.4 节。需要注意的是，useState 是最常用的且最基础的 Hook，因为 React 支持在一个组件中声明多个 useState 来管理多个 state，React 18 版本新增了自动批处理多个 state 更新的功能，也印证了 React 官方是鼓励这种用法的。

第 3 章介绍 Hooks API 时，我们已经对作为核心 Hooks 之一的 useState 形成了初步印象。现在可以回顾 oh-my-chat 项目中的 App 组件，使用 useState Hook 创建了一个名为 activeView 的 state，并在 JSX 中对其进行修改。下面的代码用注释标注了 useState 的用法：

```
import { useState } from 'react';
// ... 省略

function App() {
  const [activeView, setActiveView] = useState('chat');
  //      ----------  -------------              ------
  //          ^            ^                        ^
  //          |            |                        |
  //      state 变量    state 更新函数          state 初始值
```

在组件挂载时，组件内会创建一个新的 state，初始值为 'chat'。useState 函数的返回值是一个包含两个成员的数组，通过 ES6 的数组解构语法（［ ］）可以获取当前状态值和状态更新函数。

组件代码可以通过 activeView 变量直接访问当前状态值，当需要更新 state 时，则调用 setActiveView 函数，如 setActiveView（'contact'）。每次组件更新，在渲染阶段都会再次调用这个 useState 函数，但不会再重新初始化 state，而是保证 activeView 值是最新的。

需要强调的是，尽管 state 可以被更新，但其本质与 props 相同，属于**不可变数据**。需要修改

state 时，不能直接给 state 变量赋值，而是必须调用 state 更新函数，即 setXxx。这个规则非常重要。组件数据 state 的不可变性将在 10.2 节继续深入探讨。

以下代码展示了如何在一个组件中同时管理多个 state：

```
function MyComponent() {
  const [state1, setState1] = useState(123);
  const [state2, setState2] = useState(true);
  const handleClick = () => {
    setState1(789);
    setState2(false);
  };
  return (
    <ul>
      <li>{state1}</li>
      <li>{state2}</li>
      <li>
        <button onClick={() => setState1(456)}>更新 state1</button>
        <button onClick={() => setState2(false)}>更新 state2</button>
        <button onClick={handleClick}>更新 states</button>
      </li>
    </ul>
  );
}
```

在 MyComponent 组件的代码中，用 useState 创建了两个 state，分别是 state1 和 state2，其初始值分别是数字和布尔值，对应的 state 更新函数分别是 setState1 和 setState2；另外还添加了 3 个按钮，分别用来单独更新 state1、state2，以及在点击事件处理函数 handleClick 中同时更新两个 state。调用 setState1 只会更新 state1，不会影响 state2，反之亦然；如果希望同时更新多个 state，则需要调用多个 state 更新函数。

state1 和 state2 只是单纯的变量名，useState 的**调用次数和顺序**决定了它们是两个相互独立的 state。开发者可以自行决定 state 变量名和 state 更新函数名，xxx 和 setXxx 只是约定俗成的命名方式。

上面提到每次组件更新都会调用 useState，这其实会带来一定的性能隐患。每次组件更新执行渲染时，再次调用 useState 不会再重新初始化 state，传入的初始值也不会再次使用，这对性能的影响微乎其微。但如果初始值不是一个简单的布尔值，而是一个复杂的表达式，即使这个表达式的值不会被 useState 再次使用，表达式本身还是会再次被执行。我们可以通过一个简单的斐波那契数列递归函数来验证上述结论，将执行结果当作参数 useState(fibonacci(40))，你会发现页面性能受到显著影响，这是由于表达式的执行成本太高了（当然你可以尽量优化 fibonacci 函数本身的算法）。

为了消除这种隐患，useState 还提供了另一种设置初始值的方法，就是传递一个函数作为参数，useState 内部**只在组件挂载时执行一次这个函数**，此后组件更新时不会再执行。因此上面的斐波那契初始值可以写为 useState(()=>fibonacci(40))。

除了初始值，state 更新函数（即 setState1、setState2 等）也可以传递函数作为参数。一般情况下，state 更新函数的调用频率远不及 useState 那么高，传递函数参数并不是为了优化性能。那么为什么会存在这种设计呢？

考虑一个用例：在组件内使用同一个按钮来隐藏或显示一段内容。例如，用一个名为 hidden 的 state 来控制内容是否隐藏，点击按钮会调用 setHidden，hidden 的新值与旧值相反，代码如下：

```
function App() {
  const [hidden, setHidden] = useState(false);
  const handleClick = () => setHidden(!hidden); // 这里有隐患!
  return (
    <div>
      <button onClick={handleClick}>{hidden ? '显示' : '隐藏'}</button>
      {hidden || <p> 内容 </p>}
    </div>
  );
}
```

但上述代码中写成 setHidden(!hidden) 是有隐患的。从机制上看，调用 state 更新函数后，React 不会立刻更新 state，而是将更新加入队列；在此基础上，React 18 为更新 state 加入了**自动批处理**功能，多个 state 更新函数调用会被合并到一次重新渲染中。上述机制从框架上保证了 state 变化触发渲染时的性能，但也带来一个问题，只有在下次渲染时 state 变量才会更新为新值，如果希望每次更新 state 时都基于当前 state 值计算新值，那么这个计算的基准值有可能已经过时了，会导致结果与预期不符。类似的还有 setState1(state1 + 1) 等计数器场景。

这时函数参数的作用就体现出来了，只要改为下面的写法即可确保**更新函数使用最新的 state 来计算新 state 值**：

```
setHidden(currentState => !currentState);
setState1(currentState => currentState + 1);
```

当调用 state 更新函数，使得**组件的 state 发生改变时，组件将重新渲染**。那么怎样判断 state 是否发生了改变呢？从底层实现来看，React 框架通过 Object.is() 来判断新旧两个值是否不同，这意味着如果 state 的新值与旧值相等，例如都是数字 1，React 就认为 state 没有变化，不会重新渲染组件。

需要特别注意的是，当新旧值都是对象、数组、函数时，判断 state 是否发生改变的依据是它们的**引用地址是否发生变化**。对同一个对象属性的修改不会改变对象的引用地址，对同一个数组成员的修改也不会改变数组的引用地址，这两种情况在 React 中都不会被判定为 state 发生了改变。因此在更新这类 state 时，需要新建对象、数组：

```
function MyComponent() {
  const [obj, setObj] = useState({ a: '文本', b: true });
  const [arr, setArr] = useState([1, 2, 3]);
  const handleClick = () => {
    setObj({...obj, a: '更新文本'}); // ... 对象展开语法
    setArr([...arr, 4, 5, 6]); // ... 数组展开语法
  };
  return (
    <ul>
      <li>{obj.a}</li>
```

```
      <li>{arr.join(',')}</li>
      <li><button onClick={handleClick}> 更新 state</button></li>
    </ul>
  );
}
```

如果从未使用过 Hooks 或者类似风格的 API，开发者可能需要一些时间来适应 useState 的用法。由于 useState 是 React 最常用的 Hook，理解其用法会对理解其他 Hooks 产生很大帮助。

4.3.3　项目实现：利用 state 管理 oh-my-chat 列表数据

本节将会为 oh-my-chat 的聊天视频增加两个功能点。
- 为对话列表实现选中当前对话的功能。
- 为消息列表实现消息的添加功能。

为了尽量简化代码改动，这里依然使用模拟对话列表数据，暂且不考虑左侧对话列表和右侧消息列表的联动关系。上述两个功能涉及对列表数据的修改，很适合用 state 来实现。

先来看 src/components/ThreadList.jsx 文件。在组件中添加一个名为 threads 的 state，并将原有的对话列表数据 threads 数组修改为 state 的初始值。考虑到之后联系人头像也是动态获取的，为对话列表数据添加 contactAvatar 字段。同时参考前面 4.2.2 节 ContactList 组件的拆分方法，从 ThreadList 组件中拆分出 ThreadListItem 组件。由于 thread 对象的字段比较多，在父组件中使用 ThreadListItem 时，可以利用 2.3.4 节讲到的 JSX 编写模式之一——属性展开语法 {...thread} 来简化 JSX 代码，这相当于将 thread 对象的每个字段分别赋值给子组件对应的 props。修改后 ThreadList.jsx 文件的完整代码如下：

```
import { useState } from 'react';
import reactLogo from '../assets/react.svg';

const mockThreads = [
  // ... 省略
  {
    id: 2,
    contactName: ' 小白 ',
    contactAvatar: reactLogo,
    updateTime: '2023-11-03',
    latestMessage: ' 有的，就叫《我聊》。',
    active: true,
  },
  // ... 省略
];

const ThreadListItem = ({
  contactName, contactAvatar, updateTime, latestMessage, active,
}) => (
  <li className={active && 'active'}>
    <a href="#">
      <img src={contactAvatar} className="avatar" alt=" 头像 " />
      <div className="thread">
        <span className="contact-name">{contactName}</span>
```

```
      <span className="update-time">{updateTime}</span>
      <span className="latest-message">{latestMessage}</span>
    </div>
  </a>
  </li>
);

const ThreadList = () => {
  const [threads, setThreads] = useState(mockThreads);
  return (
    <ul className="thread-list">
      {threads.map((thread) => (
        <ThreadListItem key={thread.id} {...thread} />
      ))}
    </ul>
  );
};

export default ThreadList;
```

通过将对话列表数据迁移至 ThreadList 组件的 state 中，为后续实现添加或删除对话等动态功能奠定了基础。接下来，只要调用 setThreads 这一更新函数更新数据中的 active 字段，即可完成选中当前对话的需求。但这里我们需要停下来思考一下，一定要在同一个 state 中实现所有需求吗？为了这一个字段修改 state 中的整个数组是不是有点小题大做？修改 active 的场景和频率与修改整个对话列表是否存在差异？我们不妨转换思路，将 active 从 threads 中独立出来，当作一个单独的 state，即 selectedThreadId。点击对话条目时，将更新这个单独的 state，而不是整个 threads。代码如下：

```
const ThreadListItem = ({
  /* ...省略 */, active, onClick,
}) => (
  <li className={active ? 'active' : undefined}>
    <a href="#" onClick={onClick}>
      {/* ...省略 */}
    </a>
  </li>
);

const ThreadList = () => {
  const [threads, setThreads] = useState(mockThreads);
  const [selectedThreadId, setSelectedThreadId] = useState(null);

  return (
    <ul className="thread-list">
      {threads.map((thread) => (
        <ThreadListItem
          key={thread.id}
          active={thread.id === selectedThreadId}
          onClick={() => setSelectedThreadId(thread.id)}
          {...thread}
        />
```

```
    )))}
  </ul>
  );
};
```

原 mockThreads 变量中的 active 字段应被移除，因其功能已由独立状态 selectedThreadId 接管，这样做不仅可以将对话列表和当前选中的对话这两个状态解耦，还能够简化 state 更新函数的调用方法。在浏览器中，点击任意对话列表条目，高亮状态会随之切换，如图 4-2 所示。至此便实现了在对话列表中选中当前对话的功能。

接下来在消息列表中实现添加消息的功能，实现方法与刚才的对话列表略有不同。先从 MessageList.jsx 的 JSX 模板中抽取消息列表数据模型，并依照数据模型改造 JSX 模板：

图 4-2   点击切换当前对话

```
const MessageList = ({ messages }) => (
  <ul className="message-list">
    {messages.map(({ id, content, from, fromAvatar }) => (
      <li key={id} className={from === 'me' ? 'from-me' : undefined}>
        <img src={fromAvatar} className="avatar" alt=" 头像 " />
        <p className="message">{content}</p>
      </li>
    )))}
  </ul>
);

export default MessageList;
```

可以发现 MessageList 组件增加了一个名为 messages 的 prop，用于循环渲染消息列表。这个 prop 是由 MessagesPane.jsx 文件中的 MessagesPane 组件传递的，先声明一个名为 messages 的 state，初始值为模拟的消息列表数据，再通过 prop 将 messages 传递给子组件 MessageList：

```
import { useState } from 'react';
import reactLogo from '../assets/react.svg';
// ... 省略

const mockMessages = [
  {
    id: 1,
    content: ' 你好 React！',
    from: 'me',
    fromAvatar: reactLogo,
    sentTime: '2023-11-04',
  },
  {
```

```
      id: 2,
      content: '你好 React！',
      from: '小白',
      fromAvatar: reactLogo,
      sentTime: '2023-11-05',
    },
    // ... 省略
];

const MessagesPane = () => {
  const [messages, setMessages] = useState(mockMessages);
  return (
    <>
      <MessageTopMenu />
      <MessageList messages={messages} />
      <NewMessageForm />
    </>
  );
};

export default MessagesPane;
```

　　保存两个源文件的修改，在浏览器中验证页面效果，消息列表与修改前完全一致。至此消息列表数据已成功迁移至 MessagesPane 组件的 state。接下来实现添加对话，即发消息功能。先修改 NewMessageForm.jsx 文件的 NewMessageForm 组件，声明一个新的 state 并命名为 content，在 <textarea> 中展示这个 state，同时在其 onChange 事件处理函数中将新输入的值更新到 state 中。这种写法叫作**受控组件**（Controlled Components），后面 7.2 节会详细介绍。为 NewMessageForm 组件添加一个函数类型的 prop 并命名为 onSubmitMessage，在表单 onSubmit 事件处理函数中调用该 prop，随后清空 content。代码如下：

```
const NewMessageForm = ({ onSubmitMessage }) => {
  const [content, setContent] = useState('');
  const handleChange = (evt) => {
    setContent(evt.target.value);
  };
  const handleSubmit = (evt) => {
    evt.preventDefault();
    onSubmitMessage(content);
    setContent('');
  };

  return (
    <form className="compose-message" onSubmit={handleSubmit}>
      <textarea
        placeholder="请输入消息..."
        value={content}
        onChange={handleChange}
      />
      <input type="submit" value="发送" />
    </form>
  );
};
```

　　然后修改 MessagesPane 组件。声明一个 handleSubmitMessage 函数，用接收的 content 构建一个新的消息对象，与原消息数组拼接成一个新的数组，更新到对应的 state 中，并将这个函数通过 props 传递给子组件 NewMessageForm。这样一来，在子组件提交表单时，这个函数就会被调用。代码如下：

```
const MessagesPane = () => {
  const [messages, setMessages] = useState(mockMessages);
  const handleSubmitMessage = (content) => {
    setMessages(currentMessages => {
      const newMessage = {
        id: currentMessages.length + 1,
        content,
        from: 'me',
        fromAvatar: reactLogo,
        sentTime: new Date().toISOString(),
      };
      return [...currentMessages, newMessage];
    });
  };
  return (
    <>
      <MessageTopMenu />
      <MessageList messages={messages} />
      <NewMessageForm onSubmitMessage={handleSubmitMessage} />
    </>
  );
};
```

　　为了保证 state 更新函数使用正确的基准值，采用函数作为参数。需要说明的是，消息 ID 一般是由后端数据库自动生成的，这里出于演示目的在前端实现了自增 ID。

　　最后可以在浏览器中测试发消息的功能。

　　如图 4-3 所示。在新消息文本框中输入任意文本，点击"发送"按钮，可以看到消息列表底新增了对应消息。至此本节规划的两个功能已完整实现。

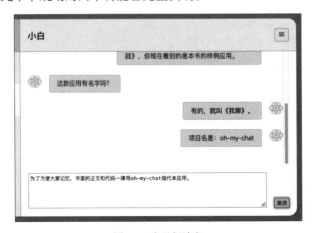

图 4-3　发送新消息

感兴趣的读者可以对上述消息列表的代码做两个实验。

- 不使用 state，而是用普通的数组来存储消息列表，通过表单处理函数直接修改该数组，观察界面能否同步更新。
- 继续使用 state 存储消息列表，但在表单处理函数更新 state 时，不新建数组，而是使用 array.push() 方法来更新原数组，并使用更新后的原数组来更新 state 验证其可行性。

你也许对前面的代码有这样的疑问：threads 是 ThreadList 组件的 state 容易理解，但为什么 messages 需要声明为 MessagesPane 组件的 state，而不是 MessageList 组件的 state？这个问题保留到第 5 章再进行解答。

4.3.4　更新 state 的自动批处理

4.3.2 节介绍 state 值类型时，提到 state 可以是对象（object）类型。那么思考以下问题：当一个组件内有多个数据需要声明为 state 时，是应该声明多个 state，还是应该合并成一个 object、只声明一个 state。

```
// 1. 定义多个 state
const [state1, setState1] = useState(123);
const [state2, setState2] = useState(true);
const [state3, setState3] = useState(' 文本 ');

// 2. 合并成一个 state 对象
const [stateObj, setStateObj] = useState({
  key1: 123, key2: true, key3: ' 文本 ',
});
```

先说结论：两种方式各有优势，开发者可根据实际需求灵活选择。具体对比将在 10.3 节和 10.4 节展开，本节重点解析更新多个 state 的性能优化机制。

React 早期版本曾鼓励开发者将需要更新的 state 变量合并为对象以提高性能。而从 React 18 版本开始，开发者无须再进行手动优化，这得益于 React 增加的新功能：更新 state 的自动批处理，连续的 state 更新会自动合并为单次渲染。

延续前面定义多个 state 的示例，假设在一个按钮的点击事件处理函数中，连续更新了两个独立的 state：

```
const handleClick = () => {
  setState1(789);
  setState2(false);
};
```

组件内的 state 被更新时，组件就会重新渲染。那么连续更新两个 state，组件会重新渲染几次呢？答案是，在上面的代码中，**组件只会重新渲染一次**，而且这次渲染使用了两个 state 的最新值。这就是 React **对多个 state 更新的自动批处理**。

可以想象一下，假设没有批处理功能，这两个 state 更新会触发两次间隔极短的渲染。首次渲染可能会完成部分状态更新，用户无法感知中间状态；若首次渲染涉及复杂计算，则会造成资源浪费。因此，state 更新的自动批处理是 React 确保组件基础性能的重要功能。

　　需要注意的是，在 React 18 之前版本中，自动批处理功能只在 React 事件处理函数中生效。如果 state 更新语句所在的区域稍有不同，例如将两个 state 更新写在异步请求的回调函数中，自动批处理则会失效。以下面的代码为例，点击"搜索"按钮会向服务器端发起搜索请求，返回结果时需要先后更新两个 state：

```
const Search = () => {
  const [province, setProvince] = useState(null);
  const [cities, setCities] = useState([]);
  const handleSearchClick = () => {
    // 模拟调用服务器端接口搜索 " 吉林 "
    setTimeout(() => {
      setProvince(' 吉林 ');
      setCities([' 长春 ', ' 吉林 ']);
    }, 1000);
  };
  return (
    <>
      <button onClick={handleSearchClick}> 搜索 </button>
      <ul>
        <li>{province}<ul>
          {cities.map(city => (
            <li>{city}</li>
          ))}
        </ul></li>
      </ul>
    </>
  );
};
```

　　虽然 handleSearchClick 的写法看起来与前面的 handleClick 区别并不大，但在 React 18 以前的版本中，这两个 state 更新会触发两次重新渲染。而从 React 18 版本起，无论是在事件处理函数、异步回调，还是 setTimeout 中的多个 state 更新，默认都会被自动批处理，只触发一次重新渲染。

　　因此，当需要决定是使用多个 state 还是合并为对象的少量 state 时，开发者无须再考虑更新 state 的效率。React 中类似自动批处理 state 更新等框架层面的增强有效减轻了开发者的心理负担。

4.4　context：组件树共享的全局数据

　　在掌握 props 和 state 后，再来看 React 中的第三种数据：context。

　　React 的 context 用于实现跨越多个组件层次结构的"全局"数据传递和共享。这里的"全局"是一个相对概念，context 的传递只会依照组件树从上到下的方向，既不会逆向传递，也不会脱离组件树。典型应用场景包括主题（theme）定制、登录用户信息管理、国际化（i18n）语言配置等。

　　使用 context 包括以下 3 个步骤。

（1）调用 React.createContext() 方法创建一个 context 对象，命名时需要首字母大写，如 MyContext：

```
const MyContext = React.createContext('初始值');
```

（2）在组件 JSX 中使用 <MyContext.Provider> 组件，定义 value 值，并将子组件声明在前者的闭合标签中：

```
function MyComponent() {
  const [state1, setState1] = useState('文本');
  const handleClick = () => setState1('更新文本');
  return (
    <MyContext.Provider value={state1}>
      <ul>
        <MyChildComponent />
        <li><button onClick={handleClick}> 更新 state</button></li>
      </ul>
    </MyContext.Provider>
  );
}
```

（3）在子组件或后代组件中使用 useContext Hook 获取 MyContext 的值，这个组件就成为 MyContext 的消费者（Consumer）：

```
import { useContext } from 'react';

function MyGrandchildComponent() {
  const value = useContext(MyContext);
  return (
    <li>{value}</li>
  );
}

function MyChildComponent() {
  return (
    <MyGrandchildComponent />
  );
}
```

当 MyGrandchildComponent 组件挂载到组件树中时，会从祖先节点中找到离它最近的 MyContext.Provider（即 MyComponent），并读取其 value 值；当 MyComponent 的 state1（即 MyContext.Provider 的 value 值）更新时，其所有下游消费者组件将触发重新渲染。

在以 MyContext.Provider 为起点的子组件树中，可以存在任意数量 MyContext 的消费者组件，且其在组件树中的深度不受限制。另外，MyContext.Provider 支持嵌套使用，此时消费者将优先采用距离最近的值，这一机制可视为 context 的重写（Override）。

React 对 context value 值是否发生改变的判断逻辑与 state 一致，均基于 Object.is() 方法，因此需要特别注意非原始类型数据的传递方式。例如传递对象至 value 时，应通过 state 管理避免因组件重新渲染导致不必要的对象重建：

```
// 不要这样写
function MyComponent() {
  const [state1, setState1] = useState('文本');
  // ...
  return (
    <MyContext.Provider value={{ key1: state1 }}>
      <MyChildComponent />
    </MyContext.Provider>
  );
}

// 可以利用 state
function MyComponent() {
  const [obj, setObj] = useState({ key1: '文本' })
  // ...
  return (
    <MyContext.Provider value={obj}>
      <MyChildComponent />
    </MyContext.Provider>
  );
}
```

在 React 19 中，context 相关的 API 有了一些新的增强，具体请参考 15.4.2 节。

4.5　小结

本章先从抽象概念讲起，介绍了数据驱动的前端开发，随后引出了 React 中与数据相关的 3 个概念：props、state 和 context，其中 props 是父组件传递给子组件的数据，state 是组件自身的状态，context 是在组件树中共享的全局数据。在讲解概念和相关写法的同时，本章在 oh-my-chat 中做了相应实践，包括利用 props 进一步拆分联系人列表组件，利用 state 实现对话列表中选中对话、消息列表中发送新消息两个功能点。

第 5 章继续探讨如何综合使用 props、state 和 context 这 3 种数据来实现不同组件间的通信，同时引入单向数据流的概念。

数据驱动（下）：组件间通信

本章知识地图及项目实现，如图 5-1 所示。

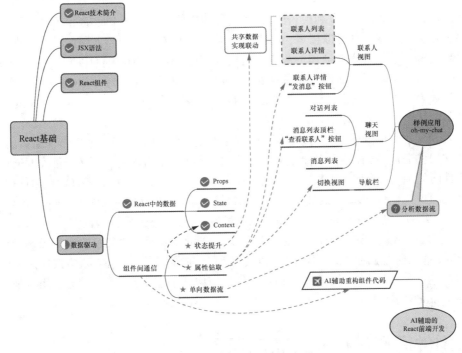

图 5-1　本章知识地图及项目实现

与第 4 章对 props、state 和 context 概念与基础用法的介绍不同，本章将聚焦组件间通信的实践策略，即如何通过综合运用 3 种数据，结合状态提升和属性钻取这两大开发技巧，实现 React 应用中组件与组件之间的通信。为深化理解，本章将通过对比不同的代码实现方案，同步探讨如何借助 AI 辅助重构组件代码。最终通过引入单向数据流的概念，进一步揭示 React 数据驱动的本质。

本章将继续以 oh-my-chat 项目为例，展示上述开发技巧在实际项目开发过程中的具体应用。

5.1　React 组件间通信

在 React 中，**组件间通信**（Inter-component Communication）是指**组件树中的不同组件通过**

React 的通信机制进行数据传递和交互的过程。

在开发 React 应用时，开发者为了实现前端视图和业务逻辑而开发组件、平衡组件的复杂度、提高组件代码的可维护性而拆分组件，组件按层次结构组织成组件树。在这样的组件树上，往往会发生一个组件的行为影响到另一个组件的情况，组件间通信便成为实现此类联动的核心机制。

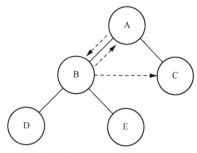

在组件树的框架下，组件间的通信主要有 3 种方式：父组件到子组件（A 到 B）、子组件到父组件（B 到 A），以及平级组件之间（B 到 C），如图 5-2 所示。

图 5-2　组件树和组件间通信

如 4.2 节所述，父组件可以利用 props 向子组件传递数据，这意味着 props 可以作为父组件到子组件的通信方式。父组件可以指定 props，由子组件渲染对应的内容，当父组件修改 props 时，会导致子组件重新渲染，因此通信的起点为父组件。在 oh-my-chat 项目中，从 `MessagesPane` 组件到 `MessageList` 组件的通信是通过 props 进行的，当父组件的 messages 中添加了新消息，子组件的列表就会更新。父组件到子组件的子组件，或者后代组件的通信，可以认为是父组件到子组件通信的特例，也可以用 props 来实现。

子组件到父组件的通信依然可以利用 props 实现。不同的是，当子组件作为通信的起点时，需要先由父组件通过 props 向子组件传递回调函数，这样在子组件需要向父组件发起通信时，只要由子组件内部调用这个回调函数即可。以 oh-my-chat 为例，`ThreadListItem` 组件被点击时，会发起对父组件 `ThreadList` 的通信，这是通过调用父组件传递的 `onClick` 回调函数实现的。类似的，从子组件到祖先组件的通信，也可以通过一系列的 props 回调函数实现。

平级组件之间无法实现直接通信，通常需要借助共同的父组件。由父组件传递 props 给两个平级组件，根据传递数据或回调函数的不同，可以实现不同方向的通信。具体实现方式将在 5.2 节介绍。

从原理层面看，组件树中任意两个组件间的通信均可通过上述 3 种通信方式组合来实现。另外，在基于 props 的通信场景中，开发者也可以根据需求替换为 context 方案，详见 5.3 节。

5.2　组件间通信模式：状态提升

在简单的组件层级结构中，props、state 和 context 的设计和使用较为直观。但真实的应用组件树往往比较复杂，什么情况下使用哪种数据、数据声明在哪个组件中、组件间如何通信这些问题就随之而来，开发者需要借助特定模式和技巧来应对。其中具有代表性的组件间通信模式是，状态提升和属性钻取。本节重点介绍状态提升。

5.2.1　什么是状态提升

回顾 4.3 节为 oh-my-chat 消息列表实现新增消息功能，将消息列表数据转换为 state 时提出的问题：为什么 `messages` 不能作为 `MessageList` 组件的 state，而必须作为其父组件 `MessagesPane` 的 state ？原因是，`MessageList` 组件的平级组件 `NewMessageForm` 也需要同时读写该状态。

互为平级（Sibling）组件的两个组件共享同一父组件，但相互之间并不存在直接层级关系，无法通过 props 直接通信。这意味着如果数据作为 state 存放在任一平级组件中，另一个组件将无法访问。在这种情况下，需要将 state 从这两个平级组件移动到它们共同的父组件中，再由父组件将同一份 state 数据通过 props 传递给两个不同的子组件。这个过程被称作**状态提升**（Lifting State Up），也是在进行 React 组件设计开发时会经常用到的一个技巧。

这里提到的 state 数据包含对应的 state 更新函数。这里仍然以 4.3.3 节 oh-my-chat 消息列表为例，messages 原本是 MessageList 组件的 state，但由于平级组件 NewMessageForm 需要修改 messages，因此将 messages **提升**到它们共同的父组件 MessagesPane 中，由父组件负责把 state 的数据通过 props 传递给 MessageList，将对应的 state 更新函数封装后通过 props 传递给 NewMessageForm。这就实现了两个子组件读取或修改同一份 messages 数据。从组件间通信的视角来看，状态提升实现了从 NewMessageForm 到 MessageList 这两个平级组件间的通信。

5.2.2 项目实现：利用状态提升实现联系人列表和详情的联动

接下来介绍 oh-my-chat 联系人视图中的一个需求：选中联系人列表中的任一条目，右栏应显示对应的联系人详情。与传统网页中的列表页详情页互相独立的情况不同，在 oh-my-chat 的联系人视图中，列表和详情是同时展示的，而且两者所展示的联系人数据字段基本一致，因此我们可以考虑由联系人列表和详情共享数据。这里就可以利用状态提升技巧来实现。

先找到 ContactList 和 ContactDetail 共同的父组件。ContactView 是 ContactDetail 的父组件，同时也是 ContactList 的父组件（ContactsPane）的父组件，即 ContactList 的**祖先组件**（ancestor component）。这种情况下状态提升技巧同样适用。首先找到 src/components/ContactView.jsx 文件，将 contacts 作为 state 提升到这里；同时参照前面 4.3.3 节拆分 ThreadList 的做法，将 active 字段从 contacts 中剥离出来作为独立的 state 即 selectedContactId，再根据这个 state 从 contacts 中筛选出单个 contact 作为联系人详情数据；最后把这些数据通过 props 分别传递给对应的子组件。具体代码如下：

```
import { useState } from 'react';
import ContactsPane from './ContactsPane.jsx';
import ContactDetail from './ContactDetail.jsx';
import reactLogo from '../assets/react.svg';

const mockContacts = [
  {
    id: 1,
    name: '小帅',
    avatar: reactLogo,
  },
  // ...省略
];

const ContactView = () => {
  const [contacts, setContacts] = useState(mockContacts);
```

```
  const [selectedContactId, setSelectedContactId] = useState(null);
  const selectedContact = contacts.find((c) => c.id === selectedContactId);
  return (
    <>
      <aside>
        <ContactsPane
          contacts={contacts}
          selectedContactId={selectedContactId}
          onClickContactItem={setSelectedContactId}
        />
      </aside>
      <main>
        <ContactDetail contact={selectedContact} />
      </main>
    </>
  );
};

export default ContactView;
```

修改 ContactsPane.jsx 文件，将 ContactsPane 组件接收的所有 props 透传给子组件 ContactList。代码如下：

```
const ContactsPane = (props) => (
  <>
    <ContactTopMenu />
    <ContactList {...props} />
  </>
);
```

然后是 ContactList.jsx 文件。ContactList 组件从 props 中获取 contacts 数据，循环渲染为联系人列表条目，当条目的 ID 与 selectedContactId 相同时，则高亮显示当前条目，当任一条目被点击时，则调用透传的 setSelectedContactId 更新函数。具体代码如下：

```
const ContactListItem = ({ contactName, contactAvatar, active, onClick }) => (
  <li className={active ? 'active' : undefined}>
    <a href="#" onClick={onClick}>
      <img src={contactAvatar} className="avatar" alt=" 头像 " />
      <div className="contact-name">{contactName}</div>
    </a>
  </li>
);
const ContactList = ({ contacts, selectedContactId, onClickContactItem }) => {
  return (
    <ul className="contact-list">
      {contacts.map((contact) => (
        <ContactListItem
          key={contact.id}
          contactName={contact.name}
          contactAvatar={contact.avatar}
          active={contact.id === selectedContactId}
          onClick={() => onClickContactItem(contact.id)}
        />
      ))}
    </ul>
```

```
  );
};
export default ContactList;
```

最后修改 ContactDetail 组件，从 props 中获取 contact 数据，渲染联系人信息。代码如下：

```
const ContactDetail = ({ contact }) => {
  if (!contact) {
    return (<div className="contact-detail">请选择联系人 </div>);
  }
  const { name, avatar } = contact;
  return (
    <>
      <div className="contact-detail">
        <img src={avatar} className="avatar" alt=" 头像 " />
        <div className="contact-name">{name}</div>
      </div>
      <div className="contact-actions">{/* ... 省略 */}</div>
    </>
  );
};
```

保存所有文件，在浏览器中测试新实现的功能。如图 5-3 所示。

图 5-3　首次进入联系人视图右栏为空

可以看到首次进入联系人视图时，联系人列表没有选中项，右栏为空。这时点击任一联系人条目，条目将高亮显示，右栏则会显示该联系人的详情。

借助这个例子，我们进一步熟悉了状态提升的用法，也为 oh-my-chat 项目实现了联系人列表和详情的联动。

5.3　组件间通信模式：属性钻取

了解了状态提升，本节重点介绍另一个模式属性钻取。

5.3.1　什么是属性钻取

快速回顾 5.2 节中 ContactView 组件中的 contacts，这个 state 作为 props 从父组件传递至子组件 ContactsPane，再由 ContactsPane 将其作为 props 传递给孙组件 ContactList。

在组件树中逐层向下传递一个或多个 props，而中间组件仅承担数据中转任务的现象被称作**属性钻取**（Props Drilling）。

严格来说，属性钻取并非一种设计模式，而是组件层级嵌套过深带来的问题。其优势在于数据流向显式可追踪，但缺点也显而易见，中间组件需要声明未使用的 props，导致代码冗余；层级嵌套过深时，维护和扩展成本显著增加。

针对此问题，React 提供了 Context API（详见 4.4 节）。通过在属性钻取的起点组件设置 Context.Provider，并在终点组件使用 consumer，即可避免在中间组件中传递 props。使用属性钻取或是 context 还有另一个考量因素：性能。当通过属性钻取更新起点组件的 state 数据时，钻取路径上的所有组件都会触发重新渲染，而使用 Context API 时，只有 provider 和 consumer 会重新渲染，中间路径上的组件则不会。不过对于简单应用来说，这部分性能损耗可以忽略不计。

需要注意的是，并非所有属性钻取的场景都适合改用 context。属性钻取具有显式传递的特性，这种明确的数据流向有时比被 context 隐式处理的逻辑更容易维护和扩展。因此，应该根据实际需求选用合适的实现方式。

5.3.2　项目实现：用 context 代替 props 切换视图

目前 oh-my-chat 提供了两种视图，即聊天视图和联系人视图。除了已经实现的左侧导航栏切换视图功能外，还有两个功能点需要切换视图：

- 在聊天视图中，消息列表顶部的工具栏包含一个"消息菜单"按钮（暂不扩展其他功能），点击后应切换至联系人视图，并显示对应的联系人详情；
- 在联系人视图中，联系人详情页有一个"发送信息"按钮，点击这个按钮后应切换到聊天视图，并显示与该联系人的对话窗口。

针对上述需求，可以统一使用 context 来实现所有切换视图的功能。

首先在 src 目录下新建一个 context 目录，然后在这个目录中创建一个新文件 Navigation-Context.jsx。采用 .jsx 扩展名是因为该文件会包含 JSX 封装的逻辑，如果只是不包含 JSX 语句的简单 context，使用 .js 扩展名即可。在这个新文件中，不仅需要创建一个名为 Navigation-Context 的 context，还要提供一个 NavigationCtxProvider 组件，并将来自 App 组件的 state（activeView）和 NavigationContext.Provider 同时封装进去，具体代码如下：

```
import React, { useState, useMemo } from 'react';

const NavigationContext = React.createContext();

export const NavigationCtxProvider = ({ children }) => {
  const [activeView, setActiveView] = useState('chat');
  const contextValue = useMemo(
    () => ({
      activeView,
      gotoChatView: () => setActiveView('chat'),
      gotoContactView: () => setActiveView('contact'),
    }),
    [activeView, setActiveView]
```

```
  );
  return (
    <NavigationContext.Provider value={contextValue}>
      {children}
    </NavigationContext.Provider>
  );
};

export default NavigationContext;
```

在上述代码中，context 的 value 是一个 object，包含了一个 state 值和两个参数固定的 state 更新函数。对于 object 类型的 context，需要避免组件渲染时重复创建不必要的新对象。为了达到这个目标，这里使用了 useMemo 这一性能优化 Hook，其作用是在 activeView、setActiveView 两个变量值不变的情况下确保 useMemo 返回的 contextValue 对象引用值保持不变。关于 useMemo 的详细讲解将在 11.2.1 节展开。

由于新组件 NavigationCtxProvider 已经封装了 context 逻辑，因此我们可以在原本直接使用默认 Provider 的地方改为使用 NavigationCtxProvider。修改 App.jsx，在 JSX 最外层加入 NavigationCtxProvider：

```
// ... 省略
import { NavigationCtxProvider } from './context/NavigationContext.jsx';

function App() {
  return (
    <NavigationCtxProvider>
      <div className="root">
        {/* ... 省略 */}
      </div>
    </NavigationCtxProvider>
  );
}
```

借此机会将纵向导航栏抽取成独立组件，并改用 context 进行状态管理。在 src/components 目录下新建文件 GlobalNav.jsx，从 NavigationContext 中获取由 NavigationCtxProvider 传入的 3 个变量，并应用在 JSX 中。具体代码如下：

```
import React from 'react';
import NavigationContext from '../context/NavigationContext.jsx';
import reactLogo from '../assets/react.svg';
// ... 省略，注意相对路径变化

const GlobalNav = () => {
  const { activeView, gotoChatView, gotoContactView } =
    React.useContext(NavigationContext);

  return (
    <nav>
      <img src={reactLogo} className="my-avatar" alt=" 我的头像 " />
      <ul className="top-nav">
        <li className={activeView === 'chat' ? 'active' : undefined}>
          <a href="#" onClick={gotoChatView}>
            <img src={messageIcon} alt=" 消息 " />
```

```
          </a>
        </li>
        <li className={activeView === 'contact' ? 'active' : undefined}>
          <a href="#" onClick={gotoContactView}>
            <img src={contactIcon} alt=" 联系人 " />
          </a>
        </li>
      </ul>
    </nav>
  );
};

export default GlobalNav;
```

由于 App 组件中的 state 不再被使用，因此将视图主体部分也抽取成独立组件，使其通过 context 获取状态。在 src/components 目录下创建 GlobalView.jsx 文件，该组件只需从 NavigationContext 中提取所需的 activeView 变量，并根据其值渲染对应的视图（聊天或联系人界面）。

此时，App 组件不再需要维护视图状态，整个应用的视图切换逻辑完全交由 context 管理，进一步优化了代码结构。

GlobalView.jsx 的具体代码如下：

```
import React from 'react';
import NavigationContext from '../context/NavigationContext.jsx';
import ChatView from './ChatView.jsx';
import ContactView from './ContactView.jsx';

const GlobalView = () => {
  const { activeView } = React.useContext(NavigationContext);
  return activeView === 'chat' ? <ChatView /> : <ContactView />;
};

export default GlobalView;
```

完整的 App.jsx 代码如下：

```
import './App.css';
import { NavigationCtxProvider } from './context/NavigationContext.jsx';
import GlobalNav from './components/GlobalNav.jsx';
import GlobalView from './components/GlobalView.jsx';

function App() {
  return (
    <NavigationCtxProvider>
      <div className="root">
        <GlobalNav />
        <GlobalView />
      </div>
    </NavigationCtxProvider>
  );
}

export default App;
```

保存所有源代码文件。在浏览器中刷新并检查页面，页面效果应与这次重构前完全相同，点击纵向导航栏图标按钮仍能正常切换视图。

至此，前期准备工作已完成。接下来，实现本节开头提出的两个视图切换需求。首先是 MessageTopMenu.jsx 文件，从 context 中提取函数 gotoContactView，具体代码更新如下：

```
const MessageTopMenu = () => {
  const { gotoContactView } = React.useContext(NavigationContext);
  return (
    <header className="message-top-menu">
      <h1> 小白 </h1>
      <button onClick={gotoContactView}>
        <img src={menuIcon} alt=" 消息菜单 " />
      </button>
    </header>
  );
};
```

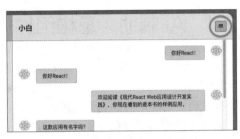

这样一来，当用户点击图 5-4 中的菜单按钮时，应用即可切换至联系人视图。在实际应用场景中，除了切换视图，通常还需要展示与当前消息对应的联系人详情。为了使示例方便理解，本节对此交互逻辑进行了简化。

图 5-4　聊天列表顶部工具栏按钮

继续修改 ContactDetail.jsx，具体代码如下：

```
import React from 'react';
import NavigationContext from '../context/NavigationContext.jsx';

const ContactDetail = ({ contact }) => {
  const { gotoChatView } = React.useContext(NavigationContext);
  // ... 省略
  return (
    <>
      {/* 省略 ... */}
      <button onClick={gotoChatView} className=" primary-button" >
        发消息
      </button>
      {/* 省略 ... */}
    </>
  );
};
```

点击图 5-5 中的"发消息"按钮，即可切换至聊天视图。

至此，两个切换视图功能均已实现。设想如果不使用 context，是不是需要利用属性钻取的写法，将 gotoContactView 和 gotoChatView 从根组件 App 开始，逐层传递到 MessageTopMenu 和 ContactDetail 组件？这种情况下，这两个 props 将会出现在多少个中间组件中？

另外，虽然前面已经使用 context 实现了视图切换功能，但还是可以思考一下，针对这类切换视图需求，Web 技术栈中是否存在更合适的解决方案？也许你已经想到，可以通过 URL 和链接来实现，这种实现方式更标准化、更具扩展性，将在后面 13.1 和 13.2 节详细介绍。

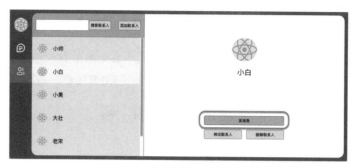

图 5-5　联系人详情中的发消息按钮

5.4　AI 辅助：重构组件代码

　　5.3 节提到，属性钻取会导致组件代码烦琐的问题，因此我们采用 context 代替属性钻取，并在此基础上实现了点击消息菜单按钮切换至联系人视图、点击联系人详情的发消息按钮切换至聊天视图两个功能。但你也许会追问：属性钻取真的会导致代码冗余吗？不试试怎么知道？这种探索精神难能可贵，我们可以将刚刚用 context 实现的逻辑改用属性钻取的方式对组件代码进行重构，并借此机会尝试借助 AI 辅助工具。

　　首先尝试使用 Copilot 的代理模式来完成这次重构。需要注意的是，如果 Copilot 上轮对话尚未结束，再输入新的提示语时就会进入**多轮对话**（Multi-turn Conversations），之前的对话记录将自动保留在上下文中。在多轮对话中，我们可以追加修改或追问问题，直至得到满意的结果。但如果你需要进行一个新的任务或话题，多轮对话的上下文可能造成干扰，这时可以点击"＋"新建聊天按钮，创建一个新的对话，即可清空上下文。

　　打开 App.jsx 文件，在 Copilot 聊天框中输入如下提示语：

请重构代码，用属性钻取的方式取代 `NavigationContext`。

　　选择代理模式、Claude 3.5 Sonnet 模型，点击"发送"按钮。不负众望，Copilot 经过一段时间的运行，总共修改了 8 个文件，并删除了 NavigationContext.jsx 文件。Copilot 的部分输出如下：

我来帮您重构代码，将 NavigationContext 改为使用属性钻取（Props Drilling）的方式。我需要先了解当前的代码实现……

我们需要修改以下几个文件：
1. 删除 NavigationContext.jsx
2. 修改 App.jsx，将状态提升到顶层
3. 修改使用了 NavigationContext 的组件
让我先看看哪些组件使用了这个 Context ……：
1. GlobalNav - 使用 activeView 控制导航栏高亮状态，使用 gotoChatView 和 gotoContactView 处理导航切换
2. GlobalView - 使用 activeView 来决定显示聊天视图还是联系人视图
3. MessageTopMenu - 使用 gotoContactView 处理菜单按钮点击

4. ContactDetail - 使用 gotoChatView 处理 "发消息" 按钮点击

让我们开始重构……
首先，删除 NavigationContext.jsx：我已删除了 NavigationContext.jsx 文件。现在让我们修改相
关组件，使用属性钻取的方式传递状态：……
修改 App.jsx，将导航状态提升到顶层：……

……让我总结一下所做的改动：
1. 删除了 NavigationContext.jsx，因为我们不再使用 Context API
2. 将导航状态 (activeView) 和导航函数 (gotoChatView, gotoContactView) 提升到了 App 组件
3. 通过属性钻取的方式，将导航状态和函数沿组件树向下传递：
   - App → GlobalNav
   - App → GlobalView → ChatView → MessagesPane → MessageTopMenu
   - App → GlobalView → ContactView → ContactDetail

在这次重构过程中，Copilot 修改了分散在 8 个文件中的组件（App、GlobalNav、GlobalView、ChatView、MessagesPane、MessageTopMenu、ContactView 和 ContactDetail），经过检查可以发现，改动基本符合预期，浏览器测试也完全正常，重构顺利完成。此处不再展示具体的代码改动。

从重构的代码可以看出，与采用 context 方案相比，属性钻取方式多涉及了 3 个组件，确实增加了代码复杂度。

虽然这次 AI 辅助的代码重构效果很好，但 Copilot 自主删改 9 个文件的行为（甚至还主动修复了部分代码静态检查 Linting 报错）值得注意。传统的重构工作往往是**分步进行**的，每一步的变更范围相对较小，风险更可控。那么如何限制 Copilot 的重构范围呢？

Copilot 的"**编辑（Edit）**"模式允许开发者手动指定代码上下文，精确控制修改范围。现在，我们可以尝试只将消息菜单相关的代码重构为属性钻取方式。

在 Copilot 中撤销之前的修改，新建聊天，聊天框切换至"编辑（Edit）"模式，输入以下提示语；

请重构选中的代码，用属性钻取的方式取代 `NavigationContext`，但仍在 `GlobalView` 中使用 context。确保每个组件都透传必要的 props。

如图 5-6 所示，将 ChatView.jsx、MessagesPane.jsx、MessageTopMenu.jsx 这 3 个文件拖拽至上下文中，再打开 GlobalView.jsx，用光标选中第 7 到第 9 行，鼠标右键菜单选择 Copilot → Add Selection to Chat，最后点击"发送"按钮。

本次修改严格控制在刚才选定的 4 个文件范围内，Copilot 也没有擅自修正任何 Linting 错误。如图 5-7 所示，与代理模式不同，编辑模式下 Copilot 没有自动保存所修改的文件，而是以可编辑状态打开文件，供开发者仔细审查每处变更或进一步修改。保存文件后，经浏览器测试验证，小范围重构成功。

后续章节将沿用 5.3.2 节基于 context 的代码实现，因此在验证完成后请务必撤销所有 Copilot 的修改。

图 5-6 在 Copilot 编辑模式指定修改范围

图 5-7   用 Copilot 编辑模式完成的重构结果

JavaScript 作为一门动态类型语言，相比 Java 等静态类型语言，传统 IDE 要实现自动化重构面临更大的技术挑战。在 Copilot 面世之前，VS Code 对 JavaScript/TypeScript 的重构功能仅限于提取变量或函数、移动变量或函数等基本操作。Copilot 则突破了传统重构功能的局限性，本节将 context 重构为属性钻取的示例仅是其中一种应用场景。实际上，我们完全可以将属性钻取重构为 context，也可以借助 Copilot 完成状态提升，有更多可能的用法等着你去发现。需要注意的是，现阶段 AI 工具仍然会出错，以前面采用编辑模式进行的重构为例，笔者共尝试了 5 次，其中有 1 次出错（将 gotoChatView 透传），因此我们需要充分检查生成的代码后再接受更改。

到目前为止，本节已经介绍了 Copilot 的 3 种工作模式：询问（Ask）、编辑（Edit）和代理（Agent）。其中 Copilot 的询问模式很好理解，主要用于问答；但编辑和代理模式的差异可能不够直观，开发者容易产生混淆，两种模式的主要区别如下。

- 修改范围：编辑模式允许开发者精确指定修改范围，而代理模式会自主决定。
- 耗时：在代理模式下，一次对话内部会多次调用 LLM，通常会比编辑模式耗费更多时间。
- 确定性：编辑模式确定性更高，代理模式会根据中间产出动态更改上下文，带来不确定性。
- 计费：AI IDE 普遍以 LLM 调用次数计费，代理模式调用次数多，因此比编辑模式成本更高。

随着 AI 辅助开发领域的不断发展，目前主流 AI IDE 产品设计已逐渐趋同，比如曾推出行业领先的 Composer 模式的 Cursor，已将其 Composer 功能融入了聊天视图并提供了询问（Ask）、手动（Manual）和代理（Agent）模式，与 Copilot 的模式一一对应。这一趋势显著降低了开发者更换 AI IDE 的成本。

5.5　React 中的单向数据流

本节将从更加抽象的视角来介绍 React 的数据设计理念，即单向数据流。数据流是比组件间通信更宏观、更抽象的概念。了解数据流的设计思想，尤其是 React 的单向数据流，有助于开发者从全局把握数据的设计和使用，为学习其他前端框架奠定基础。

5.5.1　什么是数据流

在深入学习数据流之前，先来了解一下**函数响应式编程**（Functional Reactive Programming），顾名思义，函数响应式编程是一种利用函数式编程部件进行响应式编程的编程范式。

数据流（Data Flow）则是响应式编程的重要概念，响应式编程将程序逻辑建模为在**运算**（**Operation**）**之间流动的数据及其变化**。

以简单的赋值语句 b = a * 2 为例，如果将 a * 2 定义为一个运算，那么当输入数据 a 发生变化时，则 b 会自动响应这一变化并更新。

这一机制很容易让人联想到 React 的设计哲学 UI=f(state)，例如，在一个函数组件 ({ a }) => (<div>{ a * 2 }</div>) 中，只要 prop 属性 a 发生变化，组件渲染的 <div> 包含的内容就会自动更新。

当然，一个程序往往会包含多个运算，当数据流经过多个运算时，每个运算仅处理自身负责的部分，这样的数据处理过程类似于工厂流水线。那么，类比到 React 应用会如何呢？

在 React 中，开发的基本单元是组件，多个组件在运行时会构成一棵组件树，根组件会沿着组件树逐层传递数据，对于任意一条从根组件到叶子组件的路径，都可以看作一条流水线。而每个组件都是流水线上的一道工序，对流经的数据进行处理，完成本职工作。

5.5.2　React 单向数据流

在 React 中，props、state 和 context 这 3 种数据共同构成了 React 组件的数据流。作为一种声明式的前端框架，React 的数据流也是声明式的。在典型场景下，开发者可以通过**声明这 3 种数据来设计 React 应用的数据流，进而控制交互逻辑**。

值得注意的是，只有这 3 种数据的变更会自动触发 React 组件的重新渲染机制。如果数据流中混入了不属于它们其中任意一种的外部数据（被戏称为**"跳出三界之外"的数据**），就**有可能引发难以察觉的 Bug**，比如数据已更新但组件并未重新渲染。

这种 Bug 在小型项目中比较容易定位，但随着项目代码增多和逻辑复杂化，开发者可能会混淆数据来源，耗费大量时间去 Debug。顺便说明一下，"三界之外"这个说法来自我的一位同事，当时她遇到了这类 Bug，我们一起调试许久才恍然大悟。

尽管 props、state 和 context 是 3 个不同的概念，但从组件树的多个组件来看，同一条数据在引用不变的前提下，在传递过程中可能具有多重身份。例如，一条数据最初来自组件 A 的 state，通过 props 传递给子组件 B 后就成为组件 B 的 prop。再例如，另一条数据来自组件 A 的 state，通过在 A 中声明的 context 传递给子组件树，最终被子组件 B 的子组件 C 消费。

随着数据的创建、传递、转变身份并继续传递，到最后被视图或其他逻辑消费，形成了 React 的单向数据流。这种单向性体现在以下几个方面。

首先，**props 的数据流向是单向的，只能从父组件向子组件流动**，但无法从子组件向父组件流动，也不能从当前组件流向平级组件。如图 5-8 所示。

其次，当读取和更改 state 发生在同一组件中时，state 的流动仅限于当前组件内部。如果希望由子组件或后代组件来更改 state，可以将对应的 state 更新函数以 props 或 context 的方式传递给子组件或后代组件，由它们来决定调用的时机和参数。当这个函数被调用，state 被更新，当前组件则会重新传染。如图 5-9 所示。

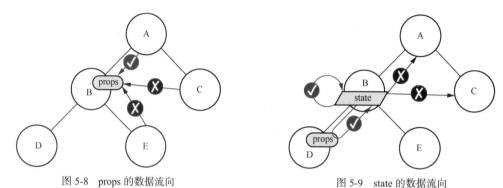

图 5-8　props 的数据流向　　　　　　　图 5-9　state 的数据流向

最后，**context 的数据流向也是单向的，只能从声明了 Context.Provider 的当前组件传递给其子组件树**（即子组件和后代组件），而不能向父组件或祖先组件传递，也不能向当前子组件树之外的其他分支组件树传递。如图 5-10 所示。

从 props、state 和 context 各自的流向可知，React 的整体数据流也是单向的。在 React 生态中，许多与数据处理相关的框架基于 React 自身的数据机制，进一步扩展了数据流，使其能够与外部数据源或系统对接。值得注意的是，这些框架的数据流设计同样遵循单向数据流原则，将在 10.5 节会详细介绍。

在 React 开发中，时刻明确数据流的来源、方向和类型至关重要，这种清晰的认知有助于开发者构建出更健壮、更易于维护的 React 应用。

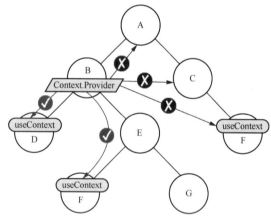

图 5-10　context 的数据流向

5.5.3　项目实现：分析 oh-my-chat 的数据流

以下是 oh-my-chat 当前的组件树结构及对应组件的 state 列表（忽略条件渲染逻辑，假设所有子组件均已正常挂载），组件名称后的方括号内标明了该组件特有的 state 变量。这些信息也可以通过 React Developer Tools 浏览器插件查看。

```
App
└── NavigationCtxProvider [activeView]
        └── NavigationContext.Provider
            ├── GlobalNav
            └── GlobalView
```

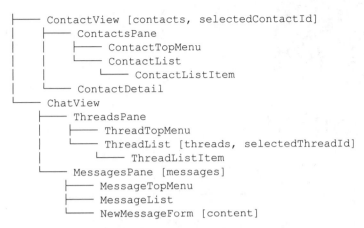

```
├───── ContactView [contacts, selectedContactId]
│    ├───── ContactsPane
│    │    ├───── ContactTopMenu
│    │    └───── ContactList
│    │         └───── ContactListItem
│    └───── ContactDetail
└───── ChatView
     ├───── ThreadsPane
     │    ├───── ThreadTopMenu
     │    └───── ThreadList [threads, selectedThreadId]
     │         └───── ThreadListItem
     └───── MessagesPane [messages]
          ├───── MessageTopMenu
          ├───── MessageList
          └───── NewMessageForm [content]
```

这些 state 的值及其更新函数，均通过 props 或 context 传递给了子组件或后代组件，可以结合 5.4.2 节介绍的 props、state 和 context 数据流来分析这些数据的流向。例如 activeView 及其更新函数通过 context 传递给了 GlobalNav、GlobalView、ContactDetail 和 MessageTopMenu 组件。再如 messages 通过 props 传递给了 MessageList 组件，而 messages 的更新函数通过 props 传递给了 NewMessageForm 组件，NewMessageForm 又将 content 的值通过更新函数传回给 MessagesPane 组件。

5.6 小结

本章延续了数据驱动的主题，在第 4 章介绍 props、state 和 context 这 3 种数据概念及用法的基础上，进一步探讨了组件间通信的实现方式。

本章首先系统性地分析了如何利用这 3 种数据机制，分别实现父组件到子组件、子组件到父组件以及平级组件之间的通信。针对复杂的组件树场景，本章重点介绍了两个关键的数据处理技巧：通过利用 state 和 props 进行状态提升来优化数据管理、利用 context 解决属性钻取问题，避免多层组件间烦琐的手动传递。同时，利用这两个技巧在 oh-my-chat 中分别实现了联系人列表和详情页的数据共享、在消息顶部工具栏和联系人详情页的视图切换功能。为了对比 context 与属性钻取的差异，还演示了如何利用 Copilot 的代理模式或编辑模式重构组件代码。最后，引出了比组件间通信更宏观、更抽象的概念：单向数据流，并通过分析 props、state 和 context 这 3 种数据的流向，深入阐释了 React 数据流的单向性设计及其底层逻辑。

第6章

React 的副作用

本章的知识地图及项目实现，如图 6-1 所示。

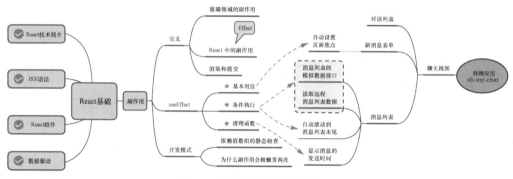

图 6-1　本章知识地图及项目实现

第 4 章和第 5 章探讨了数据在 React 内部的流转机制，但尚未涉及这些数据的源头与最终去向。在经典的 B/S 架构中，业务数据通常存储在服务器端的数据库中，由服务器端程序读取这些数据，并通过 HTTP 协议传输至浏览器端应用；反之，浏览器端应用将新数据提交到服务器端并持久化存储至服务器端的数据库中。尽管现代浏览器已具备本地数据持久化能力，如 IndexedDB 技术，但考虑到分布式应用的业务需求，浏览器端与服务器端交互的 Web 应用仍占主导地位。

这自然引出一个关键问题，在 React Web 应用中，与服务器端交互的代码应如何写？例如"每当组件显示时，都要从服务器端获取最新数据""翻页时从服务器端加载下一页数据"，再如"离开视图时断开与服务器的轮询"等。

这类代码主要有两个归属，一个是事件处理，另一个是副作用。前者已在 1.4 节和 4.3.3 节初步涉及，例如 `<a />` 和 `<button />` 的 `onClick` 属性，具体细节内容将在下一章的 7.1 节展开介绍。而后者是本章的主要内容。

副作用是 React 中的一个重要概念。不仅涵盖服务器端的交互，任何与外部系统的协同操作均可视为副作用，通常通过调用 React 核心 Hook——`useEffect` 来实现相关逻辑。副作用也是 React 响应式（Reactive）特性的重要体现。

6.1　什么是副作用

在 3.2.2 节中，我们在介绍 Hooks 时引入了函数式编程范式中的纯函数概念，并初次提到了副作用（Side Effect）。本节将系统回顾副作用的定义及其在前端领域的实践意义。

6.1.1 前端领域的副作用

在维基百科中，计算机领域的"副作用"是指，函数在执行过程中，除了返回可能的计算结果外，还对主调用函数产生额外影响。例如修改全局变量，改变传入的参数，向主调方的终端、管道输出数据，或者更新外部存储信息等。

简而言之，**副作用是指使函数不再保持纯函数特性的各类操作**。需要注意的是，副作用本身并非贬义或负面的概念。在特定场景下，副作用不可避免，识别副作用的目的并非彻底消除，而是确保其在程序中是可控、可预期的，从而开发出更可靠、更实用的程序。

对于前端应用更是如此。假设有一个完全不与任何外部系统交互，完全"自给自足"的前端应用，可以将其类比为纯函数。然而，一旦为它添加更多功能（如网络请求、用户输入、浏览器存储等），这些与外部系统的交互就会带来副作用。而这些副作用对于实现一个"有用"的应用软件是必要的，因此需要被明确定义和有效管理。

事实上，在整个前端领域，副作用无处不在，但它的概念直到 Elm 框架问世后才真正进入前端开发者的视野。随着 React 技术社区对这一概念的采纳和推广，副作用管理逐渐成为前端领域的主流范式之一。

6.1.2 React 中的副作用

3.2.2.1 节曾提到对于以纯函数定义的 React 组件而言，可以认为包括 useState、useContext 在内的 Hooks API 本质上都是在处理纯函数的副作用。当时这一说法是为了简化理解函数组件与 Hooks 的关系，而在学习了 state、context 以后，我们需要将这些 React 内部数据的使用和修改视为一个整体——由于它们并不涉及外部系统，属于 6.1.1 节提到的"自给自足"的情形，因此**修改 state 或 context 不再被视为副作用**。除此之外，所有与外部系统交互的行为都应被视为副作用，例如添加定时器，修改真实 DOM，请求远程数据，在 console 中打印调试信息，等等。

引发这些副作用的方式又分为两种，一种是通过 onClick 等事件引发的，另一种则是由 React 渲染过程本身引发的。其中，**由 React 渲染本身引发的副作用在 React 中被专门定义为 Effect**。例如"每当渲染组件时，都需要从服务器端获取最新数据"这样的需求，可能并不直接对应用户的点击操作，而是与组件渲染存在因果关系，这就构成了一个典型的 Effect。

考虑到中文技术社区的习惯，若非特别标注，本书后文出现的中文"副作用"均指 React 渲染本身引起的副作用 Effect。

6.1.3 React 中的渲染和提交

React 的副作用是由渲染引起的，那么这里的"渲染"具体指的是什么呢？

前面的章节曾多次提到 React 的渲染，如组件的 JSX 经过渲染后最终会生成浏览器页面的 DOM 树，还提到修改 state 或 context 会触发组件重新渲染。这些说法是为了便于理解前面章节的内容而做的简化。实际上，在 React 中，**渲染（Render）**是一个独立阶段，在渲染阶段与最终生成真实 DOM 树之间，还有另外一个关键阶段——**提交（Commit）**。

在渲染阶段，React 会按一定顺序执行各个组件的定义函数，在内存中构建被称为"虚拟 DOM"的中间模型，当所有组件都执行完毕、对应的组件树结构已经搭建完整时，React 会进入提交阶段，此时才会调用浏览器 DOM API，根据中间模型创建对应的真实 DOM 节点，只有完成提交阶段后，用户才能看到页面内容的变化。无论是首次渲染和重新渲染，React 都会先后经历这两个阶段，区别在于前者是全量执行，后者是增量更新。

关于 React 渲染和提交两阶段的细节和原理，将在第 9 章组件生命周期再做详细讲解。这里进行简要介绍的目的是帮助读者理解副作用的触发时机。副作用是在提交阶段即将完成、真实 DOM 树更新后才会被触发，这与"副作用由渲染引起"的说法并不矛盾，接下来的内容会进一步解释这一点。

6.2 核心 Hook：useEffect

为了管理 React 的副作用，React 提供了 useEffect Hook 来执行副作用操作。如 3.2.2 节所述，useEffect 是 React 的核心 Hooks 之一。在 React 应用开发中，组件是最基本的构建单元，与其他 Hooks 类似，useEffect 同样需要在 React 组件内部使用。这意味着当需要在 React 应用中引入副作用时，开发者必须在相关组件中明确定义这些副作用逻辑。

6.2.1 useEffect 的基本用法

useEffect Hook 有几种用法。首先是简单用法，只传入一个没有返回值的副作用回调函数（Effect Callback）：

```
import { useEffect } from 'react';
function MyComponent() {
  useEffect(() => {/* 省略 */});
  //         ------------------
  //                  ^
  //               副作用回调函数
  return (<div></div>);
}
```

虽然 useEffect 作为组件函数体的一部分，在每次组件渲染时都会被执行，但作为参数的**副作用回调函数在提交阶段才会被调用**，这时副作用回调函数可以访问到组件的**真实 DOM 节点**。

现在，为 oh-my-chat 聊天应用添加一个提升用户体验的功能：每当用户进入聊天界面时，自动将页面焦点设置到新消息输入框，以便其直接输入消息内容。要实现上述功能，只需要修改 src/components/NewMessageForm.jsx 文件，添加如下代码：

```
import { useState, useEffect, useRef } from 'react';
const NewMessageForm = ({ onSubmitMessage }) => {
  // 省略
```

```
const inputRef = useRef(null);
useEffect(() => inputRef.current.focus());
return (
  <form className="compose-message" onSubmit={handleSubmit}>
    <textarea
      placeholder=" 请输入消息 ..."
      value={content}
      onChange={handleChange}
      ref={inputRef}
    />
    <input type="submit" value=" 发送 " />
  </form>
);
};
```

上述代码中，useRef 是 React 提供的用于在组件中创建可变值的 Hook（具体介绍详见 12.3.2 节）。这里只采用其标准用法：首先定义可变值 inputRef，然后在 JSX 的 HTML 标签中配置特殊的 ref 属性指向这个可变值，这样 React 在提交阶段创建真实 DOM 后，就会把这个 DOM 元素的引用传递给 inputRef.current。在 useEffect 的副作用回调函数中，通过调用真实 DOM 元素的 focus() 方法获取页面焦点。

保存代码并运行 npm run dev 后，在浏览器中打开页面就会发现，光标会自动定位到新消息输入框，用户可以直接使用键盘打字输入内容。当切换至联系人视图再返回聊天视图时，光标也会自动定位到消息输入框。这一机制正是由 NewMessageForm 组件的重新渲染所触发的自动获取页面焦点的副作用实现的。

根据第 4 章的内容可知，修改组件的 state 会触发重新渲染，而重新渲染同样会触发副作用。新消息文本框作为一个受控组件，每次输入文本都会更新 state，这是否意味着每输入一个字符都会触发副作用？为了验证这一点，可以在副作用回调函数中添加控制台打印语句进行观察：

```
useEffect(() => {
  inputRef.current.focus();
  console.log('Textarea focused!');
});
```

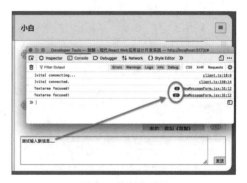

通过观察浏览器开发者工具的控制台输出可以发现（如图 6-2 所示），不仅首次进入聊天界面时会触发副作用，每在新消息文本框中输入一个字符都会触发副作用。不过由于信息输入框本身已处于聚焦状态，重复调用获取焦点的方法并不会产生实际影响。

这是 useEffect 的基础用法，但在实际开发中这种使用场景相对有限。每次渲染都会触发副作用，如果使用不当容易引发性能问题，甚至导致死循环。

图 6-2　控制台页面

6.2.2　副作用的条件执行

在实际开发中，通常不需要在每次渲染后都执行副作用。因此，useEffect 提供了更常见的用法：**副作用的条件执行**。

基于上述基础用法，只需额外传入一个**依赖项数组**（Dependencies）作为第二个参数即可实现：

```
useEffect(() => {/* 省略 */}, [var1, var2]);
//        ------------------  -----------
//                ^               ^
//                |               |
//            副作用回调函数      依赖项数组
```

React 在渲染组件时，会记录当前的依赖项数组，并在下次渲染时，使用 Object.is() 方法将依赖项数组的值依次与前一次记录下来的值进行对比。只有当发现差异时，才会在提交阶段执行副作用回调函数，否则就跳过本次执行，待下次渲染再继续对比。

依赖项数组中可以包含 props、state 或 context 中的任何值。一般来说，只要副作用回调函数中使用了组件作用域内的外部变量，都应将其列入依赖项数组，这样 React 才能准确追踪状态变化与副作用之间的关联。

当然，面对各式各样的业务需求，副作用并不限于操作 DOM，也可以与其他外部系统进行交互，以及将外部状态同步到组件内部状态中。以下面的级联菜单为例，当省份 state 更新时，副作用回调函数会根据省份更新城市列表，这个 state 更新又会触发组件重新渲染（rerender），从而实现二级菜单选项的动态更新。

```
//    ------------   --------------
//    | 省份 ... |v|   | 城市 ... |v|
//    ------------   --------------
const [province, setProvince] = useState(null);
const [cities, setCities] = useState([]);
useEffect(() => {
  if (province === '山东') {
    // 城市数据可以从外部读取
    setCities(['济南', '青岛', '淄博']);
  }
}, [province]);
```

从语义层面理解，在 useEffect 中传入依赖项数组，实际上是在**为具有响应式特性的值（Reactive Value）定义响应行为**。如前所述，props、state、context 变量及其衍生计算都属于具有响应式特性的值。当这些值发生变化时，不仅会触发组件重新渲染，还会触发那些声明了相应依赖项的副作用。这也是 React 框架响应式特性的重要体现之一。需要特别说明的是，虽然我们可以借助响应式的概念来理解副作用与依赖项的关系，但 React 内部并非完全基于响应式技术来实现，也没有提供类似 pub/sub 的接口，开发者只需关注其外在行为表现即可。

空数组也是一个有效的依赖项数组，由于在组件生命周期中依赖项的值不会有任何变化，因此副作用回调函数仅在组件挂载时执行一次，之后无论组件更新多少次，副作用都不会重复执行。

我们可以使用这个方法来优化 6.2.1 节自动获取页面焦点的功能。只需在 NewMessageForm 组件的 useEffect 语句中添加入空数组作为第二个参数：

```
useEffect(() => {
  inputRef.current.focus();
```

```
console.log('Textarea focused!');
}, []);
```

经过验证，在新消息输入框中输入文本时，副作用确实不会再被触发，这符合预期。但在刷新页面时我们观察到副作用被连续触发了两次。别担心，这个现象属于正常情况，具体原因将在本章结尾部分详细说明。

需要说明的是，依赖项数组并非副作用 Hooks 的专属特性，11.2 节将要介绍的 useCallback、useMemo 同样接受依赖项数组作为第二参数。

6.2.3　副作用的清理函数

计算机资源是有限的，有后端开发经验的开发者对释放资源这个概念应该并不陌生。例如，在程序中建立数据库连接后，必须适时关闭连接，否则可能因连接耗尽而无法建立新连接，导致程序异常。前端开发同样存在类似的需要释放资源的场景，如果资源未得到妥善管理，可能会引发内存泄漏或其他不可预知的错误，典型场景包括：

- 原生 DOM 的事件处理函数；
- JavaScript 计时器 setTimeout 和 setInterval；
- 建立 WebSocket 连接；
- 启动 WebWorker 等。

在开发 React 应用时，使用框架内置功能（如 JSX 中的 onClick 属性）时，开发者无须手动清理事件监听器，React 会代为管理。但当涉及 React 之外的外部系统时就需要格外注意。前面提到的原生 DOM 事件、计时器、WebSocket 等都属于外部系统，通过 useEffect 使用这些外部系统时，必须考虑释放资源的问题。

以下是一个使用 setInterval 实现倒计时功能的定时器组件示例：

```
function Timer({ time = 30 }) {
  const [seconds, setSeconds] = useState(time);
  useEffect(() => {
    setSeconds(time);
    const intervalId = setInterval(() => {
      setSeconds((curr) => curr - 1);
    }, 1_000);
    return function cleanup() {
      clearInterval(intervalId);
    };
  }, [time]);
  return (<div> 剩余 {seconds} 秒 </div>);
}
```

useEffect 接收两个参数：副作用回调函数和依赖项数组。其中，副作用回调函数的返回值也是一个函数，叫作**清理函数**（Cleanup Function）。React 会在两种情况下执行这个清理函数：组件在下一次提交阶段执行同一个副作用回调函数之前，或者是组件即将被卸载之前。这种同时定义副作用回调函数、清理函数和依赖项数组的用法，构成了 useEffect 的完整用法。

```
useEffect(() => {/* 省略 */; return () => {/* 省略 */};}, [var1, var2]);
//                                                           -------------
//         --------------------------------------------      -----------
//                            ^                     ^               ^
//                            |                     |               |
//                        副作用回调函数              清理函数        依赖项数组
```

　　回到上面计时器组件的示例，可以看出，当组件挂载，以及传入组件的 time 属性发生变化时，会执行 setSeconds、setInterval 两个副作用操作。当组件的 time 属性变化时，以及组件被卸载时，会调用 cleanup 清理函数清理掉仍在运行的定时器。

　　在调用 setSeconds 更新 state 后，组件会重新渲染，页面上将显示最新的剩余秒数。如果不及时清理定时器会怎样？如果是在更新阶段，可能会有多个定时器在运行，导致产生**竞争条件**（Race Condition）；如果组件已被卸载，则有可能导致**内存泄漏**。

　　如果依赖项数组是一个**空数组**，那么清理函数只会在卸载组件时执行。

6.3　项目实现：在 oh-my-chat 加入副作用

　　本节将为聊天应用 oh-my-chat 实现远程数据的获取功能。根据需求分析，聊天视图的对话列表、消息列表和联系人视图的联系人列表都应该从服务器端获取。由于篇幅限制，这里选择仅实现其中的消息列表功能。具体来说，当用户选中特定对话时，应用会从服务器端获取对应的消息记录，并在消息列表中显示消息发送时间。

6.3.1　项目实现：利用副作用读取远程消息

　　为了简化实现，下面借助 Vite 的一款插件来模拟服务器端数据。在 oh-my-chat 项目根目录下执行如下命令安装插件的 npm 包：

```
npm install -D vite-plugin-mock-server
```

　　修改 vite.config.js，加入插件：

```
// 省略
import mockServer from 'vite-plugin-mock-server';
export default defineConfig({
  plugins: [react(), mockServer()],
});
```

　　在项目根目录下创建 mock 目录，并在其中新建 services.mock.js 文件，用于定义 RESTful 接口及对应的模拟数据。消息列表接口的路径为 /api/threads/*/messages，其实现逻辑：根据路径参数 threadId 的奇偶返回不同的联系人名称和消息数组；消息数组从 MessagesPane.jsx 迁移而来，作为头像图片的 react.svg 拷贝至 public 目录下，消息发送时间则统一采用 ISO 格式的日期时间字符串。具体代码如下：

```
export default [{
  pattern: '/api/threads/{threadId}/messages',
```

```
  handle: (req, res) => {
    const { threadId } = req.params;
    const data = threadId % 2 === 0 ? {
      contactName: '小白',
      messages: [
        {
          id: 1,
          content: '你好 React！',
          from: 'me',
          fromAvatar: '/react.svg',
          sentTime: '2023-11-05T10:11:12',
        },
        // 省略
      ]
    } : { contactName: '小帅', messages: [/* 省略 */] };
    res.setHeader('Content-Type', 'application/json');
    res.end(JSON.stringify(data));
  },
}];
```

由于没有任何耗时操作，该接口响应非常迅速。为了使模拟过程更贴近真实应用场景，可以为接口设置 1 s 的等待，将上面代码的最后一行替换成：

```
setTimeout(() => res.end(JSON.stringify(data)), 1000);
```

运行 npm run dev 启动项目，用浏览器访问如下网址，如果能返回一段包含信息列表的 JSON，则意味着模拟数据接口创建成功。

```
http://localhost:5173/api/threads/1/messages
```

接下来，实现远程接口的调用逻辑，主要的副作用代码将集成到 MessagesPane 组件中。不过在修改 MessagesPane 之前，首先需要将当前选中的对话 ID 传递给它。目前选中的对话 ID，即 selectedThreadId 是 ThreadList 组件的 state，需要运用 5.2 节学习的状态提升技巧，将 selectedThreadId 提升至 ThreadList 与 MessagesPane 共同的祖先组件 ChatView 中。状态提升完成后，ChatView 的代码实现如下：

```
const ChatView = () => {
  const [selectedThreadId, setSelectedThreadId] = useState(1);
  return (
    <>
      <aside>
        <ThreadsPane
          selectedThreadId={selectedThreadId}
          onClickThreadItem={setSelectedThreadId}
        />
      </aside>
      <main><MessagesPane selectedThreadId={selectedThreadId} /></main>
    </>
  );
};
```

对应的 ThreadsPane 和 ThreadList 组件的改动很少，这里不再赘述。

回到 MessagesPane 组件。组件参数接收一个新 prop selectedThreadId，组件内创建

两个新 state：isLoading 和 contactName，移除外部的 mockMessages 数组。核心改造为使用 useEffect 添加远程数据获取的副作用。这部分代码如下：

```
const MessagesPane = ({ selectedThreadId }) => {
  const [isLoading, setIsLoading] = useState(true);
  const [contactName, setContactName] = useState();
  const [messages, setMessages] = useState([]);
  useEffect(() => {
    setIsLoading(true);
    const fetchMessages = async (threadId) => {
      try {
        const response = await fetch(`/api/threads/${threadId}/messages`);
        const data = await response.json();
        setContactName(data.contactName);
        setMessages(data.messages);
      } catch (error) {
      console.error(' 获取消息列表失败 ', error);
      } finally {
        setIsLoading(false);
      }
    };
    fetchMessages(selectedThreadId);
  }, [selectedThreadId]);
  // 省略
```

观察上述代码可见，副作用的依赖项数组中包含 selectedThreadId，这意味着组件在挂载时会触发副作用，此后每当 selectedThreadId 变化时都会再次触发副作用。接下来进一步分析副作用回调函数的实现：首先在函数体中修改 isLoading 为 true，然后定义一个异步函数 fetchMessages，再调用该函数并传入 selectedThreadId。这里也可以合并写成 Async IIFE(立即调用函数表达式)，即 (async () => {/* 函数体 */})()。采用这种写法的原因是，需要使用 async/await 语法来处理异步请求，而 useEffect 的副作用回调函数本身不能是异步函数，而是需要在同步的回调函数内部额外声明一个异步函数，将 async/await 代码段封装起来。这也是在 useEffect 中使用 async/await 的常见方法。fetchMessages 函数的具体工作流程：通过 Fetch API 请求前面定义的模拟消息列表数据接口，解析返回的 JSON，将结果分别存入 contactName 和 messages 中，最后将 isLoading 设置为 false。当然，在 JavaScript 中，async/await 其实是 Promise 的语法糖，开发者也可以选择使用 Promise.then() 写法处理异步请求。

接下来是在 MessagesPane 的 JSX 中使用这些 state，代码如下。

```
  return (
    <>
      <MessageTopMenu contactName={contactName} />
      <MessageList messages={messages} />
      <NewMessageForm onSubmitMessage={handleSubmitMessage} />
      {isLoading && (<div className="overlay-loading"> 加载中 ...</div>)}
    </>
  );
};
```

其中 contactName 传递给 MessageTopMenu，messages 传递给 MessageList，当 isLoading 的值为 true 时，将额外渲染半透明覆盖层展示 "加载中" 状态。覆盖层的样式 .overlay-loading 同样预定义在 App.css 中，此处代码省略。

这时保存所有修改，在浏览器中验证新添加的功能，可以看到初次加载时聊天视图右栏会变暗，在顶部展示 "加载中" 的提示信息，经过 1 s 后，右栏的提示信息和覆盖层会消失，并展示联系人名称和消息列表。接下来，在左栏中用鼠标点选另一个对话，右栏会再次提示 "加载中"，1 s 后展示另一组联系人名称和消息列表。加载状态提示如图 6-3 所示。

图 6-3 展示加载状态的覆盖层

当前消息列表虽然仍使用模拟数据，但这些数据已升级为来自服务器端的远程接口，更接近真实的应用场景。

不过现有代码存在一个明显的 bug，可以在浏览器中测试这样的操作：在对话列表中快速交替点击不同对话时（如在 1 s 内多次切换），消息列表会异常地交替显示不同对话的内容。

这个 bug 就是典型的竞争条件。要修正这个 bug，需要借助副作用的清理函数。在副作用回调函数声明一个变量 shouldIgnore（初始值为 false），在清理函数中通过闭包将 shouldIgnore 设置为 true，在 fetchMessages 函数中根据 shouldIgnore 的值作出判断，如果为 true 则放弃更新 state，否则正常处理相应数据。更新后的副作用代码如下：

```
useEffect(() => {
  let shouldIgnore = false;
  setIsLoading(true);
  const fetchMessages = async (threadId) => {
    try {
      const response = await fetch(`/api/threads/${threadId}/messages`);
      const data = await response.json();
      if (!shouldIgnore) {
        setContactName(data.contactName);
        setMessages(data.messages);
      }
    } catch (error) {
      console.error(' 获取消息列表失败 ', error);
    } finally {
      if (!shouldIgnore) {
        setIsLoading(false);
      }
```

```
    }
  };
  fetchMessages(selectedThreadId);

  return function cleanup() {
    shouldIgnore = true;
  };
}, [selectedThreadId]);
```

在浏览器中验证这个修正方案的效果，在 1 秒内快速交替点选不同对话时，你会发现只有最后一次点击会真正生效，右栏不会再出现之前反复刷新的问题，bug 已被修正。从实现原理来看，每次触发副作用时会通过清理函数将前一次请求的闭包中的 shouldIgnore 设置为 true，在异步请求被解决（resolve）时检查该标记，若被忽略则放弃更新 state，否则正常渲染列表。虽然这种改法修正了 bug，但被忽略的请求还是完成了网络传输（只是返回的结果被丢弃了），从这个角度来看，这个 bug 还有另一种修正方法，就是利用 AbortController 中止这次请求。

与真实情况相比，上面实现的获取远程数据的代码已经做了适当简化，尤其是其中的错误处理。如果希望开发出更健壮、更高效、体验更好的代码，还需要做不少工作，这时如果能借助 React Query 等专注于数据获取的开源库，就可以有效减少代码量，相关内容将在 15.4 节介绍。另外要指出的是，发送新消息的功能目前仍然是在浏览器的内存中实现的，服务器端交互功能将在后续章节实现。

6.3.2　项目实现：显示发送消息的相对时间

虽然消息列表数据已包含 sentTime 字段，但尚未在界面中显示消息发送时间。本节将为消息列表添加时间戳显示功能，需实现以下功能。

- 将间隔 3 min 以内的连续消息归为同一组，每组消息顶部显示分组中最早一条消息的发送时间。
- 最近 24 h 以内的新消息显示为相对时间，如"刚刚""1 分钟前""1 小时前"等，超过 24 h 的则显示为标准格式的日期与时间。

下面分两步来实现上述需求。

（1）将消息的发送时间显示出来。在 MessageList.jsx 文件开头创建两个新组件 MessageItem 和 MessageTimestamp，前者就是原来的 MessageList 组件中列表项的 JSX，后者则是使用 ES 2024 标准中的国际化 API 来格式化时间。两个组件的代码如下：

```
const MessageItem = ({ content, from, fromAvatar }) => (
  <li className={from === 'me' ? 'from-me' : undefined}>
    <img src={fromAvatar} className="avatar" alt=" 头像 " />
    <p className="message">{content}</p>
  </li>
);

const MessageTimestamp = ({ sentTime }) => {
  const formatter = new Intl.DateTimeFormat(undefined, {
    dateStyle: 'medium', timeStyle: 'medium',
```

```
  });
  const timestamp = formatter.format(new Date(sentTime));
  return (<li className="timestamp">{timestamp}</li>);
};
```

（2）在 MessageList 组件中集成这两个子组件。在循环中，使用 Array.map() 遍历消息列表，通过回调函数的后两个参数来获取前一条消息，然后调用 shouldHideSentTime 函数比较两条消息的 sentTime，当间隔大于等于 3 min 时则渲染 MessageTimestamp 组件。由于循环体中新增了条件渲染逻辑，因此需要在子组件外包裹 Fragment，key 属性需要从原来的 <li> 迁移至 Fragment，当为 Fragment 组件添加 key 属性时，Fragment 不能简写为空标签 <>，而是需要写成完整的 <Fragment> 或 <React.Fragment>。相关代码如下：

```
const MessageList = ({ messages }) => {
  return (
    <ul className="message-list">
      {messages.map((message, idx, arr) => (
        <React.Fragment key={message.id}>
          {(idx > 0 && shouldHideSentTime(arr[idx - 1], arr[idx])) || (
            <MessageTimestamp sentTime={message.sentTime} />
          )}
          <MessageItem {...message} />
        </React.Fragment>
      ))}
    </ul>
  );
};

function shouldHideSentTime(prevMsg, currMsg) {
  const prevTime = new Date(prevMsg.sentTime).getTime();
  const currTime = new Date(currMsg.sentTime).getTime();
  return currTime - prevTime < 1000 * 60 * 3;
}
```

在浏览器中查看页面，可以发现已经正确实现了为消息分组和现实时间戳的功能。下一步就是实现相对时间显示功能。由于消息列表中显示的相对时间需要动态更新，因此我们可以借助 useEffect 与定时器来实现这个需求。修改 MessageTimestamp 组件，为其添加 state 管理时间状态和副作用逻辑。代码如下：

```
const MINUTE = 60 * 1000;
const HOUR = 60 * MINUTE;
const DAY = 24 * HOUR;
const UPDATE_INTERVAL = MINUTE;
const MessageTimestamp = ({ sentTime }) => {
  const [timestamp, setTimestamp] = useState('');
  useEffect(() => {
    const refresh = () => {
      const timePassed = new Date() - new Date(sentTime);
      let relativeTime = ' 刚刚 ';
      if (MINUTE <= timePassed && timePassed < HOUR) {
        relativeTime = `${Math.ceil(timePassed / MINUTE)} 分钟前 `;
```

```
    } else if (HOUR <= timePassed && timePassed < DAY) {
      relativeTime = `${Math.ceil(timePassed / HOUR)} 小时前 `;
    } else if (DAY <= timePassed) {
      relativeTime = new Intl.DateTimeFormat(undefined, {
        dateStyle: 'medium', timeStyle: 'medium',
      }).format(new Date(sentTime));
    }
    setTimestamp(relativeTime);
  };
  const intervalId = setInterval(refresh, UPDATE_INTERVAL);
  refresh();
  return function cleanup() { clearInterval(intervalId); };
}, [sentTime]);

return (<li className="timestamp">{timestamp}</li>);
};
```

保存文件，在浏览器中查看效果。发送一条新消息，时间戳显示为刚刚，经过 1 min 后，时间戳自动更新为 "1 分钟前"，如图 6-4 所示。至此，便实现了显示消息时间的需求。

图 6-4　分组展示消息发送的相对时间

6.3.3　项目实现：自动滚动到消息列表末尾

随着消息列表中的消息数量增多，消息列表会自动添加纵向滚动条。一般而言，我们通常优先关注最新消息，借助 useEffect 可以轻松实现使消息列表自动滚动到底部的功能。

修改 MessageList 组件，在 `<ul>` 的末尾添加一个不占行高的 `<li>` 作为定位锚点，利用 useRef 获取真实 DOM 元素，并在副作用中调用 `scrollIntoView()` 方法。代码如下：

```
const MessageList = ({ messages }) => {
  const lastLiRef = useRef();
  useEffect(() => lastLiRef.current.scrollIntoView({
    behavior: 'smooth', block: 'end' }), [messages]);
  return (
    <ul className="message-list">
      {messages.map((message, idx, arr) => (
        <React.Fragment key={message.id}>
          {/* 省略 */}
```

```
      </React.Fragment>
    ))}
    <li style={{minHeight: 0}} ref={lastLiRef} />
  </ul>
  );
};
```

调整浏览器高度使消息列表出现纵向滚动条，这时刷新页面会看到消息列表自动滚动到底部，发送新消息时消息列表会自动滚动以显示刚发送的新消息。

6.4　开发模式下的 useEffect

作为 React 中处理副作用的核心机制，useEffect 具有高度的灵活性和强大的功能，但同时也存在较高的使用门槛，特别是在依赖项数组和清理函数的使用上，即使是经验丰富的 React 开发者也可能出现疏漏。值得庆幸的是，React 在开发模式下内置了一些辅助措施，能够有效帮助开发者减少编程错误。

6.4.1　依赖项数组的静态检查

如 6.2.2 节所述，使用 useEffect 时需要将副作用回调函数中所有引用的响应式值添加至依赖项数组中，否则这些值发生改变时将不会触发副作用更新。为确保依赖项完整，开发者需要深入理解依赖项数组与响应式机制的关系，明确添加依赖项的必要性。但随着项目规模增加、复杂性提升，开发者还是难免出现遗漏。这时就可以借助 React 的静态检查工具 eslint-plugin-react-hooks，这是 ESLint 的 React 官方插件，内置于 Vite 创建的 React 项目中。在 VS Code 中，只要安装了 ESLint 插件，这个功能就会自动生效。

我们可以用 6.3 节 oh-my-chat 中新增加的副作用来测试这个插件的功能。用 VS Code 打开 MessagesPane.jsx，从 MessagesPane 组件的 useEffect 依赖项数组中移除 selected-ThreadId，这时会在依赖项数组上看到 ESLint 警告，提示 React Hook useEffect 缺少依赖项 "selectedThreadId"。

> React Hook useEffect has a missing dependency: 'selectedThreadId'. Either include it or remove the dependency array.

如果进一步将整个依赖项数组删除，则会在 useEffect 上看到 ESLint 警告，提示这个副作用操作了 state，需要添加依赖项数组来避免死循环。

> React Hook useEffect contains a call to 'setIsLoading'. Without a list of dependencies, this can lead to an infinite chain of updates. To fix this, pass [selectedThreadId] as a second argument to the useEffect Hook.

如果 IDE 不支持 ESLint 插件，开发者可以在命令行中运行 npm run lint，可以看到同样的警告（warning）。

ESLint 只会在开发阶段生效，不会影响代码在生产环境的行为。除了 useEffect 的依赖项数组，静态代码检查还可以帮助开发者规避很多常见的编程错误。

6.4.2　为什么副作用会被触发两次

在 6.2.2 节中，为了避免 NewMessageForm 组件的副作用在每输入一个字符时都被触发，我们可以添加空的依赖项数组。但即使如此，还是能够观测到它在组件首次渲染时被触发了两次。这是正常现象。

在**开发模式**下，React 会采用特殊策略执行副作用：在组件挂载阶段，副作用回调函数被执行后，会立刻调用该副作用的清理函数，然后再次执行副作用回调函数。这模拟了组件被卸载然后重新挂载的场景，或者多次修改依赖项数组中的成员时副作用的行为，可以帮助开发者检查是否正确编写了清理函数。在**生产模式**下，React 不会这样做，而是仅**触发一次副作用执行**。开发者无须特别优化开发模式的执行次数，只需要确保副作用在组件反复挂载时能正常工作即可。

6.5　小结

本章首先从前端领域的副作用出发，引入 React 中副作用的定义，即 React 渲染触发的副作用，主要用于与 React 的外部系统进行交互。接着详细介绍了 React 的核心 Hooks 之一的 useEffect，包括其基本用法，基于依赖项数组的条件执行，以及清理函数。然后，使用 useEffect 为聊天应用 oh-my-chat 实现了与消息列表相关的 3 个新功能，包括读取远程数据，显示消息发送的相对时间，和自动滚动到消息列表末尾。为了帮助开发者减少出错，本章结尾部分介绍了依赖项数组的静态检查工具，React 在开发模式下会强制触发两次副作用。

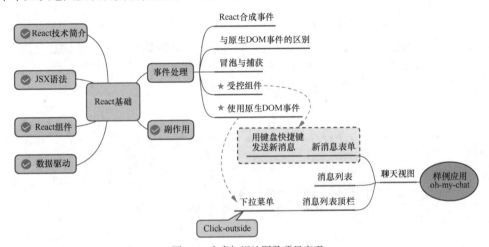

第 **7** 章

事件处理

本章知识地图及项目实现，如图 7-1 所示。

图 7-1　本章知识地图及项目实现

如第 6 章所述，React 与外部系统的交互主要通过两种方式实现，副作用处理和事件处理。事件处理不仅用于系统间交互，还能实现与用户的**双向交互**，为应用带来优秀的用户体验。本章将深入探讨 React 的事件处理机制。

在 Web 开发领域，事件处理早已形成成熟体系。标准 DOM API 中有完整的 DOM 事件体系，开发者可以利用 DOM 事件监听及其冒泡和捕获机制构建复杂的交互逻辑。

React 在此基础上构建了自身的**合成事件**（Synthetic Event）系统，与原生 DOM 事件存在显著差异。初次接触合成事件概念的开发者可能会有以下疑问。

- 什么是 React 合成事件?
- 为什么要使用合成事件而不直接使用原生 DOM 事件?
- 合成事件的典型应用场景有哪些?
- 有哪些场景下需要使用原生 DOM 事件?

本章将介绍 React 合成事件与原生 DOM 事件的异同及内在关联。oh-my-chat 消息列表中的受控组件是合成事件的重要使用场景之一。但是，合成事件不是 React 事件处理的全部，仍有一些特殊场景需要使用原生 DOM 事件。同时，我们将在 oh-my-chat 中添加一些小功能来展示合成事件和原生 DOM 事件的处理方式。

7.1　React 合成事件

React 的事件处理机制主要基于合成事件系统，虽然其底层实现仍然依赖于浏览器的原生 DOM 事件，但通过封装处理，它有效解决了两个核心问题，包括浏览器兼容性差异，以及原生事件系统的复杂性，这使得开发者能够在 React 框架中更高效地使用事件处理。

对于在前端开发中使用过原生 DOM 事件的开发者来说，这种传统的事件处理写法应该并不陌生：

```html
<!-- 这是 HTML 不是 JSX -->
<button onclick="handleClick()">按钮</button>
<input type="text" onkeydown="handleKeyDown(event)" />
```

在 React JSX 中的 HTML 标签也有以 on* 开关的事件处理属性。一个显而易见的区别是，这些属性的命名规范为，采用以 on* 开头驼峰命名法，如 onClick、onKeyDown。在 JSX 中使用这些属性时，需要传入函数，而不能使用字符串形式：

```jsx
const MyComponent = () => {
  const handleClick = () => {/* ... 省略 */};
  const handleKeyDown = evt => {/* ... 省略 */};
  return (
    <>
      {/* 这次是 JSX 了 */}
      <button onClick={handleClick}>按钮</button>
      <input type="text" onKeyDown={evt => handleKeyDown(evt)} />
    </>
  );
};
```

以上面的 button 组件为例，开发者将 handleClick 函数传入 onClick 属性。在浏览器中，当用户点击按钮时，handleClick 会被调用，无论开发者是否需要，React 都会传入一个描述点击事件的对象作为函数的第一个参数，而这个描述事件的对象代表的就是 React 中的**合成事件**。

合成事件是原生 DOM 事件的高级封装，它与原生事件的接口相同，根据 W3C 规范，React 内部**规范化**（Normalize）了这些接口在不同浏览器之间的行为，开发者无须担心事件处理的浏览器兼容性问题。

7.2　合成事件与原生 DOM 事件的区别

合成事件与原生 DOM 事件之间存在显著区别。

7.2.1　注册事件监听函数的方式不同

监听原生 DOM 事件基本有 3 种方式。

（1）与 React 合成事件类似，以内联方式写在 HTML 标签中：

```
<button id="btn" onclick="handleClick()"> 按钮 </button>
```

（2）在 JavaScript 中赋值给 DOM 元素的事件处理属性：

```
document.getElementById('btn').onclick = handleClick;
```

（3）在 JavaScript 中调用 DOM 元素的 addEventListener 方法（需要在合适时机调用 removeEventListener 以防内存泄漏）：

```
document.getElementById('btn').addEventListener('click', handleClick);
```

而合成事件不能通过 addEventListener 方法监听，其 JSX 写法为：

```
const Button = () => (<button onClick={handleClick}> 按钮 </button>);
// 会被编译为
const Button = () => jsx('button', {
  onClick: handleClick,
  children: ' 按钮 '
});
```

在特定场景下，需要采用事件捕获机制监听事件，原生 DOM 事件通过在 addEventListener 方法中加入第三个参数来实现这一需求：

```
div.addEventListener('click', handleClick, true);
```

而在 React 合成事件中，则需要用在事件属性后面添加 Capture 后缀，如：

```
() => (<div onClickCapture={handleClick}>...</div>);
```

7.2.2 特定事件的行为不同

React 合成事件通过规范化处理解决了浏览器间的事件行为与在不同元素上事件行为不一致问题，其中有代表性的是 onChange 事件的处理。

在原生 DOM 中，不同浏览器对表单元素 change 事件的处理存在明显差异：对于文本框 <input type="text" />，change 事件在文本框内容被修改且失去焦点时被触发。而对于下拉框 <select> 的 change 事件，Chrome 会在每次按下键盘箭头键时触发，而 Firefox v 63.0 之前的版本则只在失去焦点时才会触发。React 通过合成事件系统统一了这些行为差异，对 <input>、<textarea> 和 <select> 这 3 种表单元素的 onChange 事件进行了标准化处理：其核心原则是**在避免显示抖动的前提下尽可能实时响应表单元素值的变化**。以文本框为例，同样是输入一句话，合成 change 事件的触发频率要高于原生 change 事件。

需要特别说明的是，原生 change 事件的行为差异仅仅是前端领域中浏览器兼容性问题的冰山一角。即使在主流浏览器兼容性问题已经大幅改善的今天，React 为首的前端框架仍然在背后默默处理着大量类似的"疑难杂症"。

除了 onChange 外，React 还规范了 onBeforeInput、onMouseEnter、onMouseLeave 和 onSelect 等多个事件的跨浏览器行为。

7.2.3　实际注册的目标 DOM 元素不同

在原生 DOM 事件中，`event.currentTarget` 会明确指向 ID 为 btn 的按钮元素：

```
document.getElementById('btn').addEventListener('click', handleClick);
```

但合成事件的行为则有所不同。通过调试 oh-my-chat 项目，可以观察这一差异。具体操作：在浏览器中打开应用页面并启动开发者工具，切换到 Sources（在 Firefox 中为 Debugger 调试器）面板，在资源列表中找到 `localhost:5173` → `src` → `components` 下的 `NewMessageForm.jsx` 文件。这里会看到两个同名文件，其中一个是编译后的 JavaScript 文件，是被浏览器真正下载读取的资源文件；而另一个则是 JavaScript 文件经过 source map 映射得到的源码，与 IDE 中对应的源码基本相同。选择映射后的源码文件，在 textarea 文本框的 onChange 事件处理函数 handleChange 中设置一个断点，这时在页面文本框中输入新消息，执行就会在断点处暂停。在开发者工具右侧可以看到传入的 evt 参数类型为合成事件的基类（SyntheticBaseEvent），其中 `evt.nativeEvent` 属性特别重要，通过这个属性可以得到合成事件所封装的原生 DOM 事件。看一下这几个属性的值：

- `evt.currentTarget`
- `evt.target`
- `evt.nativeEvent.currentTarget`
- `evt.nativeEvent.target`

可以确认的是，两种事件的 target 属性都正确地指向了文本框元素，合成事件的 currentTarget 同样指向文本框，这完全符合 W3C 规范；但原生 DOM 事件的 currentTarget 却指向了 React 应用的根容器 DOM 元素 `<div id="root"></div>`。这是因为 React 框架的**事件代理机制**。具体来说，当通过 `createRoot` 创建根节点时，React 会在根容器上监听所有自己支持的原生 DOM 事件。当原生事件被触发时，React 会根据事件类型和目标元素定位到对应的 React 元素及其事件处理函数，然后创建相应的合成事件并调用事件处理函数。而从表层接口上看，合成事件的所有公开属性都严格遵循 W3C 事件规范，这种设计既统一了不同浏览器的事件行为差异，又显著提升了开发效率和代码可维护性。

7.3　合成事件的冒泡与捕获

与原生 DOM 事件类似，合成事件也支持冒泡和捕获机制。在下面这个简单的例子中，定义了两层嵌套的 `<div>` 元素结构：

```
<div onClick={handleOuterClick}>
  <div onClick={handleInnerClick}> 可点击内容 </div>
</div>
```

外层和内层 `<div>` 都监听了 onClick 事件，在运行时点击"可点击内容"，内层 `<div>` 的 onClick 事件会首先触发，随后通过事件**冒泡**（Event Bubbling）机制传播到外层 `<div>`，因

此 `handleInnerClick` 和 `handleOuterClick` 这两个事件处理函数会依次执行，执行顺序是先内层再外层。

如果希望改变内外事件处理函数的执行顺序，可以使用**事件捕获**（Event Capture）。对于上面的示例，只需要在外层事件属性名后添加 Capture 后缀即可实现：

```
<div onClickCapture={handleOuterClick}>
  <div onClick={handleInnerClick}> 可点击内容 </div>
</div>
```

完成上述修改后，执行顺序变成先外层再内层。

如果需要阻止事件进一步传播（无论是冒泡还是捕获），需要在事件处理函数中接收描述合成事件的 evt 参数，然后调用 `evt.stopPropagation()` 即可。

7.4　受控组件

表单处理是前端领域中的一个常见需求，在 React 中也是一个重要场景。目前 oh-my-chat 项目中唯一的表单代码如下：

```
const NewMessageForm = ({ onSubmitMessage }) => {
  const [content, setContent] = useState('');
  const handleChange = (evt) => {
    setContent(evt.target.value);
  };
  // ... 省略
  return (
    <form className="compose-message" onSubmit={handleSubmit}>
      <textarea
        placeholder=" 请输入消息 ..."
        value={content}
        onChange={handleChange}
        ref={inputRef}
      />
      <input type="submit" value=" 发送 " />
    </form>
  );
};
```

当用户在文本框中输入文本时，会触发 `onChange` 合成事件并调用 `handleChange` 函数。该函数会通过 evt 传递的最新输入值保存在组件的 `content` 状态中。state 更新会触发组件重新渲染，使文本框显示的值会与 `content` 状态保持同步，从而形成一个完整的控制闭环。

这种将 React 组件 state 作为唯一事实来源（Single Source of Truth），**并通过合成事件处理用户交互的组件，被称为"受控组件"**（Controlled Component）。除了文本框外，大部分表单元素，包括单选框、多选框、下拉框等都可以做成受控组件。当这些元素组合成表单时，开发者可以随时获取表单数据，然后进行验证、提交到服务器端等操作。

虽然 oh-my-chat 示例中使用了表单 `<form>` 元素，但受控组件的应用并不限定于表单内的组件。无论是文本框还是其他表单控件，都可以独立于 `<form>` 使用，同样可以定义为受控组件，只要将它们的值与 state 绑定，即可实现受控行为。

现在为 oh-my-chat 的消息发送功能添加一个便捷操作：在输入新消息的同时按下 Shift 和 Enter 键即可快速发送消息，无须再点击"发送"按钮。为实现这个功能，可以为 NewMessageForm 组件的 textarea 添加 onKeyDown 属性，并指定 handleKeyDown 事件处理函数：

```
const handleKeyDown = (evt) => {
  if (evt.key === 'Enter' && evt.shiftKey) {
    evt.preventDefault();
    // 提交表单
  }
};
```

"提交表单"功能有如下 3 种实现方式：

- 直接复制 handleSubmit 函数的代码，即调用 onSubmitMessage 并清空 state；
- 直接调用 handleSubmit 函数；
- 通过 evt.target.form.requestSubmit() 触发提交表单事件。

这里推荐采用第三种方式，其优势在于按键事件只触发提交动作，不直接处理提交后的具体逻辑。这样做便于后期扩展表单验证等功能，实现了组件逻辑与表单整体逻辑的解耦。

在实际测试过程中可以发现，当前实现存在以下问题：当文本框内的消息内容为空，或者仅包含空格时，用户仍然可以发送消息，导致消息列表中出现无意义的空白消息。为了避免这种情况，可以为表单加入简单的验证逻辑，具体实现方式为在 NewMessageForm 组件的 handleSubmit 函数中加入条件判断：

```
const handleSubmit = (evt) => {
  evt.preventDefault();
  if (content && content.trim().length > 0) {
    onSubmitMessage(content);
    setContent('');
  }
};
```

通过添加条件判断，只有当 state 的 content 不为空时才会触发表单提交操作，有效避免消息列表中出现空白消息的情况。关于表单处理的更多细节将在 14.5 节进行详细讲解，此处不再展开说明。

7.5　在 React 中使用原生 DOM 事件

尽管 React 的合成事件能覆盖大部分使用场景，但仍存在一些特殊情况需要使用原生 DOM 事件来处理。

7.5.1　使用原生 DOM 事件的典型场景

以下两种情况需要使用原生 DOM 事件来处理。

（1）需要监听 React 组件树之外的 DOM 节点事件，包括 window 和 document 对象的事件。

需要注意的是，在组件内监听原生 DOM 事件属于典型的副作用，因此必须遵循以下规范：在
useEffect Hook 中注册事件监听，并在清理函数中及时移除事件监听。

```
useEffect(() => {
  window.addEventListener('resize', handleResize);
  return function cleanup() {
    window.removeEventListener('resize', handleResize);
  };
}, []);
```

（2）涉及与第三方框架的整合，特别是与 React 异构的框架。这些框架在运行时会生成额外
的 DOM 节点，导致非 React 管理的 DOM 元素侵入 React 渲染的 DOM 树结构中。当需要监听
这类框架触发的事件时，必须使用原生 DOM 事件监听而非 React 合成事件。这类场景同样属于
useEffect 的应用范畴。

需要说明的是，除去以上两种情况，虽然理论上可以通过原生 DOM 事件配合特殊处理来替
代合成事件，但是这种实现方式偏离了 React 的设计理念，不建议在常规开发中使用。

7.5.2　项目实现：使用原生 DOM 事件实现 Click-outside

在 **oh-my-chat** 的聊天视图功能中，之前通过顶部工具栏按钮实现了点击消息列表跳转到联系
人视图的功能。为了支持更多操作如“清空消息”，现在需要将这个按钮改造为下拉菜单。实现
下拉菜单需要满足以下核心需求：

- 点击按钮即显示下拉菜单；
- 下拉菜单以浮动层形式呈现，其中包含后续操作对应的各功能按钮；
- 点击下拉菜单以外的页面区域应关闭下拉菜单，这被称为 **Click-outside** 操作。

具体实现方式为，在 MessageTopMenu 组件新增一个名为 isDropdownOpen 的 state 变
量，然后根据这个 state 条件渲染一个浮动层 ul.dropdown，使用 useRef 为浮动层配置一个
dropdownRef 备用。在浮动层中添加两个功能按钮：“查看联系人”和“清空消息”，将外层按
钮原有的 onClick 转移到“查看联系人”按钮上，外层按钮改为点击则显示下拉菜单。将对应
的样式添加到 App.css 中，此处省略。组件代码如下：

```
const MessageTopMenu = ({ contactName }) => {
  const { gotoContactView } = React.useContext(NavigationContext);
  const [isDropdownOpen, setIsDropdownOpen] = useState(false);
  const handleDropdownClick = () => setIsDropdownOpen(true);
  const dropdownRef = useRef(null);

  return (
    <header className="message-top-menu">
      <h1>{contactName}</h1>
      <div className="dropdown-wrap">
        <button onClick={handleDropdownClick}>
          <img src={menuIcon} alt="消息菜单" />
        </button>
        {isDropdownOpen && (
          <ul ref={dropdownRef} className="dropdown">
```

```
        <li><button onClick={gotoContactView}> 查看联系人 </button></li>
        <li><button> 清空消息 </button></li>
      </ul>
    )}
  </div>
</header>
);
};
```

这时在浏览器中点击顶栏菜单按钮，会显示下拉菜单。接下来，实现 Click-outside 逻辑。在 MessageTopMenu 组件中添加一个依赖项 isDropdownOpen 的副作用，当 isDropdownOpen 为 true 时，在 document 中添加 mousedown 事件监听，如果后续鼠标点击的 target 不是 ul.dropdown 元素的子孙元素，则关闭下拉菜单，最后在副作用的清理函数中取消监听。具体代码如下：

```
const dropdownRef = useRef(null);
useEffect(() => {
  const handleClickOutside = (evt) => {
    if (
      dropdownRef.current &&
      !dropdownRef.current.contains(evt.target)
    ) {
      setIsDropdownOpen(false);
    }
  };
  if (isDropdownOpen) {
    document.addEventListener('mousedown', handleClickOutside);
  }
  return function cleanup() {
    document.removeEventListener('mousedown', handleClickOutside);
  };
}, [isDropdownOpen]);
```

至此，我们利用原生 DOM 事件的 Click-outside 实现了下拉菜单的点击关闭交互，如图 7-2 所示。需要注意的是，这里实现的 Click-outside 较为简单，并没有考虑 iFrame、ShadowDOM 等特殊情况。

图 7-2　消息列表顶部工具栏中的下拉菜单

7.6 小结

本章介绍了 React 合成事件，合成事件是原生 DOM 事件的一种标准化封装，并详细分析了它在注册监听方式、onChange 等特定事件的行为、实际注册的目标 DOM 这 3 个方面与原生 DOM 事件的区别。与原生 DOM 事件类似，合成事件也支持事件冒泡与捕获。

随后，在 oh-my-chat 代码基础上，进一步学习了受控组件和表单处理，为发送新消息拓展了键盘快捷键支持。

最后，探讨了合成事件的局限性，列举了必须使用原生 DOM 事件的特定场景，并基于 Click-outside 模式为 oh-my-chat 的消息列表顶栏添加了下拉菜单。

第8章

组件样式

本章的知识地图及项目实现，如图 8-1 所示。

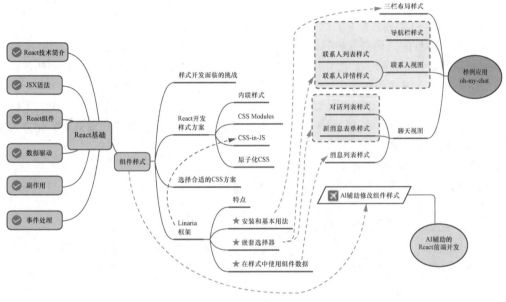

图 8-1　本章知识地图及项目实现

我们日常会接触到形形色色的网站、App 和小程序，这些前端应用的视觉呈现各具特色。一款应用通过精心设计的布局、色彩、字体、图标、形状和图片等要素，形成独特的风格。优秀的视觉设计不仅能第一时间吸引用户注意，还有助于提升品牌形象，提升用户留存率。同时，视觉设计也是构建优质用户体验的重要环节。为满足这些需求，定义前端应用的视觉样式就成为开发工作的一项重要任务。

在 Web 前端开发中，CSS 是定义样式的常用工具，React 应用也不例外。React 采用组件化的开发模式更是对 CSS 开发提出了新的要求：随着应用被拆分为多个组件，CSS 也需要实现相应的组件化管理。

前面的章节以聊天应用 oh-my-chat 为例介绍了如何在 JavaScript（JSX）文件中引入 CSS 文件。你可能会认为，只要为每个 JSX 文件对应一个 CSS 文件，就实现了 CSS 组件化。但实际上，这种解决方案仍存在明显缺陷。由于 CSS 与 JavaScript 存在本质上的差异，CSS 难以完美匹配 React 的组件层次结构。此外，不同组件间的样式隔离问题也需要特别处理。这就引出了下面这些问题。

- 如何为 React 组件定义样式, 才能做到样式与组件的共生?
- 如何防止不同组件的 CSS 互相影响?
- 如何在 CSS 中动态使用 props 或 state 的值?

针对这些问题, 前端技术社区提出了 CSS Modules、CSS-in-JS、原子化 CSS 等多种解决方案。本章将简要介绍并对比这几种方案, 并重点采用目前流行的零运行时 CSS-in-JS 框架 Linaria, 为 oh-my-chat 实现 CSS 组件化, 以及如何利用 AI 辅助优化组件样式。

8.1　现代前端样式开发面临的挑战

CSS 作为 Web 技术的三大基石之一, 与 HTML 和 JavaScript 并驾齐驱, 但和后者一样, CSS 也曾因浏览器兼容性问题饱受开发者诟病。近年来, 随着 CSS 标准日趋完善, 功能也不断增强, 重新赢得前端开发者的青睐。然而在现代前端应用开发中, 基于 CSS 的样式开发在可扩展性、可维护性、开发体验等方面仍然面临诸多挑战。

特别是在配合 React 等组件化前端框架时, CSS 开发会遇到一系列与组件化相关的问题。究其原因, 主要是因为 **CSS（截至 W3C 定义的 CSS 2023）尚未完全具备现代前端组件化开发所需的某些关键能力**, 主要表现以下几点。

- 组件样式的作用域需要控制在组件级别。
- 组件样式与组件需要在源码和构建层面建立更强的关联。
- 组件样式需要响应组件数据变化。
- 组件样式需要具备以组件为单位的复用和扩展能力。

为了补足这些能力, 提升 CSS 的开发效率和开发体验, 前端技术社区推出了许多样式开发方案。在为 React 项目选取合适的样式开发方案时, 应重点考量上述能力是否得到补足。

8.2　React 应用中开发样式的方案

在 React 应用中开发样式, 主要有内联样式、CSS Modules、CSS-in-JS、原子化 CSS 等方案。本节会详细分析各种方案的特点, 并在 8.3 节提出具体的选型建议。

8.2.1　内联样式

原生 HTML 标签支持通过 style 属性定义**内联（Inline）样式**。在 JSX 中同样可以使用这个属性, 但语法存在明显区别, 传统 HTML 使用包含 CSS 语句的字符串, 而 JSX 则需要传入一个表示 CSS 属性的 JavaScript 对象。具体差异如下列代码所示。

```
<!-- HTML -->
<div style="margin: 1rem; width: 100px; background-color: blue;">
   Test
</div>
```

```
// JSX
const Component = () => (
  <div style={{margin: '1rem', width: 100, backgroundColor: 'blue'}}>
    Test
  </div>
);
```

CSS 标准属性都是以烤串格式（kebab-case）命名，如 background-color，而在 JSX 的 style 对象中，则需要遵循 JavaScript 惯用的驼峰命名法，如 backgroundColor，对应的属性值通常需要添加引号，但像素值可以直接使用数字，省略后面的单位 px。这种写法实际上对应了真实 DOM 元素的 style 属性，属于 DOM API 的标准实现。

这种内联样式开箱即用，易于理解和掌握，且在现代 IDE 中提供了语法提示。与原生 HTML 的内联样式相同，这种写法能够保证样式作用域是足够小的，避免影响其他组件。然而，这种写法在样式复用性和可维护性方面存在明显局限，不适合大规模应用开发。

8.2.2 CSS Modules

当开发者选择将 CSS 写入独立的 CSS 文件中时，需要通过 CSS 选择器（如 div、#id、.class 等）将样式与 HTML 元素关联起来。随着项目规模扩大，很容易出现样式类名或 ID 重复使用的情况，导致组件间的样式相互污染。这时，如何确组件样式的独立性就成为一个重要挑战。CSS Modules 技术可以有效解决这一问题。CSS Modules 并非框架，也不是由 Web 标准制定的技术规范，但它得到了主流前端构建工具的广泛支持。其设计目标非常明确：实现 **CSS 样式的隔离**。具体实现方式是以 .module.css 作为文件扩展名，而文件内部的 CSS 编写方式保持常规写法：

```
/* Component.module.css */
.container {
  margin: 1rem;
  width: 100px;
  background-color: blue;
}
```

在 JSX 中，开发者可以通过导入 CSS Modules 文件来获取样式对象，然后将该对象的属性赋值给 className：

```
// Component.jsx
import Styles from './Component.module.css';
const Component = () => (
  <div className={Styles.container}>Test</div>
);
```

在项目构建阶段，经过 Vite 或 Webpack 等前端构建工具编译后，最终的代码会保证类名的唯一性：

```
/* 构建生成的 index-af550414.css */
._container_1kpdq_1 {
  margin: 1rem;
  /* 省略 */
}
```

```
// React 渲染的 HTML 片段
<div class="_container_1kpdq_1">Test</div>
```

在编译阶段，构建工具会自动为每个类名生成唯一的哈希值并插入到最终选择器中。即使不同组件中使用了相同的类名，也会生成不同的哈希值，从而彻底避免组件之间的样式冲突问题。CSS Modules 还鼓励开发者采用简单的 CSS 选择器写法，尽量避免复杂的嵌套选择器，这有效降低了 DOM 树层次结构内部的样式污染风险。

在 React 项目实践中，CSS Modules 的典型应用模式是为每个 .jsx 组件文件创建对应的 .module.css 样式文件。经过编译后，这些分散的 CSS 模块会被抽取并合并到同一个 CSS 文件中（如 dist/index-af550414.css），以便浏览器加载。

8.2.3　CSS-in-JS

本章开头提到了 CSS 组件化开发欠缺的能力，包括作用域控制、与组件代码的关联、数据驱动的样式更新、基于组件的复用和扩展，前面两节介绍的 CSS 方案都能或多或少作为补充。而接下来要介绍的 **CSS-in-JS** 是一种以 JavaScript 为核心的技术，其功能更为强大，能够全面补足这些能力缺口。

顾名思义，CSS-in-JS 就是直接在 JavaScript 中编写 CSS。目前流行度较高且维护良好的 CSS-in-JS 库包括 styled-components、emotion、styled-jsx 及 linaria 等。这些库虽然在实现细节上有各自的特点，但是其 API 设计主要呈现为两种典型风格。

（1）CSS 函数或 CSS 属性：

```
const Component = () => (
  <div className={css`
    margin: 1rem;
    width: 100px;
    background-color: blue;
  `}>Test</div>
);
```

（2）样式组件：

```
const Container = styled.div`
  margin: 1rem;
  width: 100px;
  background-color: blue;
`;
const Component = () => (<Container>Test</Container>);
```

无论是哪种 API 风格，CSS-in-JS 库都会对开发者编写的 JavaScript 样式代码进行额外处理，才能使样式生效。原生的 JavaScript 操作 CSS 主要包含以下 5 种实现方式。

- 通过 DOM API 设置元素的 style 属性，为元素直接添加内联样式。
- 通过 DOM API 设置元素的 className 属性，为元素关联预定义的 CSS 类。
- 通过 DOM API 在页面文档中动态插入包含 CSS 规则的 <style> 标签。
- 通过 CSSOM 的 CSSStyleSheet 接口动态修改页面中的 CSS 规则。

- 采用零运行时（Zero-runtime）方案：在编译阶段通过 AST（Abstract Syntax Tree，抽象语法树）解析将 JavaScript 中的 CSS 提取为静态文件并在页面中引用。

对于开源社区中常见的 CSS-in-JS 库而言，其底层实现均基于上述一种或多种技术的组合。具体细节将在 8.4 节为 oh-my-chat 添加 CSS-in-JS 支持时深入探讨，这里暂不做详细介绍。

8.2.4 原子化 CSS

在解决 CSS 组件化问题的各种尝试中，有一类方案另辟蹊径，即通过减小 CSS 规则的粒度来规避样式冲突和样式污染问题，这就是**原子化 CSS**（Atomic CSS）。原子化 CSS 本质上是一种 CSS 架构范式，其核心理念是让每个样式类仅承担单一职责，并通过语义化的类名明确表示其功能，开发者通过在 HTML 标签中使用一个或多个样式类来定制样式。以下是一个不依赖于任何库的简单示例：

```
/* atomic-styles.css */
.margin-s { margin: 1rem; }
.width-1 { width: 100px; }
.bg-blue { background-color: blue; }
<!-- HTML -->
<div class="margin-s width-1 bg-blue">Test</div>
```

从示例代码可以看出，CSS 定义了 3 个样式类，每个类只承担单一的职责，而在 HTML 中，div 标签通过组合这 3 个样式类来实现最终效果。虽然从渲染结果来看，这与将 3 个 CSS 属性写在同一个 CSS 样式类中没有区别，但从编程范式来看，div 样式的决策权从 CSS 转移到了 HTML 中。

原子化 CSS 也被称为函数式 CSS（Functional CSS），我们可以将这些单一职责的样式类类比为函数，在 HTML 中通过配置 class 属性来"调用"这些函数，并按需组合出不同的样式。由于原子化样式类定义的样式是 CSS 的最小单元，其作用域和副作用都是严格可控的，基本避免了页面不同部分样式的污染。无论 HTML 标签如何调整样式类的组合，都不会影响到其他 HTML 标签，从而实现样式的隔离。

原子化 CSS 的概念最早于 2013 年提出，随后社区中涌现了多个实现这一架构的 CSS 库。而 2017 年推出的 Tailwind CSS，作为一款"工具至上"的 CSS 框架，内置了丰富且强大的原子化样式类，辅以现代化的构建工具和 IDE 插件，为前端应用的开发者提供了优秀的样式开发体验，并迅速成为该领域的标杆。Tailwind CSS 同样适用于 React，例如：

```
const Component = (<div class="m-4 w-24 bg-blue-600">Test</div>);
```

8.3 如何选择合适的 CSS 方案

除了内联样式，React 框架本身并没有内置完整的 CSS 解决方案，React 官方也没有明确推荐或限制开发者使用任何特定的 CSS 方案。因此，在实际开发 React 应用时，开发者可以根据项目需求自主选择合适的 CSS 方案。

为便于技术选型，本节从功能、性能等方面对这 4 种方案进行了对比分析，如表 8-1 所示。值得注意的是，在 CSS-in-JS 领域，零运行时（Zero-runtime）方案已经成为重要的发展趋势，故这里将其单独作为一列。

表 8-1　React 主流 CSS 方案对比

		内联样式	CSS Modules	CSS-in-JS	零运行时 CSS-in-JS	原子化 CSS
基础 CSS 功能	支持伪类、伪元素	否	是	是	是	是
	关键帧动画	否	是	是	是	是，但需要额外配置
组件化能力	样式隔离	良好，样式作用域为标签	优秀，样式作用域为组件	优秀，样式作用域为组件	优秀，样式作用域为组件	良好，虽然样式作用域为全局，但类与类之间是隔离的
	与组件代码关联性	强，样式写在组件文件中	一般，样式写在 CSS 文件并导入组件文件	强，样式写在组件文件中	强，样式写在组件文件中	弱，大部分样式定义在库中
	支持响应组件数据变化	是，样式中可添加 JavaScript 变量	否	是	是，通过 CSS 变量传递值	否
性能	综合性能	一般，DOM 样式修改可能触发重新布局（Reflow）	优秀	良好	优秀	优秀，但前提是移除未用到的样式类
	是否需要额外的 JavaScript 运行时	否，直接操作 DOM	否，使用纯 CSS	是，需要运行时 JavaScript 处理样式	否，使用编译产生的 CSS	否，使用纯 CSS
工具链	是否需要编译构建	否	是，支持主流前端构建工具	部分框架需要，支持主流前端构建工具	是，支持主流前端构建工具	是，支持主流前端构建工具，移除未用到的样式类
	IDE 支持	支持语句补全	支持代码补全	插件支持语法高亮	插件支持语法高亮	插件支持代码补全

其他需要衡量的要素包括：样式代码的可复用性、可扩展性、可维护性，库或者框架的文档是否充分、社区是否活跃等。

8.4　项目实现：为 oh-my-chat 实现 CSS 组件化

在开发聊天应用 oh-my-chat 的过程中，前 7 章一直采用的是最基础的 CSS 写法，将所有 CSS 都集中写在 App.css 文件中。虽然目前 oh-my-chat 的代码规模较小，但随着功能不断扩展，App.css 文件将逐渐变得庞大且难以维护。更严重的是，开发者可能会无意间重复使用类名，导致样式冲突，而这类问题在大型项目中往往难以排查。为此，我们需要为 oh-my-chat 选择一项合适的 CSS 方案，并改写现有 CSS。

8.4.1　技术选型：Linaria 框架

根据我本人在实际 React 项目中的开发经验，如果按照 CSS 代码量统计，使用率最高的 3 种 CSS 方案分别是 CSS Modules、emotion 库和 linaria 库，其中后两者都属于 CSS-in-JS 技术。实践表明，CSS-in-JS 技术确实能为 React 项目带来更好的开发体验。其中 **linaria** 库作为零运行时 CSS-in-JS 技术的代表方案，如 8.2.3 节所述，它在保持与传统 CSS-in-JS 相似 API 格式的同时，具备更出色的运行时性能，因此我选择了 linaria 库作为 oh-my-chat 项目的 CSS 开发方案。从实际使用体验来看，linaria 库不仅功能完备，其 API 设计与 styled-components、emotion 等主流库高度兼容，而且相比其他专注于用 JavaScript 或 TypeScript 语法编写样式的方案，它更贴近原生 CSS 的书写方式。

接下来，我们使用 linaria 库改写 oh-my-chat 项目的组件样式。在改写过程中，我们将系统掌握 linaria 的基本用法、嵌套选择器、样式组合与复用技巧、伪类选择器，以及在样式中使用组件数据等核心技能，这些内容基本上涵盖了 CSS-in-JS 的典型应用场景。

8.4.2　Linaria 框架的安装和基本用法

回到 oh-my-chat 项目，在命令行运行如下命令安装 linaria 及其 Vite 构建插件：

```
npm install @linaria/core @linaria/react
npm install -D @wyw-in-js/vite
```

修改 vite.config.js 以加入 linaria 的构建插件：

```
// 省略
import wyw from '@wyw-in-js/vite';
export default defineConfig({
  plugins: [react(), wyw(), mockServer()],
});
```

运行 npm run dev 启动开发服务器，从最外层的 App 组件开始。首先从 @linaria/core 包导入 css 函数，在组件外声明一个 rootStyles 变量，然后将 App.css 中 .root 的样式完整内容作为参数传递给 css 函数，将返回值赋值给 rootStyles 变量，最后将 <div> 标签的 className 属性值从原来的字符串替换为 rootStyles 变量：

```
import { css } from '@linaria/core';
import './App.css';
// 省略
const rootStyles = css`
  display: flex;
  flex-direction: row;
  height: 100%;
`;
function App() {
  return (
    <NavigationCtxProvider>
      <div className={rootStyles}>
        <GlobalNav />
        <GlobalView />
      </div>
```

```
  </NavigationCtxProvider>
 );
}
```

你可能对 css`args` 这样的函数写法感到陌生。这种将 ` ` 定义的**模板字面量**（Template Literals）直接拼接在函数名后面的语法是 ES6 新增的特性，称作**带标签的模板字符串**（Tagged Templates）。为了理解这种语法，我们可以在浏览器的控制台中输入如下代码，以便清晰地看到模板字面量和函数参数之间的对应关系：

```
((...args) => console.log(JSON.stringify(args)))` 我说 ${false} 你说 ${true}`;
// 按 Enter 键后控制台会打印
[[" 我说 "," 你说 ",""],false,true]
```

在浏览器中查看应用时，你可能会发现部分样式未能正确加载，这只是暂时的，后续我们会进行修复。在此之前，你可以打开浏览器的开发者工具检查 DOM 元素，可以看到 App 组件对应的 `<div>` 标签的 class 属性值变成了一个貌似没有意义的类名 cr1uehvp8。实际上，这个 CSS 类是通过**动态插入到 HTML 文档的 `<head>` 部分的 `<style>` 标签定义**的，如图 8-2 所示。

图 8-2　Linaria 在开发模式动态插入的 CSS 类

类名 cr1uehvp8 是一个经过哈希处理的标识符，它能确保**类名在不同组件间的唯一性**，从而有效避免组件间的样式污染。如果你想查看这个样式类的具体内容，可以将其 CSS 代码格式化，最终得到如下代码片段：

```
.r1uehvp8 {
  display: -webkit-box;
  display: -webkit-flex;
  display: -ms-flexbox;
  display: flex;
  -webkit-flex-direction: row;
  -ms-flex-direction: row;
  flex-direction: row;
  height: 100%;
}
```

这段代码看起来比本节开头手动编写的代码增加了几行。新增的这几行中，-webkit- 和 -ms- 这类前缀被称作**浏览器引擎前缀**（Vendor Prefix），是浏览器厂商用来引入尚未标准化的

CSS 属性或属性值的技术手段。

为了提升浏览器兼容性，linaria 框架会自动为较新的 CSS 标准生成带有前缀的声明副本。不支持这些前缀的浏览器会直接忽略这些副本，而旧版本浏览器则会按需识别对应前缀的声明，这意味着开发者只需按最新 CSS 标准编写一次代码，即可自动适配不同版本的浏览器。

由于写在组件内部的 CSS 已经脱离了 CSS 文件的上下文，VS Code 默认无法提供语法高亮和自动代码补全功能。但这对于前端开发者并非难题，VS Code 有丰富的扩展插件，开发者只需打开 VS Code 的插件（Extensions）视图，在搜索框中输入 "styled"，从搜索结果中找到 vscode-styled-components 语法高亮扩展（标识符为 `styled-components.vscode-styled-components`），完成安装即可。此后在 `css` 函数的模板字符串中编写 CSS 样式时，即可获得完整的**语法高亮和自动代码补全功能**，效果如图 8-3 所示。

```
 5   import contactIcon from '../assets/icon-contact.svg';
 6   import messageIcon from '../assets/icon-message.svg';
 7
 8   const navStyles = css`
 9     margin: 28px 0;
10     flex: 0 0 80px;
11  💡 display: flex;
12     flex-direction: column;
13     justify-content: [⊚] column                              >
14     align-items: cen [⊚] column-reverse
15   `;                  [⊚] row
16   const GlobalNav =   [⊚] row-reverse
17     const { activeVi  ⊙ calc()
18       React.useConte  ☐ expand template string
19                       [⊚] inherit
20     return (          [⊚] initial
21       <nav className  [⊚] unset
22         <img src={re  ⊙ var()
23           <img src={reactLogo} className="my-avatar" alt="我的头像" />
```

图 8-3 CSS-in-JS 在 IDE 中的代码高亮和补全

趁热打铁，继续改写 `<nav>`、`<aside>`、`<main>` 缺失的样式。首先定位到 GlobalNav 组件，将 App.css 中的 `.root > nav` 样式改写成变量 navStyles，并将其赋值给 `<nav>` 标签的 className 属性：

```
import React from 'react';
import { css } from '@linaria/core';
// 省略
const navStyles = css`
  margin: 28px 0;
  /* 省略 */
`;
const GlobalNav = () => {
  return (
    <nav className={navStyles}>
    {/* 省略 */}
```

接下来处理 `<aside>` 和 `<main>`，这对标签同时存在于 ChatView 和 ContactView 两个组件中。为避免在这两个组件中重复编写 CSS 代码，转换下思路：利用 linaria 的另一个 API，将带有样式的标签定义成可复用的**样式组件**（Styled Component）。具体操作：首先在 components

目录下创建新文件 Aside.jsx，从 @linaria/react 包中导入 styled 对象，然后调用 styled.aside 方法创建新组件 Aside，该方法的参数依旧采用模板字符串的形式指定，直接将 .root > aside 的样式内容拷贝进来。具体代码如下：

```
import { styled } from '@linaria/react';
const Aside = styled.aside`
  margin: 12px 0;
  border-radius: 20px 0 0 20px;
  /* 省略 */
`;
export default Aside;
```

然后创建新文件 Main.jsx，调用 styled.main 方法，基于 .root > main 的内容创建新组件 Main。主要代码如下：

```
const Main = styled.main`
  position: relative;
  /* 省略 */
`;
```

接下来用这两个新的样式组件，替换 ChatView 中的 <aside> 和 <main> 标签：

```
import { useState } from 'react';
import Aside from './Aside.jsx';
import Main from './Main.jsx';
// 省略
const ChatView = () => {
  // 省略
  return (
    <>
      <Aside>
        <ThreadsPane {/* 省略 */} />
      </Aside>
      <Main>
        <MessagesPane selectedThreadId={selectedThreadId} />
      </Main>
    {/* 省略 */}
```

对 ContactView 组件执行同样的替换操作。完成所有改写后，请务必删除 App.css 文件中以 .root 开头的样式类代码——原生 CSS 不具备无效代码消除（Dead Code Elimination）能力。保存所有文件并在浏览器中查看，页面样式已完全恢复到改写前的状态，表明改写成功。

使用过这两种风格的 API 后，你可能会好奇，它们明明都是基于 JavaScript 的 API，为什么说 linaria 是零运行时的 CSS-in-JS 库？这时可以尝试在命令行中运行 npm run build 来构建生产代码，然后在 dist 目录中查看唯一的 CSS 文件，你会发现所有在 JavaScript 中编写的样式都被抽取到了该文件中，而生成的 JavaScript 代码中仅保留了样式类名引用，对运行时性能的影响几乎可以忽略不计。

8.4.3　嵌套选择器

继续改写 GlobalNav 组件的其他样式。利用 linaria 的 css 函数，将原有的 .my-avatar

样式类改写为 myAvatarStyles 变量，将 .top-nav 样式类改写为 topNavStyles 变量。我们可以看到样式中还有几个以 .top-nav 开头的子选择器，如 .top-nav>li。从组件 JSX 来看，<li>、<a> 等元素是当前组件的组成部分，子选择器的样式也应该迁移过来。虽然最直接的写法是为 <li>、<a> 元素分别创建一个样式变量，但这不是唯一写法，我们可以尝试使用**嵌套样式**。

在 topNavStyles 变量的模板字符串中追加 .top-nav>li 的样式，并把样式选择器中的 .top-nav 替换为嵌套选择器 &；接着在刚加入的 &>li 样式块内继续添加 .top-nav>li>a 的样式，并将选择器中的 .top-nav>li 替换为 &；以此类推，在 &>a 的代码块中添加原始 a:hover 和 img 的样式。这里需要特别注意伪类的书写规范，修改选择器时 &:hover 中间不可包含空格。经过上述改写过程，topNavStyles 变量的代码结构如下：

```
const topNavStyles = css`
  margin: 16px 0;
  padding: 0;
  list-style: none;
  width: 100%;

  & > li {
    height: 80px;
    & > a {
      display: flex;
      /* 省略 */
      &:hover, &:active { background-color: #ffffff11; }
      & > img {/* 省略 */}
    }
  }
`;
```

保存文件，在浏览器中可以看到样式得到完整复现，linaria 将嵌套样式逐层展开，生成了与原来的子孙选择器结构相似的多层级样式类。

嵌套选择器 & 并不是 linaria 或特定 CSS-in-JS 框架独创的，该语法早在 LESS、SASS 等 CSS 预处理器中得到广泛应用。后经 Web 标准化组织 W3C 吸纳，形成了 **CSS Nesting 标准草案**，尽管主流浏览器到 2023 年末才逐步支持该标准，但 **CSS-in-JS 框架中早已普遍集成嵌套选择器语法**，开发者可放心使用而无须担心浏览器兼容性问题。

需要强调的是，当在组件中使用嵌套样式时，**子选择器** &>li 中的 **子代组合符** > 必不可少。如果省略 > 写成 & li（中间包含空格），该子选择器将退化为**后代选择器**，无论 DOM 树中的嵌套层级深度如何，只要属于组件子孙的 <li> 元素都会应用上面的样式。假设组件支持传入 children 子组件，则可能造成子组件的样式污染，从根本上违背了样式隔离的设计目标。

另外，导航栏样式中的 li.active 需要从嵌套样式中分离出来单独处理，可以利用 linaria 提供的工具函数 cx 简化条件样式的写法。具体代码如下：

```
import { css, cx } from '@linaria/core';
const activeStyles = css`background-color: #ffffff33;`;
// JSX
<li className={cx(activeView === 'chat' && activeStyles)}>
```

采用相同的实现方式，可以将除了 MessageList.jsx 之外的其他组件全部进行改写。为了节约篇幅，这里省略了具体代码，请参考代码仓库中本章对应的源代码。

8.4.4　在样式中使用组件数据

在改写样式的过程中，为什么 8.4.3 节唯独遗留了 MessageList 组件？这是因为使用 linaria 在 JSX 中编写样式时，可以直接在样式代码中嵌入 JavaScript 变量，包括 React 组件的 props、state 和 context。在 MessageList 组件中，对方发送的消息居左显示，而自己发送的消息则居右显示，这个样式之前是通过 .from-me 样式类实现的，现在引入 CSS-in-JS 方案后，可以通过在样式中插入 JavaScript 变量来实现。

接下来按以下步骤改写 MessageList.jsx。首先使用 linaria 的 css 函数创建 message ListStyles（仅包含 ul.message-list 的样式），将它配置到 MessageList 组件 JSX 的 <ul> 标签上，这部分代码省略。接下来改写 MessageItem 和 MessageTimestamp 组件的样式。使用 linaria 的 styled 对象 API 创建一个基础样式组件 Li，再使用 styled 函数将这个 Li 扩展为两个新样式组件 MessageLi 和 TimestampLi，分别在 MessageItem 和 MessageTimestamp 组件中使用它们替换原有的 <li>。改造 MessageLi，使其接受一个名为 fromMe 的 prop，在其样式 flex-direction 属性值处嵌入一个函数，此函数将根据 fromMe 值返回不同的属性值。具体代码如下：

```
import { styled } from '@linaria/react';
const Li = styled.li`
  display: flex;
  /* 省略 */
`;

const MessageLi = styled(Li)`
  flex-direction: ${({fromMe}) => (fromMe ? 'row-reverse' : 'row')};
  & > img {
    border-radius: 50%;
    /* 省略 */
  }
`;
const MessageItem = ({ content, from, fromAvatar }) => (
  <MessageLi fromMe={from === 'me'}>
    <img src={fromAvatar} alt=" 头像 " />
    <p className="message">{content}</p>
  </MessageLi>
);

const TimestampLi = styled(Li)`
  justify-content: center;
  /* 省略 */
`;
const MessageTimestamp = ({ sentTime }) => {
  // 省略
  return (<TimestampLi>{timestamp}</TimestampLi>);
};
```

请务必清理 App.css 文件中的冗余代码。在浏览器的开发者工具中可观察到：上述代码渲

染出来的不同 `<li>` 对应了不同的 `class`，此外这些元素的 `style` 属性被动态设置了以 "`--`"
开头的 CSS **自定义属性**（Custom Properties），如图 8-4 所示。这些自定义属性值将在样式类中被
引用，成为连接 JavaScript 和 CSS 的桥梁。

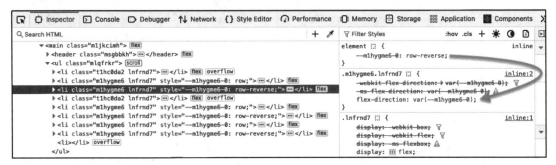

图 8-4　Linaria 为动态样式生成的 CSS 自定义属性

这里需要补充说明的是，使用 linaria 编写样式时，只有使用 `styled` API 创建样式组件并在其
样式中嵌入 JavaScript 函数，才能在基于运行时 props 动态计算样式。其他写法（包括在 css 函数
或 `styled` API 中直接嵌入 JavaScript 变量），均要求变量必须在编译阶段可静态解析出来，例如：

```
const fontSize = 16;
const Paragraph = styled.p`
  font-size: ${fontSize}px;
`;
```

向 CSS 中传入 JavaScript 数据虽然提供了便利性，但同时也模糊了两者的边界，影响代码的
可读性和可维护性，甚至引发非预期的 bug。开发者应避免在实际应用中过度依赖此特性。

8.5　AI 辅助：修改组件样式

1.4.2 节和 2.4 节曾使用 Copilot 生成 JSX 代码和对应的 CSS 代码，回顾当时生成的 CSS 代码，
Copilot 并未采用 CSS Modules、CSS-in-JS 等组件化技术，因此生成的 CSS 代码并不满足组件化
要求，有可能会污染其他组件的样式。这表明 Copilot 在默认情况下并不会自动应用组件化样式
开发的最佳实践，除非我们在提示语中明确要求，或是提供相关上下文信息。

CSS 技术能够作用于全局页面，如果希望 AI 生成精准的、不会相互冲突且具有良好扩展性
的 CSS 样式，需要向其提供完整的上下文，如整个页面的 HTML 和既有的 CSS。然而 React 项
目会不断扩展，上下文动态变化，因此依赖 AI 生成全局 CSS 并非可持续方案。我们需要转变思
路，缩小 AI 生成样式的范围到组件级别，同时用 8.2 节介绍的样式开发方案来确保 AI 生成的样
式符合组件化的需要。

下面以实践为例，使用 Copilot 修改 7.5.2 节实现的下拉菜单组件的样式。检出 8.4.4 节 oh-
my-chat 的代码，打开 `MessageTopMenu.jsx` 文件，选中其中的 `dropdownStyles` 变量，鼠
标右键菜单选择 `Copilot` → 编辑器内联聊天，如图 8-5 所示。

在内联聊天框中输入以下提示语：

修改下拉菜单的样式，删除菜单项的边框，菜单项之间以横线分割，鼠标悬停时菜单项应高亮显示。

点击"发送"按钮，Copilot 会在当前编辑器中修改 dropdownStyles 样式的子选择器 CSS 代码。检查确认只有 dropdownStyles 变量的内容被修改，点击"接受"按钮，并保存文件。在浏览器中查看聊天视图，点击消息菜单，可以看到下拉菜单的样式已经完成更新，如图 8-6 所示。

```
⊕ MessageTopMenu.jsx 1  ×

src > components > ⊕ MessageTopMenu.jsx > ...
   28

       修改下拉菜单的样式，去掉菜单项的边框，菜单项之间以横线
       分割，鼠标悬停时菜单项应高亮。              @  🎤  GPT-4o ∨   ▷ ∨

   29  const dropdownStyles = css`
   30    position: absolute;
   31    right: 0;
   32    margin: -1px 0 0;
   33    padding: 0;
   34    border: 1px solid ▣ #9a9a9a;
   35    border-radius: 3px;
   36    background-color: ☐ #f9f9f9;
   37    min-width: 8rem;
   38    box-shadow: 0 8px 16px 0 ▣ rgba(0, 0, 0, 0.2);
   39    z-index: 1;
   40
   41    & > li {
   42      margin: 0.5rem;
   43      list-style: none;
   44    }
   45
   46    & > li > button {
   47      width: 100%;
   48    }
   49  `;
   50
```

图 8-5 在编辑器内联聊天中修改组件样式

图 8-6 消息列表顶部工具栏中的下拉
菜单（更新样式后）

可以看到，通过选中代码的方式，可以限定 Copilot 的样式作用域。而 linaria 的 css 函数则确保了这部分样式仅作用于下拉菜单组件。在此前提下，甚至无须让 Copilot 感知 CSS-in-JS 库的使用，这既有效提升了生成样式代码的正确性，也增强了可扩展性。

除 CSS-in-JS 库外，Tailwind CSS 也是当前众多 AI 代码生成工具首选的 CSS 方案，它同样能够提高 AI 生成组件化样式的成功率。但实际使用时要注意，Tailwind 从 3.x 版本升级到 4.x 版本时存在破坏性更新，开发者需要明确 AI 工具生成的代码所基于的版本。篇幅所限，此处不做展开介绍。

8.5 小结

本章探讨了在组件化开发中样式管理面临的挑战，系统介绍了包括 CSS Modules、CSS-in-JS、原子化 CSS 等主流技术方案。这些方案能有效实现样式隔离，显著提升组件样式的可维护性和复用性。然后通过 oh-my-chat 项目实践，学习了具有代表性的零运行时 CSS-in-JS —— linaria 库的安装配置和基础用法，具体演示了 linaria 支持的嵌套选择器语法，以及如何动态引用组件的 props 数据实现样式逻辑。在掌握手动编写 linaria 样式的基础上，还实践了利用 Copilot 辅助优化组件样式的开发流程。需要说明的是，与传统写法相比，示例中的 linaria 基础用法的优势并不明显。但随着项目规模扩大，样式代码复杂度越来越高，CSS-in-JS 在组件化样式管理方面的重要作用就会得到充分体现。

第二部分
React 进阶

本部分共 4 章，系统讲解 React 进阶开发的核心知识与实践技巧，主要包括虚拟 DOM、组件生命周期、不可变数据、应用状态管理和相关框架，以及如何优化性能和用户体验，如何开发可扩展的 React 代码等内容。

通过该部分的学习，读者可以深入理解 React 底层机制，掌握构建高性能、可扩展的 React 应用的方法，并能在 oh-my-chat 项目中实践应用这些技术。

第9章

生命周期与虚拟 DOM

本章的知识地图，如图 9-1 所示。

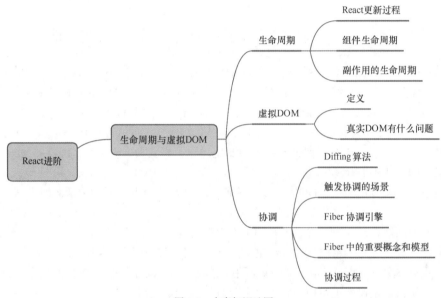

图 9-1 本章知识地图

从本章开始，我们将进入"React 进阶"。即使是经验丰富的 React 开发者，也常被两个经典问题困扰。

- 为什么数据更新后组件未被重新渲染？
- 为什么数据未更新却触发了组件重新渲染？

为了消除这些困扰，需要深入理解 React 的渲染机制，从声明式 JSX 到最终 DOM 更新的完整流程。本章将从 React 生命周期开始，介绍 React 框架是如何将应用代码协调组织在一起的。

本章在介绍 React 生命周期时，会引出另一个概念：虚拟 DOM。虚拟 DOM 及其协调算法、React Fiber 架构和调度器模块，是 React 得以高效运转的基础。掌握这些概念及其基本的运行机制，不仅可以加深对 React 生命周期的理解，解释 React 的渲染和更新行为，更能串联起大部分 Hooks API 的工作原理，为后续学习奠定基础。本章会涉及 React 的底层原理，但会以浅显易懂的方式呈现这些内容。

9.1 React 的生命周期

理解时需要遵循从整体到局部的认知路径,首先是所有组件共享的框架级更新周期(包括前面提到的渲染和提交两大阶段),这两大阶段一般被称为 React 更新过程。其次才是单个组件特有的生命周期,最后需要关注的是副作用生命周期。React 的生命周期通常特指 React 组件的生命周期。

9.1.1 React 更新过程

现在回顾一下 React 应用代码的入口,调用 `ReactDOM.createRoot(elem)` 方法创建一个根对象 `root`,再调用这个根对象的 `root.render(<App />)` 方法渲染根组件。从总体来看,在调用这个渲染方法后,React 经历了**渲染**(Render)和**提交**(Commit)两个阶段。更新组件 state 会触发重新渲染(Re-render),重新渲染也同样会经历这两个阶段。

在渲染阶段,React 从根组件开始递归调用组件函数,这包括调用函数中使用的 Hooks API 及返回 JSX 所创建的 React 元素,并创建这些 React 元素对应的真实 DOM 元素。如果是重新渲染,则在渲染阶段只调用触发重新渲染的组件函数,计算得到其对应的最新 React 元素及其属性。在渲染阶段创建的真实 DOM 元素并不会被加入 DOM 文档中,而是暂存在一个名为 `FiberNode` 的中间模型中,这时用户还看不到页面内容的变化。除了真实 DOM 元素,组件的 state 等信息也会保存在对应的 `FiberNode` 上。

在提交阶段,React 会调用 DOM API,将前一阶段创建的真实 DOM 元素插入到 DOM 文档中,形成 DOM 树。如果是重新渲染,则会根据 `FiberNode` 记录的前一阶段的计算结果,只更新需要更新的 DOM 节点。这时用户将看到页面内容的变化。由于"渲染"这个概念已经被占用,为避免术语冲突,因此我们将真实 DOM 更新到屏幕的过程改称为"绘制(Painting)"。

渲染和提交这两个阶段共同构成 **React 更新过程**(Update Process),会在整个 React 应用生命周期中循环执行,从逻辑上可以将这一过程看作跨越所有组件的基础生命周期。

9.1.2 组件生命周期

每一个 React 组件都有自身的生命周期,包含**挂载**(Mounting)、**更新**(Updating)、**卸载**(Unmounting)这 3 个阶段,此外还有一个**错误处理**(Error Handling)阶段。

3.7 节曾提到 React 组件分为函数组件和类组件两种形式。其中,类组件提供了一系列可选的生命周期方法。在类组件作为 React 组件主要开发方式的时期,开发者通常需要在这些生命周期方法中实现与外部系统交互等业务逻辑。以下代码展示了一个包含部分生命周期方法的类组件代码实现。

```
class LegacyComponent extends React.Component {
  constructor(props) {
    super(props);
    this.state = { count: 0 };
  }

  componentDidMount() { /* 省略 */ }
```

```
// ... 其他生命周期方法

componentWillUnmount() { /* 省略 */ }

render() {
  return (<div>{this.props.title}: {this.state.count}</div>);
}
}
```

上述组件可以在 `componentDidMount` 方法中设置定时器轮询服务器端接口，即在组件挂载时开始轮询，并在 `componentWillUnmount` 方法中清除定时器，即在组件卸载前停止轮询。这些生命周期方法分布在挂载、更新、卸载和错误处理 4 个阶段。使用类组件时，开发者必须深入理解组件生命周期，准确掌握各个生命周期方法的用法和触发时机，才能在类组件中正确实现处理副作用的逻辑。虽然直到 React 19，类组件仍然是 React 支持的组件写法，但这部分不是本书的重点。如需进一步了解，可以参考 React 的官方文档。

作为本书重点介绍对象的函数组件，虽然不直接提供这些生命周期方法，但这并不意味着类组件能做到的，函数组件就做不到。实际上，React 通过 Hooks 机制实现了与类组件的功能对等——Hooks 在某种程度上可视为生命周期方法的替代方案。例如 6.2 节介绍的 `useEffect` Hook，不仅能完整实现前述的服务器端接口轮询逻辑，而且具备更好的灵活性，更易于封装。

既然这样，还有必要学习组件生命周期吗？答案是肯定的。需要明确的是，生命周期方法并不等同于组件生命周期。组件生命周期是 React 底层的核心机制，类组件与函数组件共享相似的生命周期流程，类组件的生命周期方法和函数组件的 Hooks 都可以作为开发者介入组件生命周期的入口。对于函数组件而言，生命周期的各个阶段不仅对应着组件的渲染过程，更决定了不同Hooks 的触发时机。即使是写在同一个 Hook 中的代码，在组件生命周期的不同阶段中也可能表现出不同的行为。深入理解组件生命周期，有助于正确且高效地利用 Hooks。

接下来用一张图来表示这些生命周期阶段，并在每个阶段标注部分 Hooks 的触发时机。图左侧呈现了跨越所有组件的渲染阶段和提交阶段，这两个阶段与组件的挂载、更新、卸载阶段存在时空上的**重叠关系**。如图 9-2 所示。

这张图中展示了一些还没有讲到的 Hooks，其中 `useReducer` 将在 10.4 节 "应用状态管理"中进行介绍，`useMemo`、`useCallback` 等 Hooks 将在 11.2 节 "性能优化"中进行介绍。

首先来分析组件的**挂载阶段**发生了什么。React 执行组件函数时，会将 `useState`、`useMemo` 等 Hooks 依次挂载到 `FiberNode` 上，并计算其初始值。虽然 `useEffect` 也会被挂载，但它包含的副作用（Effect）会保留到提交阶段才被触发。组件函数通常返回使用 JSX 语法的 React 元素，React 在渲染阶段会根据返回值创建 `FiberNode` 树。在提交阶段，React 在更新真实 DOM 后会依次执行前面定义的副作用。

接下来是组件的**更新阶段**。当组件接收到新的 props，调用 `useState` 返回的更新函数修改了状态，或是从 context 获取的值发生了变化，组件会进入更新阶段。此时组件函数会再次执行，Hooks 会依次与 `FiberNode` 上已经挂载的 Hooks 一一匹配，并根据需要更新。组件函数的返回值将用于更新 `FiberNode` 树。

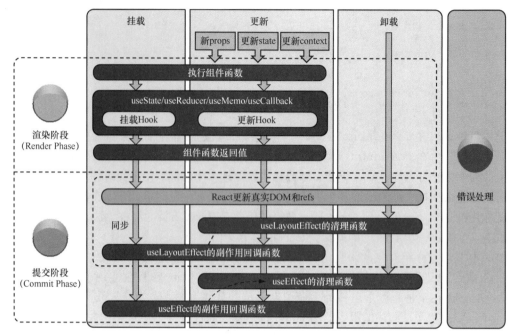

图 9-2   函数组件生命周期

在提交阶段，React 会更新真实 DOM，然后依次执行上一轮副作用的清理函数，再触发新的副作用。这里的副作用包括 useEffect 与 useLayoutEffect，两者特性相似但执行时机不同。其中 useLayoutEffect 的副作用回调函数是在更新真实 DOM 之后同步执行的，此时因为 JavaScript 仍在主线程运行，浏览器尚未开始绘制，开发者可以对 DOM 节点进行测量（如调用 getBoundingClientRect() 方法），或对 DOM 节点做出"临门一脚"的调整；而 useEffect 的副作用回调函数是异步执行的，不会阻塞浏览器绘制，执行时机晚于 useLayoutEffect。

接下来是组件的**卸载阶段**。处于卸载阶段的组件在渲染阶段并没有什么特别的逻辑，核心操作是在提交阶段执行副作用的清理函数。

最后是组件的**错误处理阶段**。当组件在渲染时、执行其他生命周期方法，或者是执行 Hooks 时发生错误，React 会进入错误处理阶段。函数组件也有错误处理阶段，但没有对应的 Hooks，错误处理依赖于父组件或祖先组件提供的错误边界。这也是唯一要提到的类组件生命周期方法：如果一个类组件本身定义了 static getDerivedStateFromError 和 componentDidCatch 这两个生命周期方法或其中的任意一个，这个组件就成为**错误边界**（Error Boundary），React 会调用这两个方法来处理错误。

如果当前组件不是错误边界，React 就会向上查找父组件；如果父组件仍不是，就会继续向上递归查找，直至根组件；如果最终仍未捕获错误，整个应用将崩溃。需要注意的是，截至 React 19，只有类组件才能成为错误边界，函数组件无法直接实现该功能。在纯函数组件的 React 项目中，错误边界仍需依赖类组件，这对开发体验有一定影响。不过，我们可以借助第三方库（如 react-error-boundary）来规避这一限制，这个库会在 15.4.1 节有所涉及，此处省略。

回过头来看图 9-1 左侧的渲染阶段与提交阶段，以及右侧的错误处理阶段。在画这张图时，我突然灵机一动，想到可以用交通信号灯来做类比，便用黄灯来表示渲染阶段，绿灯表示提交阶段，红灯表示错误处理。右侧组件生命周期的背景色黄、绿、红，与信号灯的颜色也是一一对应的。可以想象，当黄灯亮起，React 为组件规划好发车顺序和行车路线；一旦绿灯亮起，组件们一个个冲出起点，争先恐后来到用户面前，当然也有一些组件重新挂载，还有一些被原地卸载，一旦中间有任何错误；红灯亮起，等错误边界处理好错误再回到黄灯、绿灯状态。但是要强调一点，与现实中"黄灯时间短、绿灯时间长"的规律不同，React 的提交阶段通常会很快，但渲染阶段有可能较慢。

9.1.3 副作用的生命周期

本节将重点探讨 useEffect。根据 6.2.2 节的内容可知，使用 useEffect 定义副作用时，如果不指定依赖项数组，那么副作用会在组件挂载时，以及每次组件更新时执行；如果指定依赖项数组为空数组，则副作用仅在组件挂载时执行；如果依赖项数组非空，副作用则有可能在组件生命周期中执行多次，但执行次数不一定与组件更新次数相同。可见 useEffect 的执行逻辑比起组件生命周期更加灵活。虽然 useEffect 的执行受制于组件生命周期，但这不妨碍将副作用本身看作一个独立的单元来分析其生命周期行为。

以 oh-my-chat 中 MessagesPane 组件中的副作用为例：

```
useEffect(() => {
  let shouldIgnore = false;
  // ... 省略
  fetchMessages(selectedThreadId);
  return function cleanup() {
    shouldIgnore = true;
  };
}, [selectedThreadId]);
```

可以将副作用的生命周期理解为与响应式值（Reactive Value）紧密关联的过程，以 selectedThreadId 为例，副作用挂载时会首次执行回调函数，对应 selectedThreadId 的初始值。当 selectedThreadId 从旧值更新成新值时，先执行清理函数（对应旧值），再执行一次回调函数，在组件卸载时最后执行一次清理函数。这种模式使每个 selectedThreadId 的变化都对应一个完整副作用生命周期。通过这种方式，useEffect 不仅与组件生命周期挂钩，还与具体的响应式数据流形成映射，从而提供更精确的副作用管理能力。

9.2 虚拟 DOM

了解了 React 的生命周期后，为了更全面地掌握 React 的运行机制，需要深入探讨 React 的底层原理。但在这之前，需要先理解虚拟 DOM 这一抽象概念，为后续学习打下基础。

9.2.1 什么是虚拟 DOM

虚拟 DOM（Virtual Document Object Model，虚拟文档模型）是近年来前端领域中备受关注的概念，是一种相对于 HTML DOM 更轻量的 JavaScript 模型。在 React、Vue.js、Elm 等声明式前端框架中，虚拟 DOM 是核心组成部分。

针对前端开发者，React 提供了包括 JSX 语法在内的声明组件 API。在运行时，开发者通过这些 API 声明的组件会被渲染成虚拟 DOM，随后 React 框架会将虚拟 DOM 转换为真实的 DOM；任何虚拟 DOM 的变更最终会自动体现在真实 DOM 上；真实 DOM 上的交互也会被 React 框架转化为虚拟 DOM 上的副作用（Side-effect），与开发者编写的交互逻辑关联起来。

理想状态下，开发者在开发 React 应用时，可以完全避免直接操作真实 DOM（尽管在实际开发中这种情况较为罕见），这在一定程度上隐藏了 Web 原生技术的细节，也相应地降低了代码量，有助于提升开发效率。然而，虚拟 DOM 的真正价值并不仅仅在于减少代码量，其更重要的作用之一是**作为 React 面向开发者的 API 与 React 内部实现对接的桥梁**。React API 是声明式的，而 DOM API 是命令式的。开发者通过声明式 API 创建的 React 组件，最终会转化为页面上的动态 DOM 元素，这背后涉及 React 框架内部一系列命令式的实现，负责最终调用浏览器 DOM API。

如果没有虚拟 DOM 这个中间模型，React API 需要直接对接 DOM API，这将导致程序的耦合程度大幅提高。React 概念和 API 设计将受制于浏览器的实现，而 React Native 等跨平台框架的愿景也将难以实现。没有虚拟 DOM，React 也许无法保持其现有的架构和特性。

9.2.2   真实 DOM 有什么问题

上一节从抽象设计和编程范式角度介绍了虚拟 DOM，那么是否存在更具制约性的因素，使得采用虚拟 DOM 成为必然选择？答案是肯定的，那就是性能问题。

我们曾多次提到过 React 的设计理念 UI=f(state)，从理论上来说，**给定函数 f() 和状态数据，一定可以重现一模一样的 UI**；这也意味着，**只要状态数据发生变化，f() 就需要重新执行，整个 UI 需要重新渲染**。然而，在现实中，f() 的执行成本较高。对于浏览器中的网页应用，期望达到的流畅度目标为 60 FPS（帧每秒），这意味着 16 ms（1000 ms÷60≈16 ms）之内至少需要执行完一次 f()，否则就会出现掉帧现象，导致显示和交互的卡顿。直接**操作真实 DOM 是比较耗费资源的**，频繁地大量调用 DOM API 来绘制页面，很容易导致页面卡顿，如果碰巧电脑配置不是很理想，浏览器大量占用 CPU 和内存还可能使电脑风扇发出哀号。

在这种情况下，React 提供了一系列算法和过程，用于过滤掉不必要的 DOM API 调用，从而降低 f() 的执行成本。虚拟 DOM 作为这些算法流程的中间模型，它远比直接操作 DOM API 要轻量得多，在与最终的 DOM API 分摊成本后，确保了 React 组件的渲染效率。

前端开源社区中也存在质疑虚拟 DOM 的声音，例如，Svelte 框架的作者里奇·哈里斯（Rich Harris）就曾发文 *Virtual DOM is pure overhead*，指出虚拟 DOM 的 Diffing 算法是有代价的，并可能误导开发者做一些无用功。尽管这与本书立场不同，但我非常认同他文章中的观点。

> 虚拟 DOM 的价值在于，它允许你在构建应用时无须过多考虑状态变化如何反映在 UI 上，而且在大多数情况下无须担心性能问题。这减少了代码 Bug，你能够将更多时间投入到富有创造性的工作中。

9.3 协调

9.2节中提到的虚拟DOM本质上是一个抽象概念，它在React内部对应的概念主要是协调过程。

开发者通常使用的是React的声明式API，在此基础上，每当props、state等数据发生变化时，组件会重新渲染出一个新的元素树，React框架随后会运用Diffing算法，将新旧元素树进行对比，并将元素的变动最终反映到浏览器页面的DOM中。这一过程称为**协调**（Reconciliation）。

9.3.1 Diffing 算法

Diffing 算法[①] 是协调过程中的关键环节。React框架持续优化Diffing算法，尽管近年来算法细节经历了多次变更，但基本逻辑仍可归纳为以下几点。

* 从根元素开始，React 将递归对比新旧两棵树的根元素及其子元素。
* 当遇到不同类型的元素时，例如 HTML 元素和 React 组件元素，React 会直接清理旧元素及其子树，并构建新的树结构。
* 对于同为 HTML 元素、但 Tag 不同的元素，如从 <a> 变成 <div>，React 会直接清理旧元素及其子树，并构建新的树结构。
* 对于同为 React 组件元素，但组件类或组件函数不同的元素，如从 ChatView 变为 ContactView，React 会卸载旧元素及其子树，然后挂载新的元素树。
* 对比 Tag 相同的 HTML 元素时，如 <input type="text" value="old" /> 和 <input type="text" value="new" />，React 将保留该元素，并记录属性变更，本例中为 value 值从 old 变成了 new。
* 对比组件函数（或组件类）相同的组件元素，React 会保留组件实例，更新 props，并触发组件的 Hooks（或生命周期方法）。

需要强调的是，在对比两棵树对应节点的子元素时，如果子元素构成一个列表，那么 React 会尝试按顺序匹配新旧列表中的元素，如果对比结果是变更仅限于在列表末尾新增或者减少元素，影响较小；但如果是在列表头部或者中间插入或者删除元素，React 将无法确定保留哪个元素，从而选择将**整个列表推翻再重建**，这会导致性能损耗。

为了应对这种情况，React 引入了 key 这个特殊属性，当有子元素列表中的元素包含这个属性时，**React 会利用这个 key 属性值来匹配新旧列表中的元素**，从而减少插入元素时的性能损耗。这就要求**在任何一个子元素列表中，key 值对于每个元素应该是唯一且稳定的**。例如，如果数据来源于数据库并包含自增 ID，那么我们就可以将此 ID 作为 key 值。在 oh-my-chat 项目中，我们已在所有循环渲染的场景中应用了 key 属性，如果尝试移除它，React 会在浏览器控制台中打印警告。

使用 Diffing 算法进行对比的结果最终会被转化为 DOM API 调用，仅更新必要的 DOM 部分。

[①] 注：有部分文献混淆了协调（Reconciliation）过程和 Diffing 算法，统称为"协调算法"或"调和算法"，而本书认为 Diffing 只是整个协调过程中的一个步骤，不宜翻译为"协调算法"，故保留英文"Diffing 算法"。至于 Reconciliation，本书与 React 官方文档保持一致，翻译成"协调"。

9.3.2　触发协调的场景

在理解了协调的含义及协调 Diffing 算法的基本逻辑之后，我们再从 React 应用开发者的角度出发，探讨哪些操作会触发协调过程。

首先，开发者在运用 React API 时，不应时刻考虑协调的细节，否则会加重心理负担；然而，协调是页面最终变化的必经过程，这一点在 9.3 节开头已经强调过。如果你是 React 框架的设计者，你会选择在什么情况下触发协调？一般而言，你将面临两种选择，拉（Pull）或者推（Push）。

轮询（Polling）是一种主动"拉取"数据的策略。设想一个极端的设计方案，如果 React 每隔 16 ms 触发一次协调过程，这从功能上讲是一定可以满足需求的——只要 React 元素树发生任何变化，这次协调过程就会计算出 Diff，并更新页面。然而，这种方式的缺陷显而易见，如果元素树长时间保持不变，那么频繁的协调就变得毫无必要，从而导致资源浪费。

因此，我们倾向于选择"推"的策略，这时就需要一种方式来通知 React，以表明希望启动协调过程，而且这个方式应当仅限于 React API 层面，以免将协调这一内部机制的复杂性暴露给开发者。结合 React 的设计理念，UI=f(state)，通常认为只有在数据发生变化时，才应当触发协调。

这样一来，问题就变得简单了。在 React API 中，props、state 和 context 用于操作组件数据。其中 props 是从外部传递给组件的参数，state 则是在组件内部维护的状态，而 context 则允许在组件外部通过 Context.Provider 提供数据，使得组件能够从内部访问这些数据。一旦这 3 种数据中的任何一种发生变化，React 就会启动对当前组件的协调过程，并根据 Diffing 算法的对比结果来更新页面。在这个过程中，需要注意这些数据的不可变性（Immutable），确保改变数据的方式遵循 React 的设计原则。

9.3.3　什么是 Fiber 协调引擎

尽管从 9.2 节开始，我们一直在讨论虚拟 DOM，但在翻阅 React 的 API 文档和源代码时，却找不到任何名为 VirtualDOM 的类、函数或变量。其实，虚拟 DOM 是一个抽象概念。如果要询问 React 中与这个概念最为接近的实现是什么，你可能会回答是 React 元素，但这并不是最准确的答案。

在 React 的早期版本中，协调是一个**同步过程**，这意味着，当虚拟 DOM 变得足够复杂，或者在元素渲染过程中产生的计算量足够大时，协调过程本身可能耗时超过 16 ms，导致页面出现掉帧现象，更严重时甚至会造成页面卡顿。而从 React 16 开始，协调过程由之前的同步转变为**异步**，这一改变主要归功于新的 **Fiber 协调引擎**。Fiber 协调引擎通过**将 React 渲染过程拆分解成多个工作单元，并根据需要调整这些工作单元的优先级、暂停和恢复，从而提升 React 性能**。这一内部架构的实现，使得在 React 中与虚拟 DOM 最为接近的是 Fiber 协调引擎中的核心模型 FiberNode。FiberNode 通过父元素到子元素的双向链表、子元素到平级子元素的单向链表构建了一棵树。这棵树能够随时暂停并恢复渲染，并将中间结果分散存储在每一个节点上，从而避免阻塞浏览器中的其他工作。

Fiber 协调引擎的工作基本上贯穿了 React 应用的整个生命周期，包括但不限于以下方面。

- 创建各种 FiberNode 并构建 Fiber 树。
- 调度并执行各类工作（Work），如渲染函数组件、挂载或是更新 Hooks、实例化或更新类组件等。
- 比对新旧 Fiber，触发 DOM 变更。
- 获取 context 数据。
- 处理错误。
- 进行性能监控。

9.3.4 节和 9.3.5 节将从 Fiber 的原理触发，介绍 Fiber 中的部分重要模型和关键流程，并尽可能与之前学习的 React 概念相联系，包括 React 元素、渲染过程、虚拟 DOM、生命周期、Hooks。我们的目标不是面面俱到，而是帮助读者更深入地理解 React 框架。

另外需要注意的是，Fiber 协调引擎是 React 的内部机制，对相关知识的掌握程度并不会影响我们使用 React 框架进行前端开发。

9.3.4　Fiber 中的重要概念和模型

协调过程涉及多种操作，其中包括调用 Hooks 或生命周期方法，这在 Fiber 协调引擎中被称为**工作**。Fiber 的基本单元是 **FiberNode，用于描述一个组件所需执行的或已完成的工作**，每个组件可能对应一个或多个 FiberNode。这与一个组件渲染可能产生一个或多个 React 元素的情况是一致的。实际上，每个 FiberNode 的数据都源自元素树中的一个元素，元素与 FiberNode 是一一对应的。与元素树不同的是，元素树在每次渲染时都会被重建，而 FiberNode 则会被复用，其属性也会相应更新。

接下来分析 FiberNode 的数据结构，为了方便理解，这里将关键属性进行了分组，并省略了一些非关键属性：

```
type Fiber = {
  // ---- Fiber 类型 ----
  /** 工作类型，枚举值包括：函数组件、类组件、HTML 元素、Fragment 等 */
  tag: WorkTag,
  /** 就是那个子元素列表用的 key 属性 */
  key: null | string,
  /** 对应 React 元素 ReactElmement.type 属性 */
  elementType: any,
  /** 函数组件对应的函数或类组件对应的类 */
  type: any,

  // ---- Fiber Tree 树形结构 ----
  /** 指向父 FiberNode 的指针 */
  return: Fiber | null,
  /** 指向子 FiberNode 的指针 */
  child: Fiber | null,
  /** 指向平级 FiberNode 的指针 */
  sibling: Fiber | null,

  // ---- Fiber 数据 ----
```

```
    /** 经本次渲染更新的 props 值 */
    pendingProps: any,
    /** 上一次渲染的 props 值 */
    memoizedProps: any,
    /** 上一次渲染的 state 值，或是本次更新中的 state 值 */
    memoizedState: any,
    /** 各种 state 更新、回调、副作用回调和 DOM 更新的队列 */
    updateQueue: mixed,
    /** 为类组件保存对实例对象的引用，或为 HTML 元素保存对真实 DOM 的引用 */
    stateNode: any,

    // ---- Effect 副作用 ----
    /** 副作用种类的位域，可同时标记多种副作用，如 Placement、Update、Callback 等 */
    flags: Flags,
    /** 指向下一个具有副作用的 Fiber 的引用，在 React 18 中已被弃用 */
    nextEffect: Fiber | null,

    // ---- 异步性与并发性 ----
    /** 当前 Fiber 与成对的进行中 Fiber 的双向引用 */
    alternate: Fiber | null,
    /** 标记 Lane 车道模型中车道的位域，表示调度的优先级 */
    lanes: Lanes
};

// 其他需要关注的，还有与 Hooks 相关的模型，这包括了 Hook 和 Effect：
type Hook = { memoizedState: any, baseState: any, baseQueue: Update<any, any> | null,
    queue: any, next: Hook | null };
type Effect = { tag: HookFlags, create: () => (() => void) | void,
    destroy: (() => void) | void, deps: Array | null, next: Effect };
```

此外，基本每个 Hook 都配置了 mount* 和 update* 两个 dispatcher，例如 useEffect 配置了 mountEffect 和 updateEffect；一些 Hooks 还额外配置了 rerender* 的 dispatcher，例如 useState 配置了 rerenderState。如需进一步了解，可以阅读 React 源码中 packages/react-reconciler 目录下的相关源码。

9.3.5　协调过程是怎样的

在首次渲染过程中，React 元素树被构建之后，Fiber 协调引擎将从 HostRoot 这一特殊元素出发，遍历整个元素树，并创建相应的 FiberNode。

FiberNode 与 FiberNode 之间并不是通过传统的父子（parent-children）关系来构建立树形结构，而是通过在父节点与其第一个子节点之间使用 child 和 return 属性来建立双向链表。此外，节点与其同级节点间通过 sibling 属性建立单向链表，同时确保同级节点的 return 属性均被设置为与单向链表起始节点 return 相同的引用值。如图 9-3 所示。

这样做的好处是，在协调引擎处理工作的过程中，可以**避免对 Fiber 树进行递归遍历，而仅仅通过两层循环来完成深度优先遍历**。这个用于遍历 Fiber 树的循环被称作 workLoop。图 9-3 中的数字代表了以 HostRoot 为起点遍历 Fiber 树的顺序。

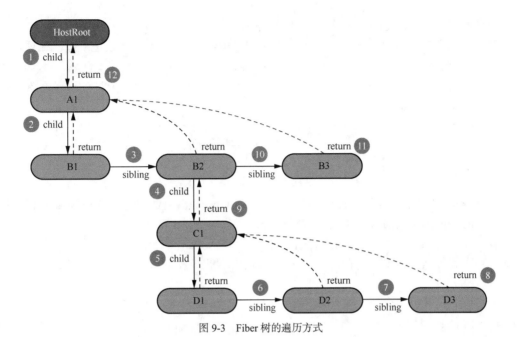

图 9-3　Fiber 树的遍历方式

以下是 workLoop 的示例代码，为了便于理解，这里对源码中的 performUnitOfWork、workLoop、completeUnitOfWork、completeWork 进行了合并和简化，对应代码中名为 workLoop 的函数：

```
let workInProgress;

function workLoop() {
  while (workInProgress && !shouldYield()) {
    const child = workWork(workInProgress);
    if (child) {
      workInProgress = child;
      continue;
    }

    let completedWork = workInProgress;
    do {
      if (completedWork.sibling) {
        workInProgress = completedWork.sibling;
        break;
      }
      completedWork = completedWork.return;
    } while (completedWork);
  }
}
```

更令人振奋的是，这个循环可以**随时暂停和继续**。这意味着 workLoop 既支持同步执行，也支持异步执行。当 workLoop 检测到当前的 Fiber 工作耗时过长时，它可以根据 shouldYield() 标记决定是否暂停工作，从而释放计算资源来执行更紧急的工作，待工作完成后再继续之前的工作。

当组件内部的 state 或 context 发生更新时，React 将进入渲染阶段。这个阶段是异步进行的，此时 Fiber 协调引擎会启动 workLoop，从 Fiber 树的根节点开始遍历，迅速跳过已处理过的节点；对于发生变化的节点，引擎会为 Current（当前）节点克隆一个 WorkInProgress（进行中）节点，将这两个 FiberNode 的 alternate 属性分别指向对方，并将所有更新记录在 WorkInProgress 节点上。如图 9-4 所示。

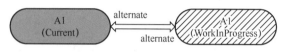

图 9-4　当前节点与进行中节点

可以理解成同时存在两棵 Fiber 树并行处理工作：**Current** 树代表当前已经渲染到页面上的内容；**WorkInProgress** 树则负责记录即将发生的修改。

函数组件的 Hooks 同样在渲染阶段执行。除了 useContext，Hooks 在挂载后会形成一个由 Hook.next 属性连接的单向链表，这个链表随后会被附加到 FiberNode.memoizedState 属性上。

在此基础上，useEffect 等可能产生副作用的 Hooks，会额外创建与 Hook 对象一一对应的 Effect 对象，并将其赋值给 Hook.memoizedState 属性。此外，也会在 FiberNode.updateQueue 属性上维护一个由 Effect.next 属性连接的单向链表，并将这个 Effect 对象添加至链表末尾。

这里暂停一下，来回顾使用 Hooks API 的两个重要规则：第一，只能在 React 的函数组件内部调用 Hooks，第二，只能在组件函数的最外层调用 Hooks。这是由于当函数组件重新渲染时，每个 Hook 都会被再次调用，并且按照顺序在上述单向链表中找到自己之前的状态，并根据需要沿用或者更新自己在链表中的状态。这也解释了为什么同一个 useState 在每次渲染时返回的 state 更新函数都是同一个函数（引用），以及 useEffect 是如何通过比较 Hook 状态来对比依赖项数组在两次渲染之间是否有变化，进而决定是否再次执行副作用。

在理解了原理后，再回来看这两个规则。

- 如果在 React 的函数组件之外调用 Hooks，Fiber 协调引擎将不会创建用于记录 Hooks 状态的单向链表。
- 如果在循环、条件分支等不稳定的代码位置调用 Hooks，可能导致再次渲染时，执行 Hooks 的数量、种类和参数与上一次的单向链表不匹配，从而破坏 Hooks 的内部逻辑。

现在，回到协调过程。当 Fiber 树的所有节点都完成工作后，WorkInProgress 节点将被重命名为 FinishedWork（已完成）节点，WorkInProgress 树也将相应被重命名为 FinishedWork 树。此时，React 将进入提交阶段，这一阶段是同步执行的。Fiber 协调引擎会将 FinishedWork 节点上记录的所有变更，按照特定顺序提交并体现在页面上。

提交阶段可以进一步细分成以下 3 个依次同步执行的子阶段。

- **变更前（Before Mutation）子阶段**。这个子阶段会调用类组件的 getSnapshotBeforeUpdate 方法。

- **变更（Mutation）子阶段**。这个子阶段会更新真实 DOM 树。
  - ➤ 递归提交与删除相关的副作用，包括移除 ref、移除真实 DOM、执行类组件的 `componentWillUnmount`。
  - ➤ 递归提交添加、重新排序真实 DOM 等副作用。
  - ➤ 依次执行 `FiberNode` 上 `useLayoutEffect` 的清理函数。
  - ➤ 引擎用 `FinishedWork` 树替换 `Current` 树，供下一次渲染使用。
- **布局（Layout）子阶段**。在这个子阶段，真实 DOM 树已经完成了变更，但浏览器尚未绘制这些变更。这时会同步调用 `useLayoutEffect` 的副作用回调函数和类组件的 `componentDidMount` 方法。

在提交阶段中，引擎还会多次异步或同步调用 `flushPassiveEffects()`。这个函数会先后两轮深度优先遍历 Fiber 树上的每个节点。

- 如果节点的 `updateQueue` 链表中有待执行的、由 `useEffect` 定义的副作用，则顺序执行它们的**清理函数**。
- 如果节点的 `updateQueue` 链表中有待执行的、由 `useEffect` 定义的副作用，则顺序执行它们的**副作用回调函数**，并保存清理函数，供下一轮提交阶段执行。

`flushPassiveEffects()` 函数的实际执行时机是在上述提交阶段的 3 个同步子阶段之后，下一次渲染之前。引擎会确保在下一次渲染发生之前，所有待执行的副作用已执行完。

你也许对协调引擎的 Diffing 算法所处位置感到好奇。实际上，从渲染阶段到提交阶段，整个过程中都在使用 `memoizedProps` 和 `memoizedState` 与新的 props、state 进行比较，目的是减少不必要的工作，从而提升性能。

最后补充一点，前面提到的 workLoop 之所以能够灵活地随时暂停和继续执行，还有一个模块功不可没，那就是**调度器（Scheduler）**，正是它负责根据优先级分批次执行众多工作，并允许执行队列暂停和恢复。如需进一步了解，建议阅读相关 React 源码。

9.4　小结

本章首先深入探讨了 React 中的生命周期，包括跨组件的生命周期（由渲染阶段和提交阶段组成），单个组件的生命周期（由挂载、更新、卸载和错误处理阶段构成），以及副作用的生命周期。然后引出了虚拟 DOM 的概念，阐述了 React 中的虚拟 DOM 是真实 DOM 的抽象表示，且远比后者更轻量，是 React 面向开发者提供的 API 与内部实现对接的桥梁。接下来，本章解释了 React 组件的 props、state 或者 context 发生变化时，React 如何触发协调过程，对比新旧两棵元素树，以确定有哪些真实 DOM 需要变更。同时也简要讲解了 React 底层负责协调过程的 Fiber 协调引擎。上述所有概念和模块共同构成了 React 组件的渲染机制。

第10章

应用状态管理

本章的知识地图及项目实现，如图 10-1 所示。

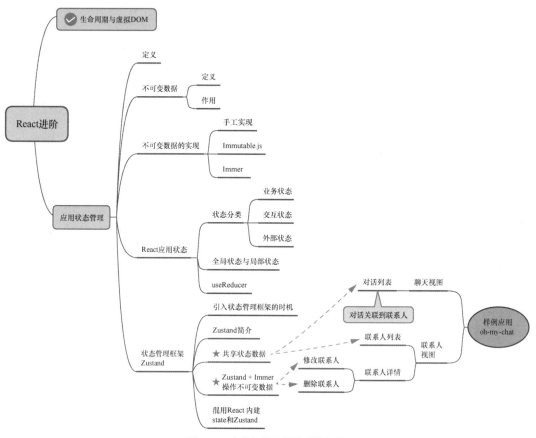

图 10-1　本章知识地图及项目实现

本书的第一部分讲解了 React 应用的基本写法，第二部分的第 9 章介绍了 React 的渲染机制和原理，本章将进一步探讨在开发规模更大、复杂性更高的 React 应用时所面临的各种技术挑战，并提出相应的解决策略。

利用 props、state、context 来保存和传递 React 数据的方式足以应对小型乃至中型 React 应用。然而，随着项目规模的扩大和复杂性的增加，开发者将面临以下新的挑战。

- 在处理对象或数组类型的 state 时，更新操作需要格外小心，以维持其不可变性。
- 与业务相关的 state 散布于各个组件中，难以同步和复用。
- 过度的状态提升导致大部分 state 或 context 集中于根组件。

第一个挑战的重点在于不可变数据，而后两个挑战则与应用状态管理直接相关。这些概念与 React 有着密切的联系。

- React 的状态更新依赖于不可变数据。
- React 可以结合独立的状态管理框架来管理应用状态。
- 多数应用状态管理框架是基于不可变数据构建的。

本章将首先介绍应用状态管理的基本概念，然后详细阐述不可变数据的重要性，接下来将探讨在 React 中管理应用状态的不同方案，并进一步讨论在何种情况下应使用 React 的 state，以及何种情况下应采用状态管理框架。最后，通过 oh-my-chat 的实践案例介绍一款主流状态管理框架 Zustand。

10.1　什么是应用状态管理

首先来探讨**应用状态**（**Application State**）。从理论上讲，一个应用在运行期间，内存中所有与之相关联的数据均可被视为应用状态，但实际上这远远超出了应用开发者需要关注的范畴。

这里将后端服务器作为类比：**有状态服务**（**Stateful Service**）和**无状态服务**（**Stateless Service**）常被并列讨论。例如，一个购物车 HTTP 服务，在服务器端临时存储了当前登录用户的 session 信息，用户先后两次请求都会读写这个 session，因此该 HTTP 服务属于**有状态服务**；而另一个商品列表 HTTP 服务则不关心用户是否登录，仅凭用户发送的 HTTP 请求中所包含的参数即可完成任务，并将结果作为 HTTP 响应返回给用户，因此该 HTTP 服务属于**无状态服务**。通过比较这两种服务，可以确定"服务器端临时保存的登录用户的 session 信息"是需要关注的应用状态（至于 session 存储于内存中还是数据库中，此处暂不展开讨论）。

越是"富 JS"的浏览器端应用，越是倾向于将服务器端的应用状态迁移至浏览器端。于是就有了以"浏览器端临时存储的登录用户的 session 信息"为代表的前端 JavaScript 专用的应用状态。

如果不采取这种方法会怎样呢？这里再通过一个比较极端的反例来说明。例如对于一个简单的对话框来说，是否显示取决于一个布尔值状态。如果将该状态保存在服务器端，意味着每次打开和关闭对话框都需要调用后端服务，这比在浏览器端保存状态要复杂得多。从用户体验来看，用户打开和关闭对话框都需要等待服务器响应，这无疑降低了体验质量。从前端开发角度来看，打开和关闭对话框本来是同步的本地逻辑，却不得不转换为异步的服务器请求，这无疑增加了开发复杂性。你可能会有疑惑："真的有框架会这样做吗？"答案是肯定的，例如当年的 JSF（Java Server Faces）。

React 作为由数据驱动的前端框架，更是依赖于浏览器本地的应用状态。随着本地状态的复杂性不断增加，甚至需要专门的抽象层时，**应用状态管理**框架应运而生，用于管理这些应用状态。当然，应用状态管理并不等同于状态管理框架，利用 React 的内部机制，同样可以实现应用状态管理的目标。本章后半部分将讨论何时应采用独立的状态管理框架。

10.2　不可变数据

在深入探讨应用状态管理之前，先来了解不可变数据的概念，它是应用状态管理的重要基础。在 React 开发过程中，未能以正确方式变更数据往往是产生 Bug 的主要原因之一。在 oh-my-chat 项目的 MessagesPane 组件中，在更新 messages 状态时使用了 [...currentMessages, newMessage] 返回了新的数组。你可能会问，为什么不能直接写成 messages.push(newMessage) 呢？当掌握了不可变数据的原理和实现，我们将对 React 的渲染机制与数据流之间的关系形成更深刻的理解。

10.2.1　什么是不可变数据

不可变数据（Immutable Data）一旦创建，便无法更改。这种数据在编程和调试过程中更易于预测，有助于降低系统的复杂性。在 Web 开发中，开发者需要引入监听数据变化的机制，而实现这样的机制时需要警惕对应性能的影响。不可变数据的使用可以简化这些功能的实现，从而降低成本。

不同编程语言对不可变数据的支持方式不尽相同。目前为止，在我所接触过的编程语言中，基于 JVM 的 Groovy 语言在处理不可变数据方面令我印象深刻，其创建和变更不可变数据的过程尤为便捷。以下是 Groovy 中操作不可变数据的示例：

```
@groovy.transform.Immutable(copyWith = true)
class Customer {
    String name
    int age
    Date since
    Collection hobbies
}
def d = new Date()
def c1 = new Customer(name: '张三', age: 21, since: d, hobbies: ['读书', '电影'])

c1.age = 25 // 抛出异常
def c1Mutated = c1.copyWith(age: 25)
assert c1 != c1Mutated // true
assert c1.age == 21 // true
assert c1Mutated.age == 25 // true

c1.hobbies << '烫头' // 抛出异常

def c2 = new Customer('张三', 21, d, ['读书', '电影'])
assert c1 == c2 // true
assert c1 !== c2 // true
```

当然，本书并不需要你对 Groovy 语言有深入了解，这里展示的代码仅用于以直观的方式展示不可变数据的特性。

- 不可变数据对象只能在创建时为属性赋值，创建后无法更改。
- 不可变数据对象的属性也必须是不可变数据，即整个对象树都不可变。

- 变更（Mutate）不可变数据只能通过创建新对象、同时显式地指定需要变更的属性的方式，创建出的新对象依旧不可变。
- 用相同属性创建出来的两个同类型的不可变对象，在逻辑上是相等的，但在内存中的引用是不同的。

这里稍微扩展一下讨论范围，回到 JavaScript 中查看是否存在不可变数据，答案是肯定的。所有原始数据类型（Primitive Types）都是不可变数据类型，包括 undefined、null、boolean、number、BigInt、string、Symbol。然而，对于引用类型，如 Object、Function、Array、Map、Set、Date 等，它们则不属于不可变数据类型。

在 JavaScript 中，尽管没有类似 Groovy 的便捷装饰器，仍然需要开发者使用不可变数据。这是因为使用不可变数据可以带来如下好处。

- 编写纯函数（Pure Function）变得更加容易。
- 可以避免函数对传入参数产生不必要的副作用。
- 检测数据变化更便捷。
- 缓存不可变数据更安全。
- 能够保存一份数据的多个版本。

10.2.2　不可变数据在 React 中的作用

当探讨 React 应用开发时，为什么要强调 React 需要不可变数据呢？

这主要还是因为 React 是一个声明式框架，为了更新用户界面，需要确保开发出来的 React 组件能够响应数据流的变化。这意味着无论是开发者还是 React 框架本身，都必须关注 props、state、context 的数据是否发生变化。如前所述，**对于 React 框架而言，不可变数据可以简化比对数据的实现，降低开发成本；对于开发者而言，不可变数据在开发和调试过程中更易于预测。**

也就是说，在 React 中，那些需要进行数据对比、检查数据变化的环节正是不可变数据发挥重要作用的范畴。这些环节主要包括协调过程和合成事件。

首先是 React 的核心——Fiber 协调引擎，它负责执行 Diffing 算法。运用 Diffing 算法进行的绝大部分数据对比都发生在渲染阶段。

先前的讨论中曾多次提到过，React 使用 Object.is() 方法来判断两个值是否相等。在以下过程中，React 会调用 is(oldValue, newValue) 来对比新旧值。

- 在更新 state 时，只有在新旧 state 值不相等的情况下，React 才会将 Fiber 标记为接收到更新。
- 在更新 Context.Provider 中的 value 值时。
- 在检查 useEffect、useMemo、useCallback 的依赖项数组时，只有当每个值的新旧值都经过检查并且存在不同时，才会执行它们的回调函数。
- useSyncExternalStore（React 专门用来与第三方应用状态管理框架集成而设计的 Hook）中，React 会检查来自外部的应用状态是否有变化，有变化才会将 Fiber 标记为接收到更新。

还有一种情况是对新旧两个对象进行**浅对比**（Shallow Compare），具体实现方式依然是基于 Object.is()。当两个对象的属性数量相同，且其中一个对象的每个属性都与另一个对象的同名属性相等时，这两个对象才被视为相等。11.2 节将要介绍的 `React.memo` 是用来定义纯组件的 API。当通过这个 API 定义的纯组件进入更新阶段时，React 会调用 `shallowEqual(oldObj, newObj)` 来对比新旧 props 对象，如果所有属性均相同，则跳过该组件，继续执行下一个工作。

除了协调引擎，在合成事件中也存在数据对比的情况：在触发 onSelect 合成事件之前，React 会使用浅对比来判断选中项是否发生了变化，只有当变化确实发生时才会触发事件，否则不会触发。

10.3　不可变数据的实现

刚才提到 JavaScript 中的引用类型并非不可变，如果希望使用这些类型，应该如何为它们赋予不可变特性呢？

10.3.1　手动实现

实际上，我们在之前的 oh-my-chat 项目中已经小试牛刀了，这里再罗列部分代码：

```
// 数组
const itemAdded = [...oldArray, newItem];
const itemRemoved = oldArray.filter(item => item.id !== selectedItemId);
// 对象
const propertyUpdated = { ...oldObj, property1: 'newValue' };
// Map
const keyUpdated = new Map(oldMap).set('key1', 'newValue');
```

关键在于"不要**改变原始对象**"。当然，我们也可以对这些写法进行一定程度的封装，或者使用已经封装好的开源库。

10.3.2　可持久化数据结构和 Immutable.js

提到不可变对象，就不得不引入一个概念：可持久化数据结构（Persistent data structure）。

> 在计算机编程中，可持久化数据结构（Persistent data structure）是一种能够在修改之后保留其历史版本（即可以在保留原来数据的基础上进行修改——例如增添、删除、赋值）的数据结构。这种数据结构实际上是不可变对象，因为相关操作不会直接修改被保存的数据，而是会在原版本上产生一个新分支。
>
> ——维基百科

在 JavaScript 中，可持久化数据结构的典型实现是由 Meta 公司开源的 immutable.js 库。该库提供了 `List`、`Stack`、`Map`、`OrderedMap`、`Set`、`OrderedSet` 和 `Record` 等不可变数据类型。这些 API 类型创建的数据构成了基于可持久化数据结构的不可变数据集，这些数据集可以直接集成至在 React 应用中。

下面是两段 immutable.js 库的官方样例代码。首先是类似于 JavaScript Array 的 `List`，我们可以观察到每次对 `List` 对象进行操作时都会创建一个新的 `List` 实例：

```
const { List } = require('immutable');
const list1 = List([1, 2]);
const list2 = list1.push(3, 4, 5);
const list3 = list2.unshift(0);
const list4 = list1.concat(list2, list3);
```

此外，该库的显著优势在于其嵌套结构，即使在对象树的最深处进行更新，也会返回新的不可变对象：

```
const { fromJS } = require('immutable');
const nested = fromJS({ a: { b: { c: [3, 4, 5] } } });
const nested2 = nested.mergeDeep({ a: { b: { d: 6 } } });
// Map { a: Map { b: Map { c: List [ 3, 4, 5 ], d: 6 } } }
const nested3 = nested2.updateIn(['a', 'b', 'd'], value => value + 1);
// Map { a: Map { b: Map { c: List [ 3, 4, 5 ], d: 7 } } }
const nested4 = nested3.updateIn(['a', 'b', 'c'], list => list.push(6));
// Map { a: Map { b: Map { c: List [ 3, 4, 5, 6 ], d: 7 } } }
```

10.3.3 如何解决原理和直觉的矛盾

Immutable.js 是一个功能强大的库，在 React 技术社区中曾广受欢迎。然而，不知你是否和我一样，在 React 项目中使用这个框架时，需要时刻提醒自己，何时可以使用 JavaScript 原生的数据类型，何时又必须切换到不可变数据类型，这无疑增加了开发过程中的认知负荷（Cognitive Load，认知心理学概念，指工作记忆资源的使用量）。虽然这样做可以提高程序的运行效率，但同时也可能降低开发者的工作效率。

那么，有没有一种方式，既可以继续使用熟悉的 JavaScript 数据类型和方法，又能够像本节开篇提到的 Groovy 那样，优雅地引入不可变性？答案是肯定的，**Immer** 就是这样一款框架，它允许 JavaScript 开发者使用原生的 JavaScript 数据结构，以及本身不具备不可变性的 JavaScript API，来创建和操作不可变数据。

以下是 Immer 官网提供的一段示例代码，它的 produce API 接收两个参数：原始数据和数据变更回调函数。在回调函数中发生的任何变更并不会影响原数据本身，而是会生成一个等同于变更结果的新数据：

```
import produce from "immer"
const nextState = produce(baseState, draft => {
    draft[1].done = true
    draft.push({title: "Tweet about it"})
})
```

10.3.4 在 React 中使用 Immer

在组件中，我们可以直接使用 Immer 提供的 Hooks 来替代 useState。首先，安装 Immer：

```
npm install immer use-immer
```

在组件中使用 Immer：

```
import { useImmer } from 'use-immer';
const MessagesPane = ({ selectedThreadId }) => {
```

```
const [messages, setMessages] = useImmer([]);
const handleSubmitMessage = (content) => {
  setMessages((draft) => {
    draft.push({
      id: draft.length + 1,
      content,
      from: 'me',
      fromAvatar: reactLogo,
      sentTime: new Date().toISOString(),
    });
  });
};
// 省略
```

尽管 useImmer 的接口与 useState 相似，但它提供的 state 更新函数在调用时会自动执行 Immer 的 produce 函数，开发者可以像使用 Immer 一样，直接操作 state 数据。

10.4　再谈 React 应用状态

本节将介绍 React 的应用状态管理。

10.4.1　React 应用中的状态分类

在开发 React 应用的过程中，我们会用到各种状态，大致可以分为**业务状态、交互状态及外部状态**这 3 类。

业务状态是指与业务逻辑直接相关的状态，这些状态理论上是独立于 UI 的，可以在单元测试中、Node.js 环境中等**多种场景下使用**。

以 oh-my-chat 应用为例，其中的对话列表、消息列表、添加消息和联系人列表等核心功能，都是 oh-my-chat 的核心业务，属于业务状态的范畴。假设我们需要为 oh-my-chat 项目开发一套命令行界面的管理工具，那么这些状态及其相关的逻辑是可以复用的，例如下面这几行命令：

```
ohmychat list --type=thread
ohmychat list --type=contact
ohmychat add --type=message --to=小白 '新消息内容'
```

另外，在大中型 React 项目中，用户权限信息通常被存储于前端状态中，以便于前端逻辑判断某个功能模块是否应向当前用户开放，或者是否仅展示为只读状态，又或者完全隐藏。当然，考虑到系统整体安全性，当服务器端接收到用户从浏览器端发起的请求时，仍需要进行用户权限验证，这类用户权限状态同样属于业务状态的一部分。

交互状态（也称作 UI 状态）**是与用户交互相关的状态，主要负责控制用户与应用的交互过程，用于提升用户体验。**

例如 oh-my-chat 中的 activeView、isLoading、isDropdownOpen，分别控制着当前显示的视图、是否显示"读取中"占位提示，以及下拉菜单是否展开，它们均属于交互状态。

那么，为什么说交互状态能够提升用户体验呢？这里我们设想一种极端的设计，如果从一个

React 应用中移除以下交互状态。

- 移除 `isDropdownOpen`，下拉菜单将始终处于展状态，虽然这仍然可用。
- 移除 `isLoading`，列表在获取数据时会出现跳动，这尚可接受。
- 移除 `activeView`，所有视图内容将一次性展示出来，不符合现代前端应用的标准。

作为一个**优秀的前端工程师，开发出优秀的用户体验既是我们的职责所在，也是我们引以为傲的成就。**

接下来，我们来讨论一个比较复杂的问题，7.2 节介绍了受控组件和表单的相关知识，那么，表单状态究竟是业务状态还是交互状态呢？我认为这需要根据具体情况来分析。

表单状态属于交互状态的情况，可以总结为以下两种。

- 表单状态由若干受控组件状态组成，用户在使用这些受控组件输入文本、选取下拉框时，所引发的状态变更本质上属于交互行为，并未立即赋予业务意义；
- 在用户录入表单的过程中，如果存在针对表单项的验证逻辑，例如"标题不能为空""密码至少需要包含一个数字"，这些验证过程会利用表单状态，将验证结果更新至表单状态中。此时，虽然验证结果具有一定的业务意义，但整体上仍可视为交互状态。

表单状态属于业务状态的情况，可以总结为以下 3 种：

- 假设表单提供了一个自动提示的下拉框，根据用户输入的文本内容从服务器端获取下拉框的选项列表，这个列表显然具有业务状态的属性；
- 提交表单时会使用其中各个受控组件的最终状态，这时它们可以被视为业务状态；
- 如果这个表单并不是用于创建一条新记录，而是用于修改一条已有记录，那么服务器端为各个表单项提供的初始值也应被视为业务状态的一部分。

设想这样一个场景，假设有一个名为 `num` 的状态数据，它需要经过复杂的计算——例如 `fibonacci(num)` 才能使用。为了避免重复计算对性能造成影响，开发者可能会将计算结果存储在另一个名为 `result` 的 state 中。

我们暂且不去讨论这个计算结果 `result` 的状态，首先需要明确的是，`result` 是一个计算值，也可以说是派生值。用**单一事实来源**（Single Source of Truth）原则来审视这个计算值：尽管原值 `num` 和计算值 `result` 本应来自同一数据源，但如果将它们分别存储在 state 中，仅从状态管理的角度来看，它们之间的因果关系并不明显。

更合适的做法是，在状态中只保留原值 `num`，并且组件应当始终基于 `num` 进行计算。那么如何保证性能呢？将在 11.2 节中介绍的 `useMemo` 正是为解决这一问题而设计的：

```
const memoizedResult = useMemo(() => fibonacci(num), [num]);
```

之前我们探讨了业务状态和交互状态，那么**外部状态又**是如何定义的呢？你可能会认为"外部"意味着与 React 无关。这里以 `window.location` 为例进行说明。在 React 技术生态中，一个常用的前端路由框架是 React Router。当 React Router 在前端进行路由处理时，它会读取 `window.location` 的信息，并且通过浏览器的 History API 来修改 `location` 的 URL。从这个角度来看，`window.location` 实际上成了 React 应用状态的一部分，属于外部状态。

实际上，不仅 React，业务状态、交互状态、外部状态的分类同样适用于其他前端框架。

将应用状态进行分类的原因在于，不同类型的状态需要不同的管理方法，需要区别对待。一般而言，相较于交互状态，业务状态更有可能需要在多个组件间共享，并且更需要考虑数据一致性的问题。这一点在 oh-my-chat 中已经有所体现，如 contacts 联系人信息需要在联系人列表组件和详情组件之间共享。请你思考一下，如果希望在对话视图中，所有显示联系人名称和头像的位置都根据联系人 ID 从这份 contacts 数据中获取信息，应该如何实现呢？

10.4.2　全局状态与局部状态

仅从 API 的角度来看，state 对于单个 React 组件是私有的。但从单向数据流的角度来看，一个组件的 state 实际上可以影响到其所有后代组件。如图 10-2 所示，state 下方连接的梯形区域代表了其潜在的覆盖范围。

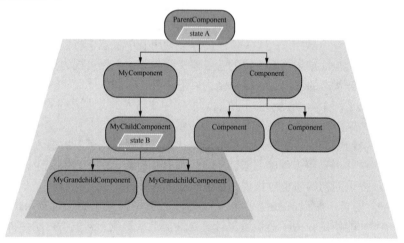

图 10-2　全局状态与局部状态的覆盖范围

ParentComponent 的 state A 作用范围如下：

- 可以自用；
- 可以通过 props 传递给直接子组件 MyComponent ；
- 可以通过 props 向下钻取，传递给第二层和第三层的后代组件 MyChildComponent、MyGrandchildComponent ；
- 可以通过 context 传递给所有的后代组件。

MyChildComponent 的 state B 的作用范围虽然要小得多，但与 state A 存在一定的重叠。这意味着 MyChildComponent、MyGrandchildComponent 可以同时使用 state A 和 state B 的值。

如果 ParentComponent 是应用的根组件，那么 state A 可以被视为全局状态，而 state B 则是局部状态。当然，全局状态和局部状态是相对概念。假设根组件并未提供状态，而其唯一的子组件提供了状态，那么这个状态同样可以视为全局状态。局部状态也可以通过**状态提升的**方式，根据需求转变为全局状态。

与局部状态相比，全局状态的影响范围更广，因此在初次定义和后续更新时需要更加谨慎，特别是一个组件更新全局状态会造成多个组件重新渲染的情况。在没有实际需求的情况下，应尽量避免将局部状态提升为全局状态。此外，识别全局与局部状态也是阅读和维护 React 应用代码时的必要步骤。一般来说，业务状态更有可能成为全局状态。

10.4.3　状态 Hook：useReducer

10.4.2 节提到的全局状态可能会带来新的挑战，随着 state 覆盖范围的扩大，相应的 state 更新函数可能会被透传到多个子孙组件中，这些子孙组件如何使用更新函数完全依赖于它们的自觉性。特别是当 state 的类型是对象或数组时，存在多种可能的更新方式。负责定义 state 的根组件是否能在对应的 state 更新函数上施加一些限制，以增强 state 逻辑的内聚性呢？

这就要引出一个更新不可变数据的常见模式——**reducer**，在这个场景下可以翻译成**归约器**或者归约器函数。在这个模式下，开发者可以将数据更新逻辑封装成一个或多个 reducer，并将它们与不同类型的动作（action）相对应。调用者只需要使用调度器（dispatcher）派发动作，即可触发相应的状态更新逻辑。

React 提供了一个名为 useReducer 的 Hook，支持开发者以 reducer 的方式定义 state 的更新逻辑。我们可以认为 useReducer 是 useState 的马甲，如果使用 useReducer 来改写 oh-my-chat 中的 NavigationCtxProvider 组件，具体代码如下：

```
import React, { useMemo, useReducer } from 'react';
// 省略
const initialState = 'chat';
const reducer = (state, action) => {
  switch (action.type) {
    case 'chatView':
      return 'chat';
    case 'contactView':
      return 'contact';
    default:
      return state;
  }
};
export const NavigationCtxProvider = ({ children }) => {
  const [state, dispatch] = useReducer(reducer, initialState);
  const contextValue = useMemo(() => ({
    activeView: state,
    gotoChatView: () => dispatch({ type: 'chatView' }),
    gotoContactView: () => dispatch({ type: 'contactView' }),
  }), [state]);
  // 省略
```

代码量似乎有所增加，这是因为 useReducer 比起 useState 增加了额外的抽象层次，引入了如下概念。

- 动作（action）：一个具有 type 属性的简单 JavaScript 对象，用于表达特定的意图或是事件，可以包含可选的 payload 属性。
- 归约器（reducer）：一个纯函数，接收当前状态和动作为参数，根据不同动作的 type 属性返回一个与之对应的新状态，可以定义在组件外的任意位置。

- 调度器（dispatch）：用于派发动作，触发相应的 reducer 执行。

即使引入了新的抽象概念，基于 useReducer 的数据流动仍然遵循**单向数据流**的原则。上述示例中的逻辑非常简单，仅仅是处理类型为字符串的 state。在实际应用中，state 通常是对象或数组类型，甚至可能是多层嵌套的复杂类型，这使得 reducer 的编写可能会变得相当复杂。实际上，useState 的底层实现是基于 useReducer 的。

此外，值得一提的是，useReducer 中的这些概念和接口设计与著名的应用状态管理框架 **Redux** 是基本对应的。在 React 技术社区中，提到应用状态管理框架时，总是会首先提到 Redux。Redux 是一个为 JavaScript 应用设计的、可预测的状态容器。在 Redux 中还存在一个称为存储（store）的概念。存储是应用状态的容器，它通过 reducer 返回的初始值进行创建，并且可以通过 store.getState() 获取最新的状态，也可以通过 store.dispatch() 方法派发 action，允许外部使用者（即 React 应用）订阅状态的变化。Redux 在 React 外部建立了一套单向数据流，并且可以与 React 结合在一起使用。以下是一段简化后的 Redux 示例代码：

```
import { createStore } from 'redux';
const store = createStore(reducer);
store.subscribe(() => console.log(store.getState()));
store.dispatch({ type: 'contactView' });
```

考虑到本章的篇幅，此处不针对 Redux 框架展开详细介绍，只介绍它的 3 个基本原则。

- 单一事实来源（Single Source Of Truth）。Redux 全局只有一个 store，其中包含唯一的状态对象树。
- 状态只读。这意味着状态的不可变性，只有通过派发 action 的方式才能触发 reducer，返回一个包含变更的新状态。
- 状态变更不应有副作用。在 store 中使用的 reducer 都必须是不会产生副作用的纯函数（Pure Function）。

这 3 个基本原则共同确保了 Redux 管理的应用状态具有高度可预测性。同时，这些原则也为选择合适的应用状态管理框架提供了参考。

10.5　状态管理框架 Zustand

本节首先将探讨在何种情况下引入独立的应用状态管理框架，然后介绍近两年来逐渐受到欢迎的状态管理框架 Zustand，并尝试使用 Zustand 改写 oh-my-chat 的部分逻辑，实现聊天视图和联系人视图之间的状态共享，最后将讨论是否可以在项目中同时使用 Zustand 和 React 内建的 state。

尽管 oh-my-chat 项目使用的是 Zustand，但本节同样适用于 Redux 等状态管理框架。

10.5.1　何时引入独立的状态管理框架

通常情况下，对于规模较小的 React 项目，引入状态管理框架可能得不偿失。然而，如果**项目规模会逐渐增大**，或者**项目已经是大中型规模**，则可以考虑采用独立的状态管理框架。特别是当我们必须将项目中大多数组件的 state 提升至根组件，导致全局状态不断膨胀时，则亟须引入状态管理框架。Zustand、Redux 等框架提倡全局单一 store 的理念，因此适合用于管理全局状态。

此外，正如 10.4.1 节所述，业务状态可能被多个组件共享，并且需要关注数据一致性，这些正是状态管理框架擅长的领域。当你发现项目中的某些状态需要实现高度的可复用性和一致性时，可以考虑引入状态管理框架。通过将状态管理转移到 React 组件树之外，可以摆脱组件层次结构的制约，使开发者专注于状态管理本身。

尽管这与现实情况可能有所出入，但可以将用于 React 的状态管理框架视为 React 单向数据流的一层**抽象**。基于状态管理框架编写的代码与 React 的耦合度较低，可以相对独立地进行开发和测试。将这部分数据流抽象化后，能够降低组件 state 的复杂度，并在编写相应的数据流逻辑时实现与 React 组件的**关注点分离（Separation Of Concerns）**。部分状态管理框架甚至可以独立于 React 存在，如 Redux，基于这些框架编写的逻辑可以轻松迁移到其他 Web 框架中。

10.5.2 Zustand 简介

在 React 的早期阶段，单向数据流的独立框架以 Facebook 的 Flux 为代表。后来，Redux 继承并发展了 Flux 架构，并在很长一段时间内成为状态管理领域的首选框架。正如 10.4.3 节所述，Redux 的 3 个基本原则及其内置的 store、action、reducer 等概念，对其他状态管理框架产生了深远的影响。然而，Redux 在得到普及的同时也受到一些批评，特别是代码冗长（verbose）的问题。后来 Redux 官方推出了用于简化开发的 Redux Toolkit，大大降低了 store 的配置复杂度，减少了样板代码，从而赢得了开发者的青睐。

尽管如此，本章并没有选择 Redux 作为 oh-my-chat 项目的状态管理框架，而是选择了另一款近年来新兴的框架 **Zustand**。与 Redux 相比，Zustand 在整体设计上更加简洁，并且其 API 设计优先考虑了 Hooks，更符合现代 React 应用的开发趋势。以下是一个简单的示例：

```
import { create } from 'zustand';
const useStore = create((set) => ({
  threads: mockThreads,
  addThread: (newThread) =>
    set((state) => ({ threads: [...state.threads, newThread] })),
  removeThread: (threadId) =>
    set((state) => ({
      threads: state.threads.filter((thread) => thread.id !== threadId),
    })),
}));
```

这段代码使用 Zustand 的核心 API ——create 函数创建了一个状态存储（store），其中包含唯一的一个名为 threads 的 state，并附带了两个动作（action）方法：addThread 和 removeThread。在 Zustand 框架中，动作方法的作用类似于 useReducer 或者 Redux 的主要功能——调度器（dispatch）、动作（action）、规约器（reducer）的结合体，用于变更 state。可以看到，其中 reducer 的部分同样遵循不可变数据的写法。调用 create 所返回的函数相当于一个自定义 Hook，可以直接嵌入到 React 组件中使用：

```
const ThreadList = ({ selectedThreadId, onClickThreadItem }) => {
  const threads = useStore((state) => state.threads);
  const addThread = useStore((state) => state.addThread);
  const removeThread = useStore((state) => state.removeThread);
  return (
    <>
      <ul className={threadListStyles}>{threads.map(/* 省略 */)}</ul>
      <button onClick={() => addThread({/* 省略 */})}>添加</button>
      <button onClick={() => removeThread(threads.length)}>删除</button>
    </>
  );
};
```

在调用 store 的 Hook 时，通常需要传入一个**选择器**（selector）函数，用来从 store 的成员中抽取所需要的 state 或者 action。上面的示例先后调用了 3 次 useStore，返回的 threads 相当于之前通过 useState 定义的 state，addThread 和 removeThread 则相当于通过 useState 定义的 state 更新函数，它们可以在 onClick 事件中直接调用。如果此时点击"添加"按钮，threads 将会被更新，组件渲染的对话列表会随之更新。从内部机制来看，Zustand 底层调用了 React 专用于连接外部存储的 Hook useSyncExternalStore，更具体地说是 React 官方兼容包 use-sync-external-store 中的 useSyncExternalStoreWithSelector。只要合理设计 state、正确运用不可变数据，以及搭配合适的选择器，其性能是可以得到保障的。

此外，useStore 也可以定义在独立的 .js 文件中并 export 出来，这样就可以在多个组件文件中 import 并调用这个 Hook，从而消费其中的 state 或者 action。通过这种方式，我们能够轻松实现 state 的跨组件共享，无须再通过提升状态并使用 props 或 context 进行传递。

从这些方面来看，Zustand 的使用确实更为简便，同时它还具有良好的扩展性。例如，Zustand 的 devtools 中间件可以直接对接 Redux DevTools。Redux DevTools 是一款针对 Redux 应用的浏览器插件，可以用来跟踪调试 state 和 action 包含的数据，还提供了一个非常实用的时间旅行功能。只需添加以下代码，我们就可以在 Redux DevTools 插件里观察到 Zustand 的 state：

```
import { devtools } from 'zustand/middleware';
const useStore = create(devtools((set) => ...));
```

10.5.3 利用 Immer 在 Zustand 中操作不可变数据

从 10.5.2 节的示例中可以看出，Zustand 依然依赖于不可变数据。在 10.3 节，我们讨论了除了手动编写以外，还可以借助 Immer 库更新不可变数据，从而以更直观的方式来操作对象、数组等类型的 state。Zustand 内置了与 Immer 库集成的中间件（Middleware）。使用 Immer 后，10.5.2 节的代码可以改写为：

```
import { create } from 'zustand';
import { immer } from 'zustand/middleware/immer';
const useStore = create(
  immer((set) => ({
    threads: mockThreads,
    addThread: (newThread) =>
      set((state) => {
        state.threads.push(newThread);
```

```
    }),
    // 省略
  }))
);
```

10.5.4　项目实现：利用 Zustand + Immer 共享状态数据

　　现在我们来回顾 10.4.1 节提到的一个 oh-my-chat 的需求：在对话视图中，所有显示联系人名称和头像的位置，都应根据联系人 ID 从 contacts 数据中获取。这涉及两个视图间共享数据的问题，为了确保数据的一致性，全局应当只维护唯一一份联系人名称和头像的数据。我们可以利用 Zustand + Immer 来实现这一功能。为了充分展示这一方案中的状态数据关联，还需要进一步实现修改联系人名称和删除联系人的功能。在此需要特别说明，考虑到后续章节还需要对 oh-my-chat 项目做进一步修改，本节的修改将仅限于联系人视图和聊天视图中的对话列表。

　　首先在项目中安装 Zustand 和 Immer：

```
npm install zustand immer
```

　　在 src 目录下新建一个 stores 目录，并在其中创建一个新文件 chatStore.js，使用 Zustand 的 create 接口和 immer 中间件来创建一个状态存储，将其命名为 useChatStore 并导出。具体代码如下：

```
import { create } from 'zustand';
import { immer } from 'zustand/middleware/immer';
import reactLogo from '../assets/react.svg';

const mockThreads = [   /* 来自 ThreadList.jsx */
  {
    id: 1,
    contactId: 1, // 将 contactName 和 contactAvatar 替换为对应的 ID
    updateTime: '2023-11-04',
    latestMessage: ' 书的主题是现代 React Web 应用的设计开发实践。',
  },
  // 省略
];
const mockContacts = [ /* 来自 ContactView.jsx，省略 */ ];
const useChatStore = create(
  immer((set) => ({
    threads: mockThreads,
    addThread: (thread) => set((state) => {/* 省略 */}),
    removeThread: (threadId) => set((state) => {/* 省略 */}),

    contacts: mockContacts,
    addContact: (contact) => set((state) => {/* 省略 */}),
    updateContact: (contact) => set((state) => {/* 省略 */}),
    removeContact: (contactId) => set((state) => {/* 省略 */}),

    selectedContactId: null,
    selectContactById: (contactId) =>
      set((state) => state.selectedContactId = contactId),
  }))
);
export default useChatStore;
```

可以看到，上述代码中先后定义了 3 个 state：threads、contacts、selectedContactId，以及相应的动作方法（其中部分操作函数暂时不会使用）。值得注意的是 selectedContactId，这个 state 既可以视为业务状态，也可以视为交互状态。将选中的联系人 ID 迁移到 Zustand store 中，而 selectedThreadId 则保留在原有的组件 state 中。这两种方法会对后续代码产生一定影响，但并无优劣之分。

先来改写 ContactView.jsx。首先删除 mockContacts 变量，然后从 chatStore.js 中导入 useChatStore，并用它代替原有的 useState：

```
// 省略
import useChatStore from '../stores/chatStore.js';
const ContactView = () => {
  const contacts = useChatStore((state) => state.contacts);
  const selectedContactId = useChatStore((s) => s.selectedContactId);
  const selectContactById = useChatStore((s) => s.selectContactById);
  const selectedContact = contacts.find((c) => c.id===selectedContactId);
  return ( /* 省略 JSX */ )
};
```

接下来，对 ThreadList.jsx 进行修改。首先，删除 mockThreads 变量，然后引入 useChatStore。通过使用不同的选择器，可以从 store 中获取 threads 和 contacts 数据。接着，利用 thread 中的 contactId 与 contacts 数据进行匹配，生成一组新的带有联系人信息的 thread 对象，以便在 JSX 中进行循环渲染：

```
const ThreadList = ({ selectedThreadId, onClickThreadItem }) => {
  const threads = useChatStore((state) => state.threads);
  const contacts = useChatStore((state) => state.contacts);
  const threadsWithContactInfo = threads.map((thread) => {
    const contact = contacts.find((c) => c.id === thread.contactId);
    return {
      ...thread,
      contactName: contact.name,
      contactAvatar: contact.avatar,
    };
  });

  return (
    <ul className={threadListStyles}>
      {threadsWithContactInfo.map((thread) => ( /* 以下省略 */
```

保存所有文件，并在浏览器中检查页面，联系人列表和对话列表功能应与之前保持一致。至此，我们已经成功实现了利用独立的外部 store 来保存联系人列表和对话列表的状态，同时确保联系人名称和头像数据的单一事实来源。

10.5.5 项目实现：利用 Zustand + Immer 实现修改和删除联系人

趁热打铁，我们现在继续实现修改联系人名称和删除联系人的功能。

打开 ContactDetail.jsx 文件。首先，在 ContactDetail 组件之前定义一个新组件 ContactEdit。该组件包含一个使用受控组件编辑联系人名称的表单，提交表单时将调用 store 中的动作函数 updateContact 来更新联系人信息。具体实现代码如下：

```
const ContactEdit = ({ contact, onClose }) => {
  const updateContact = useChatStore((state) => state.updateContact);
  const [name, setName] = useState(contact.name);
  const handleChange = (evt) => setName(evt.target.value);
  const handleSubmit = (evt) => {
    evt.preventDefault();
    updateContact({ ...contact, name });
    onClose();
  };
  return (
    <form onSubmit={handleSubmit}>
      <div className={contactDetailStyles}>
        <img src={contact.avatar} className="avatar" alt=" 头像 " />
        <input type="text" value={name} onChange={handleChange} />
      </div>
      <div className={contactActionsStyles}>
        <button type="submit"> 保存 </button>
        <button type="button" onClick={onClose}> 取消 </button>
      </div>
    </form>
  );
};
```

接下来，修改同一文件中的 ContactDetail 组件，引入一个用于切换编辑状态的 state 变量 isEditing。当 isEditing 为 true 时，显示 ContactEdit 组件；否则，显示原组件内容。点击"删除联系人"按钮则调用来自 store 的动作函数 removeContact。具体实现代码如下：

```
const ContactDetail = ({ contact }) => {
  const { gotoChatView } = useContext(NavigationContext);
  const [isEditing, setIsEditing] = useState(false);
  const removeContact = useChatStore((state) => state.removeContact);
  if (!contact) {
    return <div className={contactDetailStyles}> 请选择联系人 </div>;
  }
  const { id, name, avatar } = contact;
  return isEditing ? (
    <ContactEdit contact={contact} onClose={() => setIsEditing(false)} />
  ) : (
    <>
      {/* 省略部分 JSX */}
      <button onClick={() => setIsEditing(true)}> 修改联系人 </button>
      <button onClick={() => removeContact(id)}> 删除联系人 </button>
    </>
  );
};
```

保存文件后，在浏览器页面中选中任一联系人，点击详情中的"修改联系人"按钮，我们可以看到图 10-3 所示的界面，在文本框中输入新的联系人名称，然后点击"保存"按钮，可以发现联系人列表和对话列表中相应的联系人名称已经完成更新。

图 10-3　修改联系人界面

然而，当选择任一联系人并点击"删除联系人"按钮后，再返回聊天视图查看对话列表时，页面却意外出错变为空白。原因在于删除联系人时，相应的对话也应当一同被删除，否则它们将无法关联到任何联系人。为了解决这个问题，我们需要在使用 useChatStore 的 removeContact 函数变更 contacts 的同时，调用 removeThread 来更新 threads。具体实现代码如下：

```
const useChatStore = create(
  immer((set, get) => ({
    // ... 省略
    removeThread: (threadId) => set((state) =>
      state.threads = state.threads.filter((t) => t.id !== threadId)),
    // ... 省略
    removeContact: (contactId) => {
      const thread = get().threads.find((t) => t.contactId === contactId);
      if (thread) get().removeThread(thread.id);
      set((state) => state.contacts =
        state.contacts.filter((c) => c.id !== contactId));
    },
    // ... 省略
  }))
);
```

至此，我们利用 Zustand 实现了修改联系人名称和删除联系人及其对话的功能。

10.5.6 可否混用 React 内建 state 和 Zustand

在体验过 Zustand 后，我们来探讨本章的最后一个问题：是否可以在项目中同时使用 React 的内建 state 和 Zustand？答案是肯定的。当我们决定为项目引入 Zustand，并不意味着必须放弃 useState。实际上，它们可以共存并协同工作。通常情况下，可以按照以下方式分工。

- 将全局状态存储在 Zustand store 中。
- 将局部状态存储在 React state 中。
- 将业务状态存储在 Zustand store 中。
- 将交互状态存储在 React state 中。
- 必要时，可以将外部状态同步到 Zustand store 中。

10.6 小结

本章介绍了不可变数据及其对于应用状态管理的重要性。

不可变数据确保了应用状态的可预测性，而正确地更新这些不可变数据结构是确保 React 正确执行重新渲染的关键。开发者可以选择手动实现不可变数据，或利用 Immutable.js 或 Immer 库来简化这一过程。

应用状态管理是一个比 React 内置的 state 更为宽泛的概念。理解应用状态管理的对象和目标，例如识别 React 应用中的 3 种状态：业务状态、交互状态和外部状态，以及从数据流层面区分的全局状态和局部状态，对于决定是否需要引入独立状态管理框架至关重要。此外，本章还介绍了流行的状态管理框架 Zustand 的用法，并展示了如何在 oh-my-chat 项目中利用 Zustand 结合 Immer 建立联系人数据与对话数据之间的关联，并实现了修改和删除联系人的功能。

第 11 章

优化性能与用户体验

本章的知识地图如图 11-1 所示。

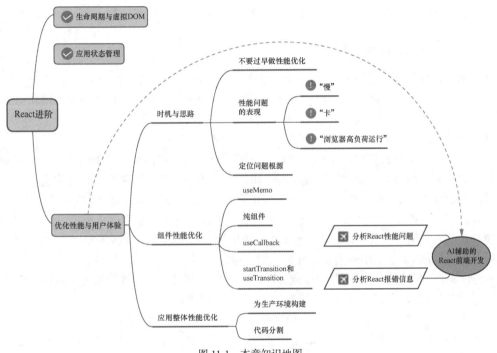

图 11-1　本章知识地图

无论项目规模大小，前端开发者追求优秀的用户体验的脚步不会停止。

为了确保前端应用能够提供优秀的用户体验，一个必要条件是具备良好的性能。本章首先会介绍常见的 React 性能问题，并提供包括 Hooks 和纯组件在内的性能优化方案；然后介绍过早优化的潜在弊端，探讨开展性能优化的合适时机；最后介绍如何运用 AI 技术来分析 React 的性能问题和报错信息。

11.1　性能优化的时机与思路

在深入探讨 React 性能优化之前，先分析一下前端应用性能优化的一些普遍原则。

11.1.1　不要过早做性能优化

著名计算机科学家高纳德·克努特（Donald Knuth）在 *Structed Programming with go to statements* 一文中提出："**过早优化是万恶之源**（Premature Optimization is the Root of All Evil）。"他强调，在程序开发的早期阶段，开发者有许多关键任务需要完成，而过早地优化程序往往会耗费过多精力，却未必能获得相应收益。在开发前端应用时，这一原则同样适用。

包括 9.3 节讲到的 Fiber 协调引擎在内，React 在框架层面上已经实现了许多优化。只要你依照 React 的常规用法来开发应用，对于规模和复杂度适中的 React 应用，即使未进行任何优化，也能够达到主流前端应用的性能水平。当然，滥用这一原则的另一个极端，即完全拒绝程序优化工作，也是不可取的。因此，采取中庸之道，**遇到性能问题时再进行优化**是一个明智的选择。

11.1.2　应用性能问题的表现

那么如何识别性能问题呢？从时间维度来看，与后端服务不同，前端 GUI 面向的是人类用户，其性能问题的阈值要高得多。判断前端应用的性能问题，首先应从**最终用户的视角**出发，将问题的具体表现分为"慢"和"卡"，以及浏览器高负荷运行这 3 种情况。

首先分析 Web 应用中**"慢"**代表什么。

长期以来，对于 Web 前端应用用户已经形成了一套心理预期模型，当浏览器显示网页加载进度时，或者网页应用弹出"读取中"提示时，用户认为等待是不可避免的。有研究表明，当这类等待时间控制在 1 ～ 2 s 以内时，用户满意度较高。当然，尽可能缩短这些时间可以进一步提升用户体验。例如，各大互联网搜索引擎的首页，首次加载时间普遍已经优化至短短的几百毫秒。

换言之，如果用户在使用 Web 应用的过程中明确抱怨"慢"，这通常意味着响应时间已经超过了 2 s 的可接受阈值。下面列举了 5 种常见的"慢"。

- 首次页面加载缓慢。浏览器提供例如一系列指标来衡量页面加载的速度，包括首字节时间（TTFB）、首次内容绘制时间（FCP）、可交互时间（TTI）等。
- 页面部分区域数据加载缓慢。单页应用的一个常见设计是在页面初次加载完成后，再延迟加载列表数据，如果用户等待数秒列表仍未出现，他们可能会认为这一功能响应迟缓。
- 表单提交处理缓慢。在分布式 Web 应用中，用户需要将数据提交至服务器端进行处理和存储。用户在录入表单时花费了时间和精力，提交过程缓慢容易引起用户的不安。
- 页面跳转速度慢。这与首次页面加载缓慢类似，电商网站页面跳转不流畅很容易导致购买转化率下降。
- 短时间内频繁页面刷新。这是一个微妙但普遍存在的问题，如果用户在应用中进行一系列连贯操作，但页面刷新打断了操作的连贯性，那么"慢"的体验会被进一步放大。

接下来，我们来分析 Web 应用中**"卡"**的现象。

在用户的心理预期模型中，网页与服务器端的交互若在数秒内完成，通常被认为等待时间是可以接受的。然而，对于在文本框中输入文字、点击下拉菜单等交互，这一规律便不再适用。当这些操作出现性能问题时，用户往往不会称之为"慢"，而是会感受到"卡"（卡顿、延迟）。

那么，"卡"有标准吗？有观点认为，人类通常察觉不到 100 ms 以内的延迟，这意味着，如果包括视频游戏在内的图形用户界面 GUI 能够达到 60 FPS，即每帧画面 16 ms，则可视为非常流畅。因此，可以说判断前端应用是否"卡"的衡量基准，通常建立在 **10 ~ 100 ms 这个数量级**上。下面列举了 5 种常见的"卡"。

- 表单控件交互卡顿。我们可能在某些网页上遇到过这样的情况：在文本框中连续输入多个字母，如 "abcdef"，但只有 "ab" 立即显示，而 "cdef" 则延迟了 0.5 s 钟才突然跳出来，这种卡顿会显著影响交互的流畅性。
- 鼠标和键盘交互的视觉反馈延迟。这种情况与前面提到的有一些差别，例如一个扁平化设计按钮的鼠标悬停效果有助于用户识别它是一个可交互的按钮而非单纯的图标，但如果鼠标悬停上去，视觉效果延迟 1 s 后才出现，就有可能导致用户误解它仅仅是一个图标。
- 页面纵向滚动不连贯。由于网页的基本布局是纵向的流式文档布局，纵向滚动翻页是网页的基本操作之一。当用户使用鼠标滚轮翻页时，如果页面卡顿导致只翻动了半页，用户将难以精准地定位到想要查看的内容。
- 页面动画掉帧。这个情况与游戏或电影播放时出现的掉帧情况类似。
- 页面短时间无响应。如果页面能够自动恢复正常，用户可能会认为是暂时的卡顿；但如果长时间无响应，用户则会认为页面崩溃了。

在讨论完"慢"和"卡"之后，我们来介绍 Web 应用导致**浏览器高负荷运行**的现象。

从时间维度来看，"慢"和"卡"基本可以涵盖大部分前端性能问题。然而，除了时间之外，**资源维度**同样不可忽视。**计算资源**、**网络带宽资源**、**存储资源**都与用户体验紧密相关，尤其是对浏览器用户而言。

计算资源主要指的是 CPU，如果涉及 WebGL 图形加速，计算资源还包括 GPU。你是否遇到过某些 Web 应用，当使用特定功能时，电脑风扇转速加快、开始嗡嗡作响？在这种情况下，Web 应用可能运行得既不慢也不卡，但却占用了大量的 CPU 资源。这种现象与用户对浏览器网页的期望不符，也被部分用户视为一种性能问题。

在页面既不慢也不卡的前提下，开发者可能不会特别关注网络带宽资源和存储资源。但对于移动设备而言，这两种资源相对昂贵，因此过度消耗流量也可能成为一个问题。

11.1.3 定位性能问题的根源

在应用性能优化方面，本书推崇以下**闭环逻辑**：开发应用→出现性能问题→诊断性能问题的根源→解决性能问题→继续开发应用。当遇到性能问题时，首先应判断它符合前面哪一种表现，然后去定位这一性能问题的根源（Root Cause）。

如果是"慢"的问题，定位方法如下。

- 对于首次页面加载慢和页面跳转迟缓的情况，可以利用浏览器的开发者工具来进行问题诊断，以确定是建立连接缓慢、服务器响应等待时间长、下载速度慢，还是下载队列被阻塞。这里特别推荐使用 Chrome 浏览器开发者工具中的 Lighthouse 工具进行问题诊断。
- 页面局部数据读取缓慢或表单提交处理缓慢的问题根源可能在于服务器处理速度慢。

- 如需频繁刷新页面，则更多指向用户体验设计方面的问题。

如果是"卡"的问题，定位方法如下。

- 表单控件交互卡顿，以及鼠标、键盘交互的视觉反馈延迟，这两种现象的根源通常在于网页 JavaScript 进行了**比较耗时的同步操作**，导致网页的渲染流程阻塞。
- 页面纵向滚动不连贯通常见于 DOM 内容过多的情况。
- 如果页面长时间无响应，则有可能是因为进入了 JavaScript 死循环。

你可能已经注意到，本章从开头到现在所讨论的内容，并非 React 特有的问题。从上述问题根源的定位过程就可以看出，当 React 应用出现性能问题时，并**不一定是在 React 本身的问题，也并不一定要通过 React 来解决**。

当你确定性能问题确实存在于 React 领域内时，可以借助 React 浏览器插件 React Developer Tools 进行进一步诊断。该插件包含 Profiler 性能分析功能，如图 11-2 所示。在使用前，我们可以在设置中勾选"记录每个组件渲染的原因"，以便更深入地理解组件渲染的过程。

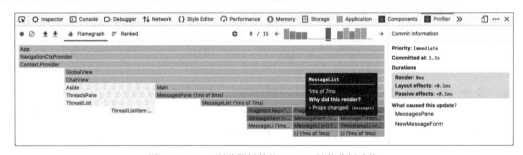

图 11-2   React 浏览器插件的 Profiler 性能分析功能

点击"开始"按钮启动分析，在应用中执行一系列操作，然后点击"停止"按钮，此时扩展将生成火焰图和排位图。通过这些图表，我们可以识别并定位与 React 相关的性能问题的根源。

当同时遇到多个性能问题时，我们应该首先识别出性能瓶颈所在，以便优先处理。

11.2   React 组件的性能优化

与 React 紧密相关的性能问题，通常通过以下方式解决。

11.2.1   利用性能优化 Hook：useMemo 缓存计算结果

当 React 应用遭遇性能瓶颈，出现卡顿现象时，我们可以利用 11.1.3 节提到的 Profiler 工具来诊断问题是否源自 React 内部。一旦确定问题出在某个特定的 React 组件中，其渲染耗时远超其他组件，则应该检查这个组件的代码中是否存在烦琐的计算过程。如果存在，我们可以采用"以空间换时间"的策略进行优化，即通过缓存来减少重复计算。React 专门提供了 useMemo Hook，用于在渲染过程中创建缓存。

这里引入一个重要概念：**记忆化（Memoization）**。记忆化是一种性能优化技术，**它通过缓存**

复杂函数的计算结果来避免重复计算，节省计算时间，从而加快程序的运行速度。useMemo 的命名就来自记忆化技术。

　　useMemo 接受两个参数，一个是工厂函数（Factory），另一个是依赖项数组：

```
const memoized = useMemo(() => createByHeavyComputing(a, b), [a, b]);
//      --------         --------------------------------    -----
//             ^                        ^                      ^
//    工厂函数返回值                 工厂函数                 依赖项数组
```

　　useMemo 的功能是**为工厂函数返回一个记忆化的计算值**，确保在组件的反复渲染过程中，**只有依赖项数组中的值发生变化时，该 Hook 才会调用工厂函数重新计算**，将新的返回值记忆化并返回给组件。

　　useMemo 的典型应用场景是将执行成本较高的计算结果存入缓存，通过减少重复计算来提升组件性能。考虑到现代 JavaScript 引擎的执行效率普遍比较高，纯 JavaScript 计算负担繁重的情况并不常见，除非涉及大量的循环或深层递归。不妨以斐波那契数列递归函数来举例，从 state 中获取 num，将其转换成整数 n 后传递给函数，即可计算出第 n 个斐波那契数：

```
const [num, setNum] = useState('0');
const sum = useMemo(() => {
  const n = parseInt(num, 10);
  return fibonacci(n);
}, [num]);
```

　　状态 num 的初始值是字符串 '0'，组件挂载时 useMemo 会执行一次 fibonacci(0) 计算并返回 0。后续通过文本框输入的方式修改 num 的值，如 '40'，'40' 与上次的 '0' 不同，则 useMemo 再次计算 fibonacci(40)，返回 102334155，如果后续其他 state 发生了改变，但 num 的值保持 '40' 不变，则 useMemo 不会执行工厂函数，直接返回缓存中的 102334155，从而减少组件性能损耗。

　　在任何情况下，useMemo 仅应用于性能优化，开发者不应依赖它来实现任何业务逻辑。useMemo Hook 的 API 接口设计与 useEffect 非常相似，特别是依赖项数组参数，但这两个 Hooks 本质上是截然不同的。它们不仅用途各异，仅从回调函数的执行时机来看，前者是在渲染阶段执行，而后者是在提交阶段执行。因此，我们应切记不要将这两个 Hooks 中的任何一个当作另一个的替代。

11.2.2　利用 React 纯组件避免不必要的渲染

　　经过 Profiler 分析，我们可以发现渲染时间并非集中在特定的几个组件上，而是某个子组件树整体耗时过长。这有可能是因为部分 React 组件代码导致了过多不必要的渲染或重新渲染。接下来，我们来探讨哪些情况会导致不必要的渲染或重新渲染，并介绍相应的优化策略。

　　当一个组件由于 state 变更而触发重新渲染时，其子组件和后代组件也会随之被重新渲染（即使它们的 props 并未发生变化）。然而，父组件及其祖先组件，以及同级组件及其子组件树则不会受到影响，这是由 React 的设计原理保证的。如果这一原则被打破，则需要检查代码中是否意外修改了其他组件的 state 或 context。如图 11-3 所示。

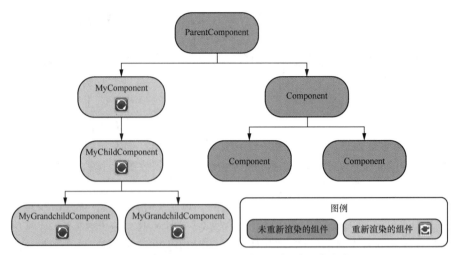

图 11-3　组件 state 变更导致自身和后代组件重新渲染

对于这种递归渲染的情况，需要思考：如果仅针对当前组件触发重新渲染，而刻意阻止其后代组件的重新渲染，是否能够有效提升性能？

React 为此提供了对应的性能优化策略：**纯组件**（Pure Component）。纯组件是一种主要用于性能优化的特殊组件：**当组件的 props 和 state 没有发生变化时，它会跳过这次渲染过程**，直接沿用上次渲染的结果。需要注意的是，与 useMemo 类似，纯组件仅应当作为**性能优化**的手段，开发者不应该依赖组件的行为来实现业务逻辑。

开发者可以使用 React.memo 创建纯组件。

```
const MyPureComponent = React.memo(MyComponent);
//    ---------------      -----------
//          ^                  ^
//        纯组件              组件


const MyPureComponent = React.memo(MyComponent, compare);
//    ---------------      -----------   -------
//          ^                  ^            ^
//        纯组件              组件      自定义对比函数
```

这个 API 可以看作一个高阶组件（Higher Order Component）。它的第一个参数是一个组件，它将返回一个新的纯组件，这个纯组件接受的 props 与原组件相同。在每次渲染过程中，纯组件会把传入的 props 记录下来，下次渲染时会将新的 props 与旧的 props 进行浅对比，如果判断两者相等，则跳过这次原组件的渲染。需要注意的是，原组件内部不应包含 state 和 context 操作，否则即使 props 未发生变化，原组件仍可能因为 props 之外的原因重新渲染。

如果不满足于仅进行浅对比，我们还可以向这个 API 传入第二个可选参数——一个 compare 函数，当 compare 函数被调用时，它会接收 oldProps 和 newProps 两个参数，如果函数返回 true，则视为两者相等；若返回 false，则视为两者不等。

回到前面的例子，只需将 MyChildComponent 调整为纯组件：

```
const EnhancedMyChildComponent = React.memo(MyChildComponent);
```

如果传入纯组件的 props 值没有变化，那么从 MyChildComponent 开始的子组件树的重新渲染将被打断，这就是典型的基于纯组件的性能优化，如图 11-4 所示。

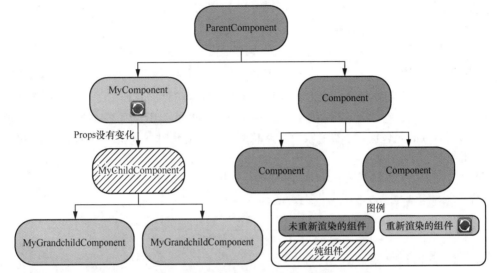

图 11-4　纯组件阻断后代组件的重新渲染

顺便一提，如果希望在首次创建组件时就将其定义为纯组件，我们可以采用如下写法，通过非匿名函数定义被封装的原组件，以避免组件在开发模式下丢失组件名：

```
const MyChildComponent = React.memo(function MyChildComponent() {
  return (<div>{/* 省略 JSX */}</div>);
});
```

最后需要注意一点，就是**避免滥用纯组件**。虽然我们可以选择将项目中的所有组件都转换为纯组件，但这属于明显的过度优化，这样做的代价是可能会形成更复杂的元素树结构，也可能引发组件不按预期重新渲染的问题。本书的建议是，仅对那些比较"复杂"的组件进行优化。

11.2.3　利用性能优化 Hook：useCallback 避免纯组件失效

继续上面的示例，我们在组件树中加入了纯组件，并通过 props 将 state 传递了进去：

```
const MyComponent = () => {
  const [count, setCount] = useState(0);
  return (
    <EnhancedMyChildComponent
      count={count} onClick={() => setCount(count + 1)} />
  );
};
```

设想一下，如果 MyComponent 的 state 保持不变，其子组件 EnhancedMyChildComponent 就不会重新渲染。然而实际情况是，纯组件似乎并未阻止任何重新渲染，就像没有进行优化一样。根本原因在于不可变数据。许多情况下，纯组件之所以会失效，是因为父组件向作为子组件的纯组件传递了函数类型的 props，而这个函数在父组件每次重新渲染时都会被重新创建，从而破坏了数据的不可变性。

针对这类问题，一个有效的解决方案是利用 React 性能优化 Hook——useCallback。

```
const memoizedFunc = useCallback(() => {/* 省略 */}, [a, b]);
//    ------------               ---------------     -----
//         ^                            ^              ^
//    记忆化的回调函数                回调函数        依赖项数组
```

useCallback 会将作为第一个参数的回调函数返回给组件，只要第二个参数依赖项数组中的依赖项未发生变化，它就会确保始终返回同一个回调函数的引用，而不是创建一个新函数，这也确保了回调函数的闭包保持不变；反之，当依赖项发生变化时，useCallback 才会更新回调函数及其闭包。

实际上，useCallback 是 useMemo 的一个马甲，相当于：

```
const memoizedFunc = useMemo(() => () => {/* 省略 */}, [a, b]);
//    ------------        ---------------------    -----
//         ^                     ^  ---------------     ^
//         |                     |         ^            |
// 工厂函数返回的回调函数         工厂函数    回调函数        依赖项数组
```

通过使用 useCallback 创建一个稳定的函数引用，即可解决刚才纯组件优化失效的问题。这样一来，子组件不会盲目跟随父组件一同重新渲染，从而节省了反复渲染子组件的成本：

```
const MyComponent = () => {
  const [count, setCount] = useState(0);
  const handleClick = useCallback(() => {
    setCount((state) => state + 1);
  }, [setCount]);
  return (
    <EnhancedMyChildComponent count={count} onClick={handleClick} />
  );
};
```

组件重新渲染可能会引起其后代组件的连锁反应，其中 context 也是影响因素之一。我们来回顾一下 oh-my-chat 项目中 NavigationCtxProvider 是如何向 context 传递值的：

```
export const NavigationCtxProvider = ({ children }) => {
  const [activeView, setActiveView] = useState('chat');
  const contextValue = useMemo(
    () => ({
      activeView,
      gotoChatView: () => setActiveView('chat'),
      gotoContactView: () => setActiveView('contact'),
    }),
    [activeView, setActiveView]
  );
  return (
    <NavigationContext.Provider value={contextValue}>
```

```
        {children}
      </NavigationContext.Provider>
  );
};
```

在子组件树中，当存在多个 context 的消费者时，任何 `contextValue` 的更新都会导致这些消费 context 的组件重新渲染。为确保 `contextValue` 对象引用的稳定性，我们使用了 `useMemo`。这样做的结果是，只要 `activeView` 保持不变，消费 context 的组件就不会由于 context 的更新而重新渲染。由此可见，`useMemo` 同样适用于避免不必要的重新渲染。

当前，oh-my-chat 在交互过程中涉及重新渲染的组件比例较高，但根据 Profiler 记录的情况来看，并未发现明显的渲染耗时问题，因此目前无须进行优化。尽管如此，出于练习的目的，我们可以尝试利用纯组件、`useCallback` 和 `useMemo` 来尽可能减少其中不必要的渲染。这项练习不仅有助于我们熟练掌握这 3 个 API 的用法，还能加深对 React 渲染机制的理解。由于篇幅限制，这里不再详细展开。

在一些大型 React 项目或者 React 组件库源码中，我们可能会见到大量使用纯组件、`useCallback` 和 `useMemo` 的代码，这通常是基于代码可读性和应用性能之间做出权衡的结果。然而，这一现状可能会随着 React 新版本的发布而改变。Meta 同时推出了试验性的开源工具 React Compiler（React 编译器），该工具通过编译 React 代码，自动实现了组件、计算、函数的记忆化。有了这个工具，开发者无须再手动编写纯组件、`useCallback` 和 `useMemo` 代码，React 应用的性能将自动得到提升。

11.2.4　区分低优先级的更新：startTransition 和 useTransition

在前端 UI 设计中，所有交互都属于关键交互吗？它们同等重要吗？在实践中，前端开发者都面临浏览器资源有限这个现实。在浏览器中，JavaScript 运行在单线程上，这意味着在同一时间能执行的任务是有限的。如果能够人为确定这些 UI 交互的优先级，就可以为更关键的交互保留资源，例如录入文字、滚动列表等。

如 9.3 节所述，Fiber 协调引擎将 React 的渲染过程分解为大量细小的、可中断和可恢复的工作单元，这为 React 的性能优化提供了更多可能性。React 18 引入了 transition（可翻译为"过渡"，下文将沿用英文）概念，可以用来标记那些非关键的 state 更新。

非关键的 state 更新是区别于关键 state 更新而言的。在不作区分时，所有的 state 更新是同等重要的。正如在 4.3.4 节提到的，React 18 在各种事件处理函数或回调函数中，如果存在多个 state 更新操作，则会自动进行批处理，即在单次渲染过程中应用多个 state 的新值。这在总体上提升了渲染效率，但同时也带来一个问题，如果其中某个 state 更新导致的渲染成本较高，则会拖累其他的 state 更新。具体来说，这可能会导致录入文字时出现"卡"。在这种情况下，我们可以将执行成本较高的 state 更新标记为非关键的 transition，并将其在调度器中的优先级排在关键更新之后。在 transition 执行过程中，调度器每 5 ms 就会将控制权交还给主进程，以检查是否有其他更紧急的工作单元，如果有就暂停 transition，从而进一步避免阻塞 UI。

与 transition 相关的有两个 API, 分别是 startTransition 函数和 useTransition Hook。其中 startTransition 仅接收一个回调函数作为参数, 并且没有返回值:

```
startTransition(() => {/* 省略 */});
//               -----------------
//                       ^
//                  scope 回调函数
```

以 oh-my-chat 的 ThreadsPane 组件为例。当用户在对话列表的顶栏中输入搜索关键字时, 对话列表将会刷新, 仅显示包含该关键字的对话。我们需要将此处的输入搜索关键字定义为关键交互, 对话列表刷新定义为非关键操作, 无论如何, 要保证关键交互不会出现卡顿。因此, 我们可以将更新对话列表的逻辑代码放在 startTransition 的回调函数中:

```
const ThreadsPane = () => {
  const [threads, setThreads] = useState([]);
  const [query, setQuery] = useState('');
  const handleSearch = (e) => {
    setQuery(e.target.value);
    startTransition(() => {
      setThreads(threads.filter((t) => t.contactName.includes(query)));
    });
  };
  return (
    <>
      <ThreadTopMenu query={query} onSearch={handleSearch} />
      <ThreadList threads={threads} />
    </>
  );
};
```

这样一来, 每当用户输入搜索关键字时, threads 的更新会被标记为 transition, query 的更新会优先被处理, 调度器仅在空闲时才会继续处理 threads 的更新。然而, 这里有两点需要注意: 首先, 只有当 ThreadList 组件的渲染过程耗时较长时, startTransition 优化体验的作用才能体现出来; 其次, startTransition 对于保存在 Zustand store 中的状态, 即来自 useSyncExternalStore 的数据是无效的。

如果希望在 transition 执行期间获取其执行状态, 可以使用 useTransition, 其返回的 isPending 标志可以用来判断是否存在待执行的 transition:

```
const [isPending, startTransition] = useTransition();
//      ---------   ---------------
//         ^               ^
// 是否存在待执行的 transition    与 startTransition API 相同的函数
```

需要说明的是, React 18 要求 startTransition 的回调函数必须是同步执行的, 如果其中包含异步操作 (例如使用 async 关键字或 setTimeout 函数), 那么这些操作中的 state 更新不会被标记为 transition。然而, 从 React 19 开始, startTransition 的回调函数可以是异步函数。

11.3　React 应用的整体性能优化

除了在组件代码层面，React 应用的性能优化还有其他方式。

11.3.1　为生产环境构建

在 React 源码中，有大量仅**在开发模式执行的代码分支**用于运行时检查，向开发者警示错误的 API 用法，或建议更好的写法。11.1.3 节中提到的 React 浏览器扩展性能分析工具也在 React 源码中做了大量的数据埋点。

这些有利于开发调试的代码，在生产环境中几乎毫无用武之地，反而会降低框架的运行效率。例如调试利器 `console.log`，它在某些环境中会同步执行，大量使用可能会阻塞正常的业务流程。此外，React 框架本身的代码量越大，意味着浏览器需要下载的 JavaScript 文件越大，加载 JavaScript 模块所耗费的资源也会更多。

因此，我们在为生产环境构建 React 应用项目时需要**指定生产模式**，使得编译构建工具从最终产物中清理掉开发模式的代码，有效减轻浏览器运行时的负担。在 Vite 项目中，执行 `vite build`（即 `npm run build`）构建的产物就是面向生产环境的，这时再运行 `npm run preview`，即可在浏览器中预览生产模式下的代码执行效果。

这种优化方式是 React 众多优化策略中颇为经济的一种，可以作为开发者的首选。

11.3.2　代码分割

如果构建出来的生产环境产物（如单个 JavaScript 文件）达到数 MB 大小，我们可以考虑利用构建工具的代码分割功能，将产物拆分成多个 chunk，每个 chunk 文件仅几百 KB，这样做可以有效分散整体的 JavaScript 体积，并充分利用浏览器的并行下载和缓存特性，优化应用加载速度。

除了这种业务无关的代码分割方式，开发者也可以按功能模块或路由显式地分割应用，然后用懒加载的方式在浏览器中按需加载应用的一部分。这部分相关的 API 和实践将在 13.3 节中介绍。

11.4　AI 辅助：分析 React 性能问题

11.1.3 节借助 React Developer Tools 浏览器插件来诊断 React 应用的性能问题。尽管其 Profiler 功能提供了性能监控数据的图形化展示，但有时其中的性能问题并不是一目了然的。那么，能否借助 AI 技术来分析 React 的性能问题呢？答案是肯定的。具体方法是利用 React Developer Tools 的 Profiler 功能记录性能数据，然后将生成的 JSON 文件下载并传递给 Copilot，由它来识别并分析其中存在的性能问题。

现在，通过一个案例来进行实践操作。检出 10.5.5 节的 oh-my-chat 代码并运行，使用已安装 React Developer Tools 插件的 Chrome 浏览器打开页面。接着打开开发者工具并切换至 Profiler 标签页，点击图 11-5 所示的 Reload and start profiling 按钮。此时，浏览器将在开发者工具保持打开

的状态下自动刷新页面，Profiler 会在 React 应用加载
的第一时间开始记录性能数据。这里需要额外说明的
是，由于浏览器扩展接口的差异，Firefox 浏览器中的
React Developer Tools 插件中并不包含这个按钮。

图 11-5　React Developer Tools 的重刷并录制功能

当聊天视图完成消息列表的渲染后，点击导航栏中的联系人视图按钮，切换至联系人
视图。然后点击 Profiler 的 Stop profiling 按钮停止录制，这时 Profiler 将展示一个与图 11-2
相似的火焰图，点击 Save profile... 按钮下载对应的 JSON 文件，文件名类似 `profiling-data.2025-04-20.20-30-18.json`。

返回 Copilot 界面，新建一个聊天，切换至"询问"模式，并选择 OpenAI 的新模型 GPT-4.1，
将之前下载的 JSON 文件作为上下文，然后输入提示语：

`@workspace` 你是一位 React 开发的资深专家。附件中是我用 `React Developer Tools` 浏览器插件的 `Profiler` 功能抓取的性能分析报告，请分析其中有哪些性能问题，按严重程度降序排列，给出对应的优化建议，精确到组件级别，并找到对应的文件。

稍等片刻，Copilot 将展示其分析结果，如图 11-6 所示。文本中的组件名和文件名均为链接，
点击链接即可在左侧编辑器中打开相应的代码源文件，操作十分便捷。

图 11-6　Copilot 根据性能分析数据生成的分析结果

在末尾，Copilot 还将分析结果总结为一个表格，如表 11-1 所示。

表 11-1　Copilot 总结的性能问题和优化建议

严重程度	组件	文件路径	优化建议简述
高	MessagesPane	MessagesPane.jsx	虚拟化列表、合并定时器、状态分离
高	MessageTimestamp	MessageList.jsx	合并定时器、只刷新可见项
中	ThreadList/ContactList	ThreadList.jsx ContactList.jsx	React.memo 包裹列表项，key 优化
中	NavigationCtxProvider	NavigationContext.jsx	`context value` 用 useMemo，必要时才变化

这份分析报告非常详尽，提出的优化建议也具备可操作性。然而，AI 给出的建议仅供参
考，我们应根据具体情况做出判断。例如，引入虚拟化列表虽然会提升性能，但同时会增加实现
的复杂度，因此目前暂不考虑此方案。另外，在 `NavigationCtxProvider` 中，已经使用过

useMemo，目前的更新确实是必要的。

我们期望 Copilot 能够结合上传的性能分析数据文件和 oh-my-chat 的源代码进行综合分析。提示语开头的 "@workspace" 是 Copilot 插件内置的聊天对象之一，其功能是将**整个工作区域**都加入提示上下文，这就包含了 oh-my-chat 的源代码。

这里要注意一个限制：LLM 的**上下文窗口**（Context Window）。上下文窗口定义了 LLM 一次能处理的最大 token 数量，即输入 token 数与输出 token 数之和。当 token 数超出上下文窗口，模型就会 "忘记" 靠前的内容，导致**输出的相关性和准确度降低**。不同模型的最大上下文窗口大小各异，如 GPT-4o 的上限为 128 K，而 Claude 3.5 Sonnet 的上限可达 200 K。当前 src 目录里包含 32 KB 的文本内容，而上传的 profiling-data.*.json 文件的大小达到了 95 KB，再加上工作区域的其他文件、Copilot 内部的一些上下文和指示，输入的总大小可能会超过 GPT-4o 的上下文窗口。另外，我们还需要将文本大小换算成 token 数，大约等于字节数除以 4。经过计算，30 K 的 token 数尚可接受，剩余的 token 足以满足输出需求。

然而，在实际操作中，工作区域的总文件大小会持续增长，特别是当 Profiler 记录的步骤足够多时，JSON 文件的体积也会随之膨胀，会轻易填满模型的上下文窗口，从而导致性能分析结果不完整，甚至出现错误。针对这种情况，可以采取的措施有两种：精打细算地减小各种输入的体积，或者更换一个上下文窗口更大的模型，例如刚才提到的 GPT-4.1，其上下文窗口是 1 M，足以满足需求。

在提示语的开头，有这样一句话 "你是一位 React 开发的资深专家"，这是提示工程中的一个技巧：**角色提示**（Role Prompting）。角色提示可以让 LLM 扮演特定的角色，从而使模型提供的答案更加符合该角色的风格。在应用实践中，这个技巧确实有一定帮助，尽管并非不可或缺。

在利用 AI 辅助分析 React 性能的工作中，我们除了可以使用 AI IDE，还可以借助 ChatGPT。然而，由于 ChatGPT 缺乏项目源码的上下文信息，其分析效果可能会受到一定程度的影响。

11.5　AI 辅助：分析 React 报错信息

在 11.4 节中，我们已经尝试使用 Copilot 的聊天对象 "@workspace"。查阅 Copilot 的官方文档，你会发现这个聊天对象还支持一些子命令，例如 "@workspace /explain" 子命令可以解释选中代码的工作原理等，这里暂不展开讨论。现在，我们来进一步探索 "聊天模式 + @workspace + 来自外部的上下文" 这一组合模式的更多可能性。

当应用出现 bug 时，开发者需要进行调试来修复 bug。调试过程的一个关键步骤是收集并分析**报错信息**。一款成熟的框架在报错时提供的错误信息非常有用，开发者可以通过报错信息了解可能的错误原因及与之相关的源代码位置。然而，分析报错信息往往需要一定的经验和耐心。11.4 节利用 AI 技术辅助分析了性能报告，本节将尝试使用 AI 来分析 React 的报错信息。

首先，修改 oh-my-chat 的代码，故意制造一个 bug。具体操作是将 NavigationContext.jsx 文件的第 11 行的 gotoContactView: () => setActiveView('contact') 修改成 gotoContactView: 'contact'。这时，在浏览器的开发者工具控制台中，我们将看到图 11-7 所示的报错。注意，如

果浏览器未安装 React Developer Tools 插件，
报错信息可能会有所不同。

选中报错信息并复制到剪贴板，然后返
回 Copilot 聊天框，选择"询问"模式，输入
如下提示语：

图 11-7　修改 NavigationCtxProvider 导致浏览器控制台报错

@workspace 请结合代码深入解释为什么应用会报如下错误，并给出修正的建议：

```
Warning: Expected `onClick` listener to be a function, instead got a value of `string`
type. Error Component Stack
    at a (<anonymous>)
    at li (<anonymous>)
    at ul (<anonymous>)
    at nav (<anonymous>)
    at GlobalNav (GlobalNav.jsx:53:11)
    at div (<anonymous>)
    at NavigationCtxProvider (NavigationContext.jsx:5:41)
    at App (<anonymous>)
```

点击"发送"按钮。Copilot 基于报错信息和项目源文件，诊断出导致 bug 的原因就是故意修
改的 NavigationCtxProvider 代码，并给出了相应的修正建议。如图 11-8 所示。

图 11-8　Copilot 分析出导致报错的原因

通过灵活运用 AI 工具，开发者能够显著提升分析 React 报错信息和调试 bug 的效率。

11.6　小结

本章探讨了前端应用性能优化的策略，强调了避免过早进行性能优化的重要性。应用开发的
核心任务仍然是应用开发本身，只有当"慢"或者"卡"的性能问题真实发生时，才应使用一些
工具定位性能问题的根源，进而确定性能问题是否与 React 本身相关。一旦确认存在性能问题，
我们可以在 React 组件层面利用纯组件、useMemo、useCallback、startTransition 或
useTransition 等特性，在 React 应用层面则可以采用生产环境构建或代码分割等方案来解决
React 应用的性能问题。最后，借助 AI 技术辅助分析了 React 的性能问题和报错信息。

第12章

可扩展的 React 代码

本章的知识地图及项目实现，如图 12-1 所示。

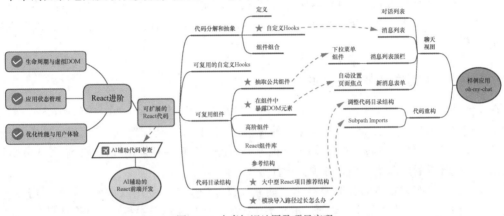

图 12-1　本章知识地图及项目实现

随着 React 应用项目规模的增长，开发者不仅会遇到第 11 章讨论的性能问题，还会面临应用可扩展性（Extensibility）的挑战。

- 一个组件的代码已经累积至数百行，是否有可能进行精简？
- 新开发的组件与先前某个组件极为相似，是否可以实现组件的直接复用？
- 在多个组件中重复出现的某些 Hooks 代码，是否能够实现复用？
- 随着项目规模的增长，JSX 文件的数量逐渐增多，新组件应该添加到哪个位置更为恰当？

上述问题均与应用的可扩展性紧密相关。本章将从**局部**和**整体**两个维度来探讨 React 应用的可扩展性问题。在局部方面，本章将深入讨论组件逻辑和代码复用的策略；而在整体方面，本章将以 React 项目的目录结构为切入点，讨论源代码的组织和扩展策略。此外，本章还会穿插介绍利用 AI 技术辅助进行代码审查的实践案例。

12.1　React 代码的分解和抽象

面对日益复杂的组件逻辑，我注意到许多单个组件的代码行数已经达到了数百行，甚至上千行。在这些组件中，虽然有一些是结构清晰、易于维护的优秀代码示例，但更多的则是存在以下问题的反面示例。

- 承担了过多的职责。
- 业务逻辑与交互逻辑混杂在一起。
- 从其他组件中复制粘贴代码。

具体表现包括但不限于以下几项。

- 传递的 props 数量过多。
- 使用 useState 的次数过多。
- 单个 useEffect 的依赖项数组成员过多。
- JSX 中嵌套了的循环渲染或条件渲染。

这些问题大可多以通过分解和抽象的方式来改进。实际上，第 3 章介绍 React 组件时已经讨论过组件的分解，即拆分。下面将继续介绍如何设计开发自定义 Hooks 和高阶组件，以实现抽象和代码复用。

12.1.1　React 应用代码中的抽象

在软件开发领域，**抽象**（Abstraction）是常被提及的一个概念。在 Java 编程语言中，面向接口的编程便是一种抽象。在 MVC 架构中，模型 M、视图 V、控制器 C 分别代表了抽象的概念，在后端开发中，分层架构的每一层也体现了抽象的原理。在软件开发领域，抽象有助于降低程序的复杂度，使开发者能够集中精力处理关键任务。

我注意到一个普遍的误解，就是认为"抽象仅仅是为了代码复用而存在，如果不需要复用，则无须进行抽象"，这种观点并不全面。虽然为了代码复用确实需要进行抽象，但在日常开发工作中进行的大量抽象并非仅仅为了代码复用，而是为了编写出更加高效、易读、便于维护的代码。

回顾一下作为本书示例的 oh-my-chat 项目，在第 2 章末尾的源码中，src/App.jsx 文件中仅包含 App、ThreadsPane、MessagesPane、ContactsPane、ContactDetail 这 5 个组件。设想一下，如果当时没有继续拆分组件，而是直接将第 10 章之前的所有新功能代码都直接添加到这 5 个组件中，它们的代码将会变得多么臃肿？

因此，从第 3 章起开始进行组件拆分，这不仅涉及对 DOM 结构和样式的分离，还包括对组件数据和逻辑的封装。这些步骤实际上都是在进行抽象化处理。目标是使除 App 组件以外的其他组件独立封装自己的视图、数据和逻辑，从而有效减轻开发和维护每个组件时的负担。

接下来介绍 React 应用中两种主要的抽象方式：自定义 Hooks 和组件组合。

12.1.2　项目实现：自定义 Hooks

在开发 React 函数组件的过程中，开发者会频繁使用各种 Hooks，包括 useState、useEffect 等。当这些 Hooks 的组合能够满足特定的业务逻辑或交互逻辑时，可以根据需求将它们封装成自定义 Hooks。自定义 Hook 本质上是一个函数，其函数名应遵循以 use* 开头，后接一个大写字母的命名规则。在自定义 Hook 内部调用其他 Hooks 时，仍需遵守 3.2.2.3 节讲到的 Hooks 的使用规则。

- 仅限在 React 的函数组件内部调用 Hooks。
- 仅限在组件函数的最顶层调用 Hooks。

也许你会疑惑："既然要遵守规则，这不就违背了刚才提到的两条规则吗？"实际上，这并不矛盾，原因主要有以下两点。

- 自定义 Hooks 仅在 React 函数组件中执行才有效；
- 自定义 Hooks 仅提供了一层简单的封装，尽管在运行时的调用栈上会增加一层，但这层封装并不会在组件与被封装的 Hooks 之间增加额外的循环或条件分支。

先来看 oh-my-chat 中 MessagesPane 组件的代码。该组件维护了 isLoading、contactName 和 messages 这 3 个 state，并在 useEffect 定义的副作用函数中对这 3 个 state 进行了操作。将这段逻辑抽象为一个自定义 Hook，命名为 useFetchMessages：

```
const useFetchMessages = (threadId) => {
  const [isLoading, setIsLoading] = useState(true);
  const [contactName, setContactName] = useState();
  const [messages, setMessages] = useState([]);
  useEffect(() => {
    let shouldIgnore = false;
    setIsLoading(true);
    const fetchMessages = async (threadId) => {/* 省略 fetch 逻辑 */};
    fetchMessages(threadId);
    return function cleanup() { shouldIgnore = true; };
  }, [threadId]);

  return { isLoading, contactName, messages, setMessages };
};
```

自定义 Hook 中整合了 3 个 useState 和一个 useEffect 的代码实现，将其中部分变量封装成一个对象，以便返回给组件使用。因此，MessagesPane 组件可以简化为：

```
const MessagesPane = ({ selectedThreadId }) => {
  const { isLoading, contactName, messages, setMessages } =
  useFetchMessages(selectedThreadId);
  const handleSubmitMessage = (content) => { setMessages(/* 省略 */); };
  return (
    <>
      <MessageTopMenu contactName={contactName} />
      <MessageList messages={messages} />
      <NewMessageForm onSubmitMessage={handleSubmitMessage} />
      {isLoading && <div className={overlayLoadingStyles}>加载中 ...</div>}
    </>
  );
};
```

useFetchMessages 的使用方法与传统 Hooks 相似，也是在组件函数体中被调用，并通过解构语法将返回值拆分成多个变量，以供后续的事件处理函数和 JSX 使用。useFetchMessages 是一个典型的业务型自定义 Hook，它将数据和逻辑从组件中分离出来，减少了组件本身的代码行数，在一定程度上提高了代码可读性。当然，对于 MessagesPane 组件当前的复杂度而言，是否采用自定义 Hook 并不会对组件代码可读性产生显著影响。

只要遵循 Hooks 的使用规则，一个组件中可以使用多个自定义 Hooks，而且自定义 Hooks 内部也可以调用其他自定义 Hooks。在处理复杂组件时，我们可以根据业务逻辑的相关性，将数据和逻辑划分为若干组，每组封装成一个独立的自定义 Hook，然后在组件中组合使用这些 Hooks。

12.1.3　组件组合

当在组件层面进行扩展时,我们需要遵循特定的设计模式,否则会造成代码无序堆砌。React 组件通常以**组合(Composition)**方式来应对大多数扩展需求。回想一下,在前面多个章节中,oh-my-chat 项目中的组件粒度是如何从粗到细逐步变化的。

- 在第 2 章中,App 组件负责将 ThreadsPane、MessagesPane 等组件"组合"在一起;从第 3 章开始,改为由 App 负责将 ChatView 和 ContactView 这两个视图"组合"在一起,而原本由 ThreadsPane、MessagesPane 承担的组合逻辑则被转移到了代表更高层次抽象的 ChatView 中。
- 在第 3 章中,MessagesPane 被进一步拆解为 MessageTopMenu、MessageList、NewMessageForm 这 3 个子组件;在第 4 章和第 5 章中,这三个子组件又分别加入了新的数据处理和交互逻辑,涉及多个组件间通信的逻辑则被提升到父组件中。

由此可以归纳出一个方法论,即对组件进行抽象的着陆点就是组件的组合,换句话说,**对组件进行抽象的产物应当是能够用于进一步组合的新组件**。

通过运用自定义 Hooks 和组件组合,能够有效缩减单个组件的代码行数,将相关的业务聚合在一起,通过封装隐藏部分细节,最终提升组件的可维护性。

12.2　可复用的自定义 Hooks

代码复用是抽象化的一个关键目标。正如 12.1 节所述,自定义 Hooks 和组件组合不仅能够作为代码拆分的手段,还适用于实现代码复用。本节将深入探讨如何创建可复用的自定义 Hooks。

自定义 Hooks 为组件间共享逻辑提供了一种有效途径。创建可复用的自定义 Hook 的过程通常涉及从多个组件中抽取相同的逻辑并封装成一个自定义 Hook,然后根据各个组件的具体需求将逻辑可变的部分参数化,最后在这些组件中复用这个自定义 Hook。

以下代码实例是一个书籍列表组件,它负责从服务器端读取特定类别下的书籍列表。数据以分页形式返回,当存在更多页面时,用户可以点击"读取更多"按钮,以加载下一页数据拼接到当前列表尾部。鉴于之前已有 oh-my-chat 的 MessagesPane 示例,本例进行了一些简化:

```
const BookList = (({ categoryId }) => {
  const [books, setBooks] = useState([]);
  const [totalPages, setTotalPages] = useState(1);
  const [currentPage, setCurrentPage] = useState(1);
  const [isLoading, setIsLoading] = useState(true);
  useEffect(() => {
    const fetchBooks = async () => {
      const url = `/api/books?category=${categoryId}&page=${currentPage}`;
      // 省略 fetch(url) 逻辑
    };
    fetchBooks();
  }, [categoryId, currentPage]);
  return (
    <ul>
```

```
    {books.map((book) => (<li key={book.id}>{book.title}</li>)))}
    {isLoading && (<li>Loading...</li>)}
    <li><button onClick={() => setCurrentPage(currentPage + 1)}
      disabled={currentPage === totalPages}>读取更多 </button></li>
  </ul>
  );
};
```

在上述代码中，实现分页读取书籍列表的逻辑可以被重构为一个自定义 Hook：useFetchBooks，它仅接受 categoryId 作为参数，并在函数体中调用了多个基础 Hooks，其返回值包括 books 列表和加载状态 isLoading。此外，当前页码和总页数经过特别处理，返回计算值 hasNextPage 和一个经过记忆化的回调函数 onNextPage。具体实现代码如下：

```
function useFetchBooks(categoryId) {
  // 省略 4 个 useState 和 1 个 useEffect 语句
  const hasNextPage = currentPage < totalPages;
  const onNextPage = useCallback(() => {
    setCurrentPage(current => current + 1);
  }, [setCurrentPage]);
  return {books, isLoading, hasNextPage, onNextPage};
}
```

通过引入这个新的自定义 Hook 来改写 BookList，可以用 const { books, isLoading, hasNextPage, onNextPage } = useFetchBooks(categoryId) 来替代原有的 Hooks。在 JSX 中，"读取更多" 按钮的代码也可以简化为 <button onClick={onNextPage} disabled={!hasNextPage}> 即可。

假设除了要开发书籍列表组件之外，我们还需要创建一个杂志列表组件 MagazineList。由于读取远程数据逻辑与书籍列表十分相似，唯一的区别在于 REST API 的 URL 不同，因此我们可以对 useFetchBooks 进行微调，允许将 API URL 作为可选参数传入 useFetchBooks：

```
function useFetchBooks(categoryId, apiUrl = '/api/books') {
  // 省略 4 个 useState
  useEffect(() => {
    const fetchBooks = async () => {
      const url = `${apiUrl}?category=${categoryId}&page=${currentPage}`;
```

接下来我们就可以在杂志列表组件中复用这个自定义 Hook：

```
const MagazineList = ({ categoryId }) => {
  const { books, isLoading, hasNextPage, onNextPage } =
    useFetchBooks(categoryId, '/api/magazines');
```

12.3 可复用的 React 组件

除了将组件的数据和逻辑封装成可复用的自定义 Hooks 之外，React 组件本身同样可以被复用。被复用的组件可以仅由 JSX 和样式构成，也可以同时包含 Hooks。

本节将探讨在何种情境下适宜抽取公共组件，并以 oh-my-chat 为例展示如何有效地抽取公共组件。另外，本节将介绍开发公共组件时的一些关键技巧，并简要介绍一些开箱可用的 React 组件库。

12.3.1　项目实现：抽取公共组件

在软件开发领域，有一个重要原则是 **DRY**（Don't Repeat Yourself，不要重复你自己），它建议开发者尽量避免编写重复的代码。这一原则同样适用于前端开发领域。在 React 应用开发过程中，践行 DRY 原则的一个有效策略是抽取公共组件。然而，值得注意的是，DRY 原则并非意味着所有重复代码都应被抽取出来。所抽取的公共组件应当在某些方面具有代表性，比如在业务逻辑、用户交互或者视觉样式上。

抽取公共组件的好处体现在以下方面。

- 减少代码重复。在项目中一次性实现公共组件后，可以多次复用，从而减少整体代码量。
- 简化开发过程。在使用公共组件时，开发者只需关注组件接口，无须深入了解其内部实现细节。
- 增强应用的一致性。公共组件确保了应用在不同部分都具有相同的功能、交互和样式。
- 提升可测试性。公共组件配合充分的单元测试，有助于从整体上提升软件质量。
- 促进团队协作。团队成员可以基于公共组件和业务组件的拆分方式进行分工协作。

下面以 oh-my-chat 项目中一个现成的公共组件为例。8.4 节编写组件样式时曾引入了两个样式组件 Main 和 Aside。接下来，将展示 Main.jsx 文件中 Main 组件的代码。

```
import { styled } from '@linaria/react';
const Main = styled.main`
  position: relative;
  margin: 12px 12px 12px 0;
  /* 省略样式代码 */
`;
export default Main;
```

Aside 组件的代码大同小异。我们可以发现 Main 组件实际上是一个可复用的样式组件，它作为一个独立的文件存在，可以被其他多个组件导入并重复使用。由于 Main 组件已经封装了 `<main>` 元素的样式，使用它的组件就不需要反复实现相同的样式，从而确保了样式的一致性。

接下来，本节将介绍 oh-my-chat 项目中还有哪些组件是值得抽取出来的。在 7.5.2 节中，我们曾为消息列表顶栏按钮添加了下拉菜单，为了实现这个交互功能，还特别处理了 click-outside。从功能角度分析，下拉菜单是现代 UI 中的一个常用组件，许多场景都有其应用；从实现角度来看，click-outside 的交互逻辑具有一定的复杂性，希望避免每次使用都重新实现。因此，下拉菜单组件是值得抽取成公共组件的。

首先为这个下拉菜单的公共组件制定一份简要的需求文档。下拉菜单默认处于收起状态，页面上显示的主体是一个可自定义内容的按钮，点击该按钮会向下展开一个包含下拉菜单列表的浮动层。菜单列表中的每个项目都是一个按钮，按钮的数量、内容和点击事件的处理逻辑均可以根据需要自定义。其中任一个按钮被点击后，除了执行自定义的事件处理逻辑外，还应关闭下拉菜单。下拉菜单被展开的情况下，点击菜单以外的区域（即 click-outside）时，菜单应被关闭。

先在 components 目录创建一个新文件 Dropdown.jsx，从 MessageTopMenu.jsx 中将两个样式 dropdownWrapStyles 和 dropdownStyles 复制到新文件中，再创建一个新组件 Dropdown。这个组件将继承 MessageTopMenu 组件的大部分代码，context 和 contactName

部分除外。Dropdown 组件接收两个 props：一个是 children，类型为 React 元素，用于定义主体按钮的显示内容；另一个是 menuItems，类型为数组，用于定义下拉菜单的菜单项目，数组的每个成员都是包含 label 和 onClick 两个字段的对象。Dropdown 组件的 JSX 结构使用了这两个 props，其中 menuItems 被循环渲染为一组按钮。具体实现代码如下。

```
const dropdownWrapStyles = css`/* 省略样式代码 */`;
const dropdownStyles = css`/* 省略样式代码 */`;
const Dropdown = ({ children, menuItems }) => {
  const [isDropdownOpen, setIsDropdownOpen] = useState(false);
  const handleDropdownClick = () => setIsDropdownOpen(true);
  const dropdownRef = useRef(null);
  useEffect(() => {/* 省略 click-outside 逻辑 */}, [isDropdownOpen]);
  return (
    <div className={dropdownWrapStyles}>
      <button onClick={handleDropdownClick}>{children}</button>
      {isDropdownOpen && (
        <ul ref={dropdownRef} className={dropdownStyles}>
          {menuItems.map(({ label, onClick }) => (
            <li key={label}><button onClick={(evt) => {
                onClick && onClick(evt); setIsDropdownOpen(false); }}>
              {label}
            </button></li>
          ))}
        </ul>
      )}
    </div>
  );
};
export default Dropdown;
```

至此，我们实现了公共组件 Dropdown。在 MessageTopMenu.jsx 中导入该公共组件并使用它，删除重复代码后，可以简化如下。

```
import Dropdown from './Dropdown.jsx';
const MessageTopMenu = ({ contactName }) => {
  const { gotoContactView } = React.useContext(NavigationContext);
  return (
    <header className={messageTopMenuStyles}>
      <h1>{contactName}</h1>
      <Dropdown menuItems={[
        { label: '查看联系人', onClick: gotoContactView },
        { label: '清空消息' },
      ]}>
        <img src={menuIcon} alt="消息菜单" />
      </Dropdown>
    </header>
  );
};
```

在 oh-my-chat 项目中，这个公共组件可以重复使用。读者可以尝试利用 Dropdown 组件为"新建对话"按钮添加一个下拉菜单，供用户选择新建单人或多人聊天。

目前实现的下拉菜单组件相对简单。如果想要设计一个功能完整、适用于各种 React 项目，并且具有优雅 API 的下拉菜单组件，开发者还需要设计更多可自定义的功能，包括菜单是否可以分组、是否支持多层菜单、菜单项是否可以被禁用，等等。此外，为了满足生产环境需求，开发者还需要考虑诸多因素：小到各种边界条件，例如页面高度有限时是否允许滚动菜单项，根据是否贴近屏幕边缘自动调整菜单弹出方向等；大到浏览器兼容性、React 版本兼容性、可访问性等等。对此感兴趣的读者可以参考 12.3.4 节将要介绍的 React 组件库，了解优秀的开源组件库是如何实现下拉菜单的。

回到 oh-my-chat 项目，现在来查看一下 src/components 目录，是否发现文件数量过多？无须担心，后续章节将详细介绍如何优化目录结构。

12.3.2　项目实现：在组件中暴露 DOM 元素

在开发 React 应用的过程中，尽管 React 已经封装了许多 DOM 元素的操作，但还是会遇到需要直接访问 DOM 元素的情况，毕竟 DOM API 提供的功能和接口极为丰富，将其全部封装到 React 框架中既不现实也完全没有必要。例如，在 6.2.2 节中，我们借助 useRef 和 useEffect 优化了 oh-my-chat 的用户体验，实现了自动将页面焦点设置到新消息文本框的功能，这正是通过直接调用原生 DOM 元素的 focus() 方法实现的。

在同一组件中访问 DOM 元素时，通常情况下使用 useRef 和 JSX 中的 ref 属性即可满足需求。然而，在某些特定场景下，可能需要子组件将其内部的特定 DOM 元素暴露给父组件，以便父组件能够更灵活地调用 DOM API 并控制调用时机。这种模式实际上体现了**控制反转**（Inversion of Control）的概念。接下来，我们将结合 oh-my-chat 中的具体案例来介绍如何将子组件的 DOM 元素暴露给父组件。

如果现在打开浏览器，并尝试在 oh-my-chat 的聊天界面中切换与不同联系人的对话，我们可能会发现最近加入的自动将焦点设置到文本框的功能出现了 bug，即只有在页面首次加载时，新消息文本框才会自动获得焦点。一旦切换到其他对话并刷新消息列表，文本框将不再重新获得焦点，这影响了用户体验的连贯性。

针对这一 bug，一个改动较小的修复方式是在 MessagesPane 组件的 JSX 中，为 <NewMessageForm onSubmitMessage={handleSubmitMessage} /> 添加一个特定的 prop：key={selectedThreadId}，这样一来，每当 selectedThreadId 发生变化时，React 将卸载旧的 NewMessageForm 并挂载一个新的实例，从而触发新组件的副作用，实现自动设置焦点的功能。此方法同时解决了另一个 bug：在新消息文本框中输入文字但未发送时，这时若直接切换到另一组对话，原文本框内的文字不会被清除。加入 key 后，新组件文本框会自动清空。

然而，这种修复方式对于自动设置焦点并不理想，因为它在消息列表仍在加载时就执行了，时机过早。如果由 NewMessageForm 的父组件 MessagesPane 来触发设置焦点的动作，就可以更精准地控制触发时机，这就要求 NewMessageForm 将文本框的 ref 引用传递给其父组件。NewMessageForm 的代码修改如下：

```
const NewMessageForm = ({ onSubmitMessage, ref }) => {
  // 省略 ... 删掉原有的与 inputRef 有关的代码
  return (
```

```
    <form className={composeMessageStyles} onSubmit={handleSubmit}>
      <textarea {/* 省略其他props */} ref={ref} />
      <input type="submit" value="发送" />
    </form>
  );
});
```

这里需要补充一点，在 React 19 以前，传递 ref 引用需要调用一个专用的 API，即 forwardRef，来包裹子组件。该 API 接收两个参数：第一个参数是子组件的 props，第二个参数是 ref。示例代码如下：

```
import { forwardRef } from 'react';
const NewMessageForm = forwardRef(function NMForm(props, ref) {
  return (<textarea ref={ref} />);
});
```

传递 ref 借助于 forwardRef API，这一做法源于与类组件兼容性的历史原因。然而，在最新的 React 19 版本中，ref 的传递机制得到了进一步优化，现在 ref 可以直接作为 prop 进行传递，无须再依赖 forwardRef。

接下来在 MessagesPane 组件中创建一个 ref，并通过 JSX 将其传递给子组件。同时，加入一个副作用，当 isLoading 被修改为 false 时调用 DOM 元素的 focus() 方法。具体代码如下：

```
const MessagesPane = ({ selectedThreadId }) => {
  const { isLoading, /* 省略 */ } = useFetchMessages(selectedThreadId);
  const messageFormRef = useRef(null);
  useEffect(() => {
    if (!isLoading) messageFormRef.current.focus();
  }, [isLoading]);
  const handleSubmitMessage = (content) => {/* 省略 */};
  return (
    <NewMessageForm
      key={selectedThreadId}
      onSubmitMessage={handleSubmitMessage}
      ref={messageFormRef}
    />
    {/* 省略其他JSX */}
  );
};
```

保存所有代码后，在浏览器中查看效果。每次切换至新的对话时，消息列表一旦加载完毕，页面焦点会自动定位到新消息文本框，这意味着相关 bug 已被修复。此外，父组件中使用 useRef 并将引用传递给子组件的模式，与 5.2 节介绍的状态提升方法相似，不妨称之为"**Ref 提升**"。

通过 ref 传递 DOM 元素，相当于将子组件的内部实现细节暴露给了父组件，这可能带来潜在的风险。子组件无法预知父组件获取 DOM 元素引用后会执行哪些操作，而父组件也仿佛接到了一个"烫手山芋"，不清楚做哪些操作可能会干扰子组件的正常功能。因此，父子组件之间需要通过定义明确的接口来规定可执行的操作。在 React 中，我们可以使用 useImperativeHandle Hook 来定义 ref 的接口。在下面的代码示例中，在 NewMessageForm 组件内部仍然使用一个独立的 useRef 来访问文本框的 DOM 元素，但对于从父组件传递进来的 ref，我们可以通过 useImperativeHandle 将其值声明为一个仅包含 focus() 方法的对象，该方法封装了文本框

DOM 元素的 `focus()` 方法。

```
import { useState, useRef, useImperativeHandle } from 'react';
const NewMessageForm = ({ onSubmitMessage, ref }) => {
  // 省略 ...
  const inputRef = useRef(null);
  useImperativeHandle(ref, () => ({
    focus() { inputRef.current.focus(); },
  }));
  return (
    <form className={composeMessageStyles} onSubmit={handleSubmit}>
      <textarea {/* 省略其他 props */} ref={inputRef} />
      <input type="submit" value="发送" />
    </form>
  );
});
```

通过这种方式改写后，虽然 MessagesPane 组件中的 `messageFormRef.current.focus()` 代码保持不变，但调用的方法已经从直接操作 DOM 元素的 API 转变为通过 useImperativeHandle 封装的方法。这种封装确保了子组件仅对外暴露 `focus()` 方法，防止父组件随意操作 DOM 元素的其他 API。我们可以尝试在父组件中添加一行代码 `messageFormRef.current.style.backgroundColor = 'red'`，观察改写前后的效果。

实际上，useRef 定义的 `ref.current` 不仅可以存储对 DOM 元素的引用，还可以用来存储其他可变数据，例如坐标值 `{ x: 1024, y: 768 }`。ref 在组件的整个生命周期内都是有效的，从组件挂载开始直至卸载，期间即使组件更新，ref 也不会被清除。这使得 ref 非常适合在多次渲染之间持久存储数据。与 state 不同的是，ref 的变更并不会触发组件的重新渲染。因此，useRef 可以说是 React 单向数据流的重要补充，再配合 useImperativeHandle 的使用，可以衍生出很多 DOM 操作以外的用法。

本节示例主要展示了如何利用 Ref 提升和 useImperativeHandle 进行组件的解耦和封装，并未涉及复用。那么，为什么要把这一节放到组件复用的章节中呢？这主要基于我的实践经验：我曾参与开发可复用的 React 组件库，从代码行数来看，React 组件库中 Ref 提升的使用频率要远高于普通的 React 应用。因此，可以说 Ref 提升和 useImperativeHandle 在设计和开发公共组件时更为常见。

12.3.3 高阶组件

组件复用中存在一种重要的设计模式：**高阶组件（HOC，Higher-Order Component）**。高阶组件可以将一个组件转换成另一个组件，通常用于实现代码复用。具有以下特征的函数即可被视为高阶组件：

```
const EnhancedComponent = withSomeFeature(WrappedComponent);
// ----------------   -------------- ----------------
//          ^              ----       ^             ^
//          |               ^         |             |
//       增强组件        (约定前缀) 高阶组件       原组件
```

```
// 或者：
const EnhancedComponent = withSomeFeature(args)(WrappedComponent);
//      -----------------  --------------- ----  ----------------
//              ^                  ^         ^             ^
//              |                  |         |             |
//                              高阶函数    参数
//                              --------------------
//        增强组件                    高阶组件                原组件
```

　　为了开发高阶组件，通常的做法是首先将多个组件共有的逻辑或交互抽取为一个父组件，再将其封装成高阶组件。

　　以下面这个展示"读取中"状态的高阶组件为例，它从传入的 props 中获取 isLoading 属性，当该属性为 true 时，则展示一个炫酷的读取中 CSS 动画，否则直接展示原组件：

```
function withLoading(WrappedComponent) {
  const ComponentWithLoading = ({ isLoading, ...restProps }) => {
    // 炫酷的读取中 CSS 动画
    return isLoading ? (
      <div className="loading">读取中</div>
    ) : (
      <WrappedComponent {...restProps} />
    );
  };
  return ComponentWithLoading;
}
const EnhancedMovieList = withLoading(MovieList);
// JSX
<MovieList movies={movies} />
<EnhancedMovieList isLoading={isLoading} movies={movies} />
```

　　该高阶组件不仅适用于 MovieList，还适用于 TvShowList、MtvList，是一个可复用的抽象。11.2.2 节介绍的 React.memo API 同样可被视为一个高阶组件。此外，多个高阶组件也可以进行组合使用，例如：

```
const EnhancedMovieList = React.memo(withLoading(MovieList));
```

　　上述示例相对简单，必要时，开发者可以在高阶组件内部集成相关的 state、Hooks，以封装完整的业务或交互逻辑。在设计高阶组件时，需要思考下面这些问题。

- 如果该高阶组件仅在整个应用中使用一次，那么封装它是否真的有必要？
- 如果在组件树的不同分支中多次使用同一高阶组件，是否会导致某些冲突？
- 考虑单一职责原则，高阶组件是否承担了过多职责？

　　需要说明的是，随着 React Hooks 成为主流，在实际开发中，高阶组件大多存在于 React 组件库或相关框架中，而在普通 React 应用项目中则比较少见。对于高阶组件的抽象，建议在满足以下条件之一时考虑使用。

- 正在开发 React 组件库或与 React 相关的框架。
- 需要复用包含视图的逻辑。
- 需要在传统的类组件中复用 Hooks 逻辑。

12.3.4　React 组件库

　　尽管 Web 技术是现代前端开发的主要技术，但其基础语言 HTML 缺乏现代前端应用中常用的一些组件。例如标签页（或称为"页签"，英文为 Tabs），这个组件自 1987 年首次出现在 GUI 中以来，已成为 Web 应用中常见的布局方式之一。然而，截至 2024 年，许多主流浏览器仍未在 HTML 及其对应的 DOM API 中提供对标签页的原生支持。这导致了几乎每个 Web 前端应用都必须自行实现一个非标准的标签页组件。这些通用组件的集合，最终构成了可重用的组件库。React 组件库的价值和意义远不止于此。一套开箱即用的 React 组件库包含了开发现代 Web 应用所需的各种公共组件，小到 `Button`，大到 `DataTable`，它们拥有统一的样式风格和交互行为，并为开发者提供了一致的 API 接口。越是成熟的 React 组件库，其功能越完善，代码质量越高，越能够显著提升开发体验。开发者仅需安装其 npm 包，即可在 React 项目中轻松使用大量现成的公共组件，这不仅降低了开发成本和风险，还提升了开发效率和产品质量。

　　React 组件库主要分为开源组件库和闭源组件库两大类。目前，市面场上比较流行的开源 React 组件库包括 AntD、Material-UI 等。除了开源组件库，一些企业或组织也会基于自身特定需求，自研闭源组件库，仅供内部 React 应用项目使用。选择开源或闭源 React 组件库是一个复杂的问题，限于篇幅这里不作展开。不过，本书的建议是：选择组件库时应考虑 React 项目的具体需求，不应盲目追求开源或闭源；在需要对组件进行大量定制的情况下，开源库可能并不经济，闭源开发也未必成本高昂。在某些情况下，结合使用开源和闭源组件库可能是最佳选择。

12.4　可扩展的代码目录结构

　　从局部到整体，复杂度往往会在代码量上直观地体现出来。在前端工程化和团队协作的背景下，大型 React 项目中代码量达到数万行甚至十万行代码成为常态。随着项目从最初的寥寥数行代码发展到如今的数十万行，你可能会面临如下问题。

- 是否应该将新功能的组件、Hooks 和样式分别编写到不同的文件中，以及源文件的存放位置应如何安排？
- 公共的代码应如何组织存放？
- 当代码文件数量庞大到难以寻找时，该如何处理？

本节将介绍 React 应用的可扩展性问题。

12.4.1　典型的 React 项目文件目录结构

　　项目源码的文件目录结构虽然无法直接反映应用的整体逻辑，但它却能**作为理解应用整体逻辑的一张蓝图**。一个良好的文件目录结构应当是**自解释**的，它可以帮助新接触项目的开发者快速熟悉代码逻辑。

　　React 应用项目通常采用以下 5 种典型的文件目录结构。

- 单文件结构，在单个组件文件中通常采用所有业务逻辑。这种结构主要适用于代码演示。

- 单目录结构，它将组件文件进行拆分，但所有文件都存放在同一个目录下。这种结构适合小型项目。
- 按文件职能划分目录结构，将组件文件、自定义 Hooks 文件和 context 文件分别放置在不同的目录中。这种结构的优点在于能够迅速定位任何一种类型的源码，并且在源码之间的导入导出操作较为便捷；然而，当某个或者某些目录中的文件数量持续增长时，这种结构的局限性就暴露出来：难以快速定位到直接相关的源文件。
- 按组件划分目录结构，为每个组件创建一个独立、平级的目录，所有与该组件强相关的文件都集中存放在这个目录中，这种做法通常被称为**代码共置**（Colocation）。其优势在于为组件提供了一定程度的封装性，使得与组件强相关的所有代码都能在它的专属目录中找到。但是，对于跨组件复用的逻辑，可能难以决定将其存放在哪个组件目录中。
- 按业务功能划分目录结构，意味着目录划分的主要依据不再是框架中的技术概念，而是业务功能。它既强调了相关源文件的共置，又在增加新的业务功能时提供了良好的可扩展性。不过，它也可能遇到一些跨业务功能复用的逻辑，这些逻辑可能难以归类到任何一个业务目录下。

12.4.2　项目实现：大中型 React 项目推荐的文件目录结构

当 React 项目达到中型或大型规模时，文件目录结构应当满足以下关键目标：
- 便于横向扩展（即增加新功能点或视图）；
- 易于快速定位相关代码；
- 鼓励代码复用；
- 有利于团队协作。

为了实现上述目标，这里建议采用以**业务功能为主导的目录划分方法，并结合按组件和按文件职能的方式来构建目录结构**。以 oh-my-chat 项目为例，我们可以构建一套可以作为参考的目录树结构，并将现有的源代码迁移到相应的目录中。

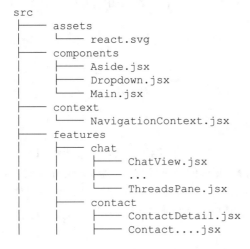

```
src
├── assets
│   └── react.svg
├── components
│   ├── Aside.jsx
│   ├── Dropdown.jsx
│   └── Main.jsx
├── context
│   └── NavigationContext.jsx
├── features
│   ├── chat
│   │   ├── ChatView.jsx
│   │   ├── ...
│   │   └── ThreadsPane.jsx
│   ├── contact
│   │   ├── ContactDetail.jsx
│   │   ├── Contact....jsx
```

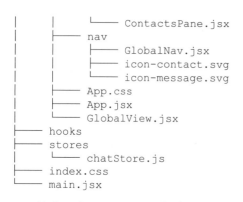

```
|     |        └──── ContactsPane.jsx
|     ├──── nav
|     |     ├──── GlobalNav.jsx
|     |     ├──── icon-contact.svg
|     |     └──── icon-message.svg
|     ├──── App.css
|     ├──── App.jsx
|     └──── GlobalView.jsx
├──── hooks
├──── stores
|     └──── chatStore.js
├──── index.css
└──── main.jsx
```

　　首先，在 src 目录下创建一个名为 features 的新目录。在 features 目录下，每个一级目录都对应一个相对完整的业务功能模块，其中包含实现该功能所需的各种代码文件。为 oh-my-chat 项目创建 3 个一级目录：nav、chat、contact，并将相关的业务组件从原有的 components 目录迁移到相应的目录中。对于那些较为复杂的业务功能，可以根据需要在一级目录下进一步划分出二级目录，每个二级目录都对应一个相对独立的子功能（业务），其内部存放着实现这些子功能的代码。必要时还可以继续划分出三级或四级目录，但应避免过度增加目录层级。通过这种方式，features 目录能够灵活地从横向和纵向两个维度扩展功能点。

　　在 features 目录之外，我们可以为共享代码创建一系列职能型的目录，包括用于存放可重用组件的 components 目录、可重用 Hooks 的 hooks 目录；context 目录的主要功能并非复重用，而是实现跨业务功能的 context 共享。这些共享代码的目录层级不宜太深，以一到二级为主。本章前半部分提到的 Aside、Main 和 Dropdown 组件被保存在 components 目录中。

　　以上目录结构具有良好的可扩展性，能够满足 oh-my-chat 项目未来很长一段时间的开发需求。

　　前面介绍的目录结构都是基于单个 React 项目的情境。此外，根据实际项目需要，许多 React 项目采用了多项目或 monorepo 的开发和扩展方式，尽管这样做会增加编译构建、CI/CD 的复杂性，但它更有利于团队协作，并能提升整体开发效率。在这样的开发实践中，追加功能点到同一个 React 项目（或 monorepo 的包）可以视为纵向扩展，将特定模块、可复用组件和逻辑抽取为独立 React 项目（或 monorepo 的包）则视为横向扩展。

12.4.3　项目实现：模块导入路径过长怎么办

　　在大中型 React 项目中，有时会遇到下面的 import 语句：

```
// src/a/b/c/d/e/f/g/h/MyComponent.jsx
import Dialog from '../../../../../../../../components/Dialog';
```

　　在这种情况下，我们首先需要确定 MyComponent.jsx 是否确实需要放置在这种深层路径下。如果发现项目中普遍存在这一现象，那么可以利用 Node.js 的**子路径导入**（Subpath Imports）功能，或是前端构建工具提供的非标准 module 别名（Alias）功能来缩短代码中的导入路径。其中我个人更倾向于推荐使用 Subpath Imports，虽然它并不是 ECMAScript 标准的一部分，但作为 Node.js 主推的功能，它已经被包括 Vite 在内的主流前端构建工具所支持，VS Code 中也可以解析这种导入方式。我们可以在刚刚修改过目录结构的 oh-my-chat 项目中，配置使用 Subpath Imports。首先，修改项目的 `package.json` 文件，添加以下路径映射：

```
"imports": {
  "#assets/*": "./src/assets/*",
  "#components/*": "./src/components/*",
  "#context/*": "./src/context/*",
  "#hooks/*": "./src/hooks/*",
  "#stores/*": "./src/stores/*"
},
"dependencies": { // 省略 ...
```

然后在项目代码中改写过长的导入语句，替换掉其中的多层相对路径。例如 `src/features/chat/MessageTopMenu.jsx` 的导入语句：

```
import React from 'react';
import { css } from '@linaria/core';
import NavigationContext from '../../context/NavigationContext.jsx';
import Dropdown from '../../components/Dropdown.jsx';
import menuIcon from './icon-menu.svg';
```

可以改写成：

```
import NavigationContext from '#context/NavigationContext.jsx';
import Dropdown from '#components/Dropdown.jsx';
```

在一些前端项目中，你可能会注意到以 "@/" 为前缀的 module 别名，如 `@/components`、`@/styles` 等。这是 React 全栈开发框架 Next.js 的默认配置，其底层是依赖构建工具（如 Webpack 或 Turbopack）来实现的。我个人更倾向于使用 Subpath Imports，作为 Node.js 本身的功能，其适用范围比特定构建工具更为广泛。此外，许多 npm 包也采用以 "@" 为前缀的命名方式，例如 `@linaria/core`、`@tanstack/react-query`、`@testing-library/react`。因此使用 "@" 作为别名可能会引起混淆。

12.5　AI 辅助：代码审查

在本章中，我们对代码进行了多处重构，这不仅意味着改动比较大，同时也意味着出错风险也比较大。在这种情况下，如果有其他人员协助开发者检查代码，有助于提升代码质量。在软件工程实践中，**代码审查**（Code Review）是一个重要环节，即由非代码原作者的其他人员对代码进行检查。代码审查的目的在于确保进入代码库中的代码质量能够持续得到提升。目前，大多数主流的代码仓库（如 GitHub 和 Gitee）提供了代码审查功能。虽然传统的代码审查都是人工完成的，但随着 AI 辅助开发技术的快速发展，代码审查也逐渐成为 AI 能够有效执行的任务之一。

在代码审查的标准流程中，开发者首先从代码仓库中检出代码，接着创建一个新分支，进行必要的修改。完成修改后，开发者将更改提交分支到代码仓库，然后创建一个从该分支到主分支的**拉取请求**（Pull Request，PR）。随后，负责审查的其他工程师会在 PR 中进行代码审查，对代码的变更提出反馈意见。开发者根据反馈意见调整自己的代码，直到 PR 获得批准。一旦 PR 通过审查，PR 关联的代码变更就会合并至主分支，正式成为产品代码的一部分。这里"负责审查的其他工程师"可以有多位，同时也可以让 AI 加入作为审查者之一。

市面上有现成的 AI 代码审查工具，如 GitHub.com 提供的 Copilot 线上版本、CodeRabbit 等，这里不再详细说明。接下来，将展示如何使用集成开发环境（IDE）内置的代码审查功能。

在做下面的实验之前，本章的 oh-my-chat 代码更改需要全部提交到代码仓库。现在，请你检出本章开头的代码，然后重新实现本章的代码修改，不需要完成全部修改，只需完成 12.3.2 节的修改即可，但暂时先不要提交代码。在 VS Code 的源代码管理视图中，我们看到尚未提交的代码列表，在列表上方找到 `Copilot Code Review - Uncommitted Changes` 按钮，如图 12-2 所示，点击它。

稍等片刻，Copilot 会输出它对代码改动的反馈意见，如图 12-3 所示。

图 12-2　VS Code 源代码管理界面的
Copilot 代码审查按钮

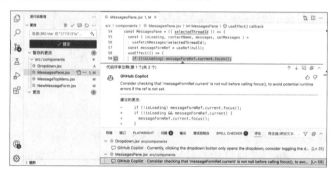

图 12-3　Copilot 代码审查的反馈意见

可以看到，Copilot 建议对 `messageFormRef.current` 进行空值检查，并提供了推荐的代码修改方案。开发者可以根据自己的判断决定是否接受这些建议，或自行进行代码调整。完成实验后需要将代码回滚，以便于下一章继续使用。

借助 AI IDE 集成开发环境的代码审查功能，我们可以在代码提交至代码仓库、创建拉取请求之前有效提升代码的质量。

12.6　小结

本章首先介绍了通过抽象来简化组件的设计和开发流程的方法，包括 React 框架中的自定义 Hooks 和组件组合这两种抽象方式；然后深入讨论了代码复用的策略，包括如何抽取可复用的自定义 Hooks 和公共组件，并以 oh-my-chat 为例展示了如何抽取公共组件、如何利用 Ref 提升和 `useImperativeHandle` 来暴露子组件的 DOM 接口；接下来简要介绍了高阶组件和 React 组件库的概念；随后介绍了如何从项目目录结构这一整体层面应对大中型 React 应用的扩展问题，并以 oh-my-chat 项目为例演示了以按业务功能划分为主，结合按组件、按文件职能划分的目录结构；最后演示了如何用 Copilot 工具对本地代码修改进行代码审查。

第三部分

Web 应用开发

本部分共包含 6 章，涵盖开发一个完整 React Web 应用的方方面面。

本部分以构建一个完整应用为主线，结合 React 技术生态，详细介绍了前端路由、表单处理、与服务器端通信、单元测试、端到端测试、前端工程化等关键知识点，并展示了如何开发一款 AI 聊天机器人，从而拓展前端开发的边界。

通过本部分的学习，我们可以掌握 React Web 应用开发的核心技术，并在 oh-my-chat 应用中实践应用这些技术，甚至可以独立或者与团队协作开发和维护大中型 React Web 应用项目。

第13章

前端路由

本章的知识地图及项目实现，如图 13-1 所示。

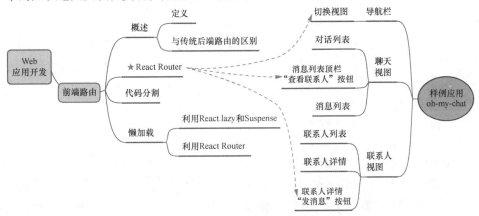

图 13-1　本章知识地图及项目实现

在互联网世界中，每个网页都拥有一个独一无二的网址，即 URL（Uniform Resource Locator，统一资源定位符）。借助这个网址，用户能够轻松定位和访问目标网页。无论部署在互联网还是局域网中的 B/S 架构 Web 应用，基本上都是通过 URL 来实现访问的。现代 Web 应用的页面大多是动态生成的，这意味着，根据用户的不同操作和不同上下文，具有相同 URL 的同一页面也能够展示出不同的功能和内容。这与传统的静态网页有本质区别。随着 Web 应用的演进，为了提升用户体验和搜索引擎优化（SEO），开发者们开始为 Web 应用精心设计 URL，并基于 URL 来实现功能模块间的导航，这一过程通常被称为路由（Routing）。

本章将深入探讨前端路由的概念，并结合 oh-my-chat 实例介绍如何在 React 应用中实现前端路由，其间还会涉及 React 的代码分割和懒加载技术。

13.1　前端路由简介

本节将介绍什么是前端路由，以及它与传统后端路由之间的差异。

13.1.1　什么是前端路由

在计算机技术领域，路由指的是在网络中选取数据传输路径的过程。而在 Web 应用领域，路由的概念更加具体，一般指将用户发起的请求分派至 Web 应用内部不同模块进行处理和响应的过程。一个 Web 请求包含多种特征，这些特征可以作为分派请求的判断条件，例如请求使用的协议、域名或主机名、端口号、路径、请求参数及请求方法等。服务器在接收到 Web 请求后，可以通过多种中间件或服务来判断和分派请求，例如 Nginx、Envoy、Node.js 服务等。得益于这些标准和基础设施，对特定 URL 的请求能够轻松地访问到特定的服务器端资源。

这种请求和响应的模式对于传统网站和网页来说非常适用，然而对于以单页应用（SPA，Single Page Application）为代表的现代 Web 应用而言，它可能会带来一些问题。当用户从一个旧的 URL 导航至一个新的 URL 时，如果希望利用服务器端技术处理路由，就势必会刷新页面，这将导致页面重新渲染和页面状态被重置，造成用户体验的下降。那么，是否存在一种方法，可以在改变 URL 的同时避免页面刷新呢？答案是肯定的，前端路由即可实现这一目标。

前端路由完全基于现代浏览器技术实现，能够在更新 URL 的同时保持页面状态，并且通知页面中特定的 JavaScript 来处理 URL 的变更。除了防止页面刷新，前端路由还具有以下优势。

- 用户能够迅速导航至所需视图或功能；
- 在导航期间保持页面状态；
- 减少浏览器与服务器端之间的通信，从而提升应用性能；
- 有助于 SEO（搜索引擎优化）。

前端路由的底层主要有以下两种可选的技术。

- 浏览器的 History API。History API 允许开发者通过全局对象 history 访问浏览器会话的历史记录，特别是，开发者可以使用 history.pushState() 和 history.replaceState() 方法在不刷新页面的前提下更改 URL，这种修改会触发 window 对象的 popstate 事件。
- 浏览器地址中的 hash。URL 中 "#" 号之后的部分被称为 hash 或片段（Fragment），当我们通过浏览器访问一个 URL，其 hash 部分发生变化时，页面不会进行刷新。然而，在 JavaScript 中，我们可以通过监听 window 对象的 hashchange 事件来响应这一变化。此外，JavaScript 代码也可以用来更改 URL 中的 hash 部分。

这两种技术均可以修改 URL 并监听相关事件，从而支持前端路由功能。目前，主流的现代浏览器对这两种技术均提供完整支持。第一种技术因其支持的 URL 格式更接近真实的网络地址，越来越受到开发者的青睐。然而，为了确保同一个 URL 在前端路由与后端路由中的一致性，服务器后端也必须能够正确解析该 URL，并将其分派至相应的单页应用（SPA）页面。

13.1.2　前端路由与传统后端路由的区别

前端路由与传统的后端路由在某些方面具有相似性，但也存在诸多区别。详细对比请参见表 13-1。

表 13-1　前端路由与后端路由的区别

	前端路由	后端路由
发生位置	浏览器端	服务器端
用途	管理单页应用的导航	处理 Web 资源请求和响应

	前端路由	后端路由
基础技术	JavaScript	服务器端编程语言（Node.js、Java、C# 等）
页面刷新	不会刷新整个页面，只更新部分内容	需要刷新整个页面
支持的路由条件	实际上并没有发出新的 HTTP 请求，无法更改请求协议、域名或主机名、端口号，可以更改路径、请求参数和 hash	可以处理 HTTP、HTTPS、FTP 等协议，可以根据域名或主机名路由到特定服务器，可以配置接收不同端口的请求，可以处理 GET、POST、PUT 等 HTTP 方法，可以响应路径、请求参数的变化，但不会处理 hash（因为浏览器不会把 hash 发送到服务器端）
页面状态	可以在导航期间保持页面状态	请求和响应是无状态的，可以利用 session 在一定程度上保持多个请求间的状态
性能	URL 变化和视图切换本身耗时可以忽略不计	需要等待服务器端响应并下载对应资源
错误处理	由于没有实际发出 HTTP 请求，浏览器端无法获取 404 等状态码，需要自定义找不到视图等处理逻辑	服务器端可以根据 HTTP 响应状态码 404、500 等设置专用的错误页面
SEO	能提供基础的 SEO 功能，若需完整的 SEO 功能需要搭配 SSR（服务器端渲染）技术	具有完整的 SEO 功能
代表性框架	React Router	Express.js、Nginx

了解前端路由和后端路由之间的区别，有助于开发者更有效地设计和应用前端路由。

13.2　利用 React Router 实现 React 前端路由

上一节已经探讨了前端路由的底层技术原理，在 React 项目中我们同样可以借助这些技术来实现前端路由功能。然而，在重复实现轮子之前，我们可以先检索市场上是否存在现成的解决方案。React Router 是一款优秀的开源库，它凭借完整的路由功能、易用的 API 和详尽的文档支持，逐渐成为 React 应用开发中实现前端路由的首选工具。本节将介绍 React Router 的基本用法，并在聊天应用 oh-my-chat 中实践前端路由技术。

13.2.1　React Router 基本用法

先来看一段示例代码：

```
import { Route, Link, Outlet } from 'react-router-dom';
// 定义路由的 JSX
<Route path="/" element={<Layout />}>
  <Route index element={<Home />} />
  <Route path="about" element={<About />} />
  <Route path=" books" element={<Books />} />
  <Route path="*" element={<NotFound />} />
</Route>
// Layout 组件，其他组件省略
function Layout() {
  return (<div>
```

```
  <nav><ul>
    <li><Link to="/"> 首页 </Link></li>
    <li><Link to=" /about"> 关于 </Link></li>
  </ul></nav>
  <main><Outlet /></main>
 </div>);
}
```

这段简单的代码首先展示了 React Router 的核心概念，即通过 Route 对象来设定路由规则。代码中使用 JSX 语法定义了多个路由规则，如访问根路径"/"会渲染 Home 组件，访问"/about"路径会渲染 About 组件，如果访问尚未定义过的路径则会渲染 NotFound 组件等。Route 对象还支持路由的嵌套功能，这意味着当访问的 URL 路径同时匹配多层规则时，所有相关规则都会生效。利用这一特性，我们可以在外层路由中嵌入 Layout 组件。在 Layout 组件的 JSX 中，<Outlet /> 相当于一个占位符，会根据匹配的路由规则渲染为相应的子组件，如访问"/books"路径时，会同时渲染 Layout 组件和 Books 子组件。此外，代码还展示了 Link 组件的用法，这个组件相当于 HTML 的 <a> 标签，但点击后不会以刷新页面的方式跳转，而是利用 History API 来修改 URL，并触发前面 Route 定义的路由规则，渲染相应的组件。

除此之外，React Router 中还有一个重要概念 Router，负责协调 React Router 的所有其他部分。Router 有多种实现形式，包括 BrowserRouter、HashRouter、MemoryRouter 等，其中 BrowserRouter 和 HashRouter 分别对应了 History API 和 URL 的 hash 两种前端路由的底层技术。

React Router 自推出以来，经历了一系列演进，从早期版本 v3 升级到 v5，再升级到 v6，其间引入了一些比较大的变化，甚至包括破坏性更新（Breaking Changes）。从 v6.4 版本开始，React Router 新增了一整套 Data API，v7 版本更是融合了全栈框架 Remix 作为其框架模式。新旧 API 的共存导致其文档更加复杂，技术社区中有人批评 React Router 新版存在过度设计的问题。对于新项目，我的个人建议使用最新的 React Router v7.x。这个版本大量采用了 Hooks，并且优化了对 React 19 的兼容性，更符合现代 React 开发趋势。新版本中的 Data API 的引入基于一个前提：React Router 官方认为**数据操作与 URL 是耦合的**，即用"改变 URL 同时获取数据"的设计来替代"组件挂载时获取数据"，这种设计的优势在于能够将数据获取与组件渲染解耦。当然，这并非强制，开发者可以根据实际需求采用不同的设计。即便不调用 Data API，我们也可以在创建 Router 或其他操作时采用支持 Data API 的写法，这将有助于将定义路由与组件渲染过程解耦，从而提升代码的可维护性。

13.2.2　项目实现：为 oh-my-chat 加入前端路由

本节将通过实践 React Router 来增强 oh-my-chat 应用，引入前端路由功能来替代之前通过 context 实现的导航机制，为此我们将设计两个主要路径"/chat"和"/contacts"。

首先，在 React 项目中安装 npm 包 react-router（本书使用 v7.6.0 版本）：

```
npm install react-router
```

然后改写根组件 App，具体代码如下：

```
import { createBrowserRouter, createRoutesFromElements, Navigate,
  Outlet, Route, RouterProvider } from 'react-router';
// ... 省略
const router = createBrowserRouter(createRoutesFromElements(
  <Route path="/" element={<Layout />}>
    <Route index element={<Navigate replace to="/chat" />} />
    <Route path="chat" element={<ChatView />} />
    <Route path="contacts" element={<ContactView />} />
  </Route>
));

const rootStyles = css`/* 省略样式 */`;
function Layout() {
  return (<div className={rootStyles}>
    <GlobalNav />
    <Outlet />
  </div>);
}

function App() {
  return (<RouterProvider router={router} />);
}
```

　　其中，createBrowserRouter() 用于创建一个支持 Data API 的 BrowserRouter 的实例，而嵌套的 createRoutesFromElements() 则允许开发者使用更熟悉的 JSX 语法来定义 Route。对 JSX 语法并无偏好的开发者也可以选择使用 POJO（普通 JavaScript 对象）来定义路由对象，具体可以参考官方文档。在目前定义的路由规则中，根路径 "/" 负责渲染 Layout 组件。在渲染过程中，嵌套的 "/chat" 和 "/contacts" 路径会将 Layout 中的占位符 Outlet 组件分别替换为 ChatView 和 ContactView，由于 Outlet 组件的存在，我们可以删除之前在 5.3.2 节创建的 GlobalView 组件。标记 index 属性的路由等同于 "/" 路径，渲染时会调用 Navigate 组件自动跳转到 "/chat"。最后，App 组件使用 RouterProvider 来渲染 BrowserRouter 实例，其内部实现会将一些必要的状态和操作方法存储在 React Router 专用的 context 中。

　　接下来，对 GlobalNav 组件进行修改，使用 React Router 的 NavLink 组件改写原有的 <a> 标签。在 NavLink 的 props 中，to 用于指定目标路径，而 className 则通过回调函数来指定高亮样式。示例代码如下：

```
import { NavLink } from 'react-router';
const GlobalNav = () => (
  {/* 省略部分 JSX */}
  <li>
    <NavLink to="/chat"
      className={({ isActive }) => cx(isActive && activeStyles)}>
      <img src={messageIcon} alt=" 消息 " />
    </NavLink>
  </li>
  <li>
    <NavLink to="/contacts"
      className={({ isActive }) => cx(isActive && activeStyles)}>
```

```
        <img src={contactIcon} alt=" 联系人 " />
    </NavLink>
  </li>
);
```

最后，利用 React Router 提供的 Hook `useNavigate` 改写 `MessageTopMenu` 和 `ContactDetail` 组件中的视图切换逻辑。以 `ContactDetail` 为例：

```
import { useNavigate } from 'react-router';
const ContactDetail = ({ contact }) => {
  const navigate = useNavigate();
  // 省略
  return ({/* 省略其他 JSX */}6yt
    <button onClick={() => navigate('/chat')} className="primary-button">
```

至此，5.3.2 节中创建的 `NavigationContext` 的功能已被 React Router 完整替代，相关的原文件可以安全删除。保存所有修改，在浏览器中检查左侧导航栏、消息列表顶栏和联系人详情的视图切换功能，这些功能已经通过前端路由的 URL 跳转得到更新。多次交替点击聊天视图和联系人视图的导航链接后，你会看到地址栏中的 URL 发生了变化。这些访问记录还会被记录在浏览器会话历史中，这时点击浏览器的后退按钮可以返回到前一视图。

当浏览器的 URL 停留在 "/contacts" 路径时，我们可以尝试点击浏览器的刷新按钮来刷新页面，随后，oh-my-chat 并不会像之前一样重置为聊天视图，而是直接进入联系人视图，便于用户的快捷访问。这种通过 URL 直接访问网站或应用特定内容的设计，被称作深度链接（Deep linking）。实际上，我们还可以为 oh-my-chat 设计更深层的路径，例如 "/chat/{threadId}" "/contacts/{contactId}" 等，这样就可以使用 URL 中的路径参数（Path variables）来替代 `selectedThreadId`。

回顾 10.4 节讲到的应用状态分类，我们可以发现，通过 React Router 的改写，oh-my-chat 的当前视图状态已从之前的**交互状态**转变为**外部状态**，这一外部状态可以被 React Router 提供的组件和 Hook 读取和更改。这一转变的主要目的是为了引入前端路由，从实现的角度来看，它也促成了路由与其他逻辑的解耦，但这也造成了路由状态与其他应用状态的割裂。如果遇到"获取数据后跳转到新路径"或"如果用户没有权限访问当前路径就跳回默认路径"这类需求，我们需要考虑代码的编写方式以及代码的存放位置，甚至还需要在不同状态之间进行数据同步。

13.3　React 代码分割和懒加载

前面 11.3.2 节曾提到，针对构建后代码文件体积过大的问题，我们可以借助代码分割来提升 React 应用的加载性能。本节将深入探讨 React 内置的代码分割与懒加载机制，并展示如何将它们与路由结合。

13.3.1　React 的代码分割

在将 React 应用部署至生产环境之前需要经历构建过程，如 Vite 在项目中执行 npm　run

build 命令会在 dist 目录下生成包含构建产物的文件，如 `assets/index-492a4602.js`。这些构建产物不仅包括 React 项目的源码，还整合了作为依赖项的框架和库的代码，例如 react 和 react-dom。目前，**oh-my-chat** 构建结果中的 `index-492a4602.js` 文件大小为 229 kB，浏览器在一般 Wi-Fi 网络环境中几乎可以瞬间完成下载。然而，随着 React 项目扩展为中型或大型项目，构建产物的文件体积可能会达到数 MB，甚至超过 10 MB。浏览器读取如此庞大的应用文件时，会感受到明显的延迟，从而影响用户体验。

为了应对这种情况，我们可以采用代码分割的方式，通过增加构建后代码文件的数量来减小单个文件的体积，从而提升 React 应用加载的效率。

以 Vite 为代表的现代前端构建工具已经内置了与框架无关的代码分割机制。以 **oh-my-chat** 应用为例，如果希望从构建后的代码中将联系人视图的代码分割出来，只需将 App.jsx 文件中原有的 `import ContactView from './contact/ContactView.jsx'` 语句更改为 `const ContactView = import('./contact/ContactView.jsx')` 即可。这时再运行 npm run build，我们可以发现构建产物中新增了一个大小不足 3 kB 的 `ContactView-22f116d3.js` 文件，相对应地，`index-xxx.js` 文件体积也有所减少。需要注意的是，经过分割的文件在 React 中无法直接加载，因为 `import()` 语句返回的是一个 Promise 对象，而不是组件，需要编写特定的逻辑来处理 Promise。

13.3.2　利用 React.lazy 和 Suspense 进行懒加载

React 提供了 `React.lazy()` API 用于实现组件的懒加载功能。开发者可以将 13.3.1 节提到的 `import()` 语句嵌入作为 `React.lazy()` 参数的回调函数中，并返回相应的 Promise 对象。当这个 API 被调用时，它会返回一个新组件。React 会在该组件首次渲染时执行回调函数，并等待返回的 Promise 对象解析完成，随后 Promise 解析结果的 `.default` 属性值将被作为 React 组件进行渲染。

以 **oh-my-chat** 的 MessagesPane 组件为例，该组件及其子孙组件的懒加载功能的实现代码如下：

```
const MessagesPane = React.lazy(() => import('./MessagesPane.jsx'));
```

然而，仅有上述代码还不够。在 `React.lazy()` 的回调函数被调用后，Promise 得到妥善处理之前，MessagesPane 组件会处于**挂起**（Suspend）状态。对于处于挂起状态的组件，React 会在其祖先组件中查找最近的 Suspense 边界，并用这个 Suspense 指定的后备视图来替代 Suspense 的子组件树。在 React 中，用于定义 Suspense 边界的组件是 `<Suspense>`。以 **oh-my-chat** 中的 MessagesPane 为例，结合懒加载的 Suspense 代码如下：

```
import React, { Suspense, useState } from 'react';
const MessagesPane = React.lazy(() => import('./MessagesPane.jsx'));
const ChatView = () => {
  // 省略
  return (
    {/* 省略其他 JSX */}
```

```
<Main>
  <Suspense fallback={<div> 加载中 ...</div>}>
    <MessagesPane selectedThreadId={selectedThreadId} />
  </Suspense>
</Main>
);
};
```

这两个 API 协同作用的效果是，在首次展示聊天视图时，右栏会先显示"加载中"字样，直至分割的 `MessagesPane-6e36ef81.js` 文件完全读取完毕，才会渲染为消息列表，并进入相应的组件生命周期。我们可以通过在浏览器的开发者工具中设置网络限速来验证这一效果。需要另外说明的是，本节示例代码分割后的大小约为 3 kB，在实际应用中完全没有必要进行拆分。

Suspense 边界和组件挂起这一功能组合不仅适用于懒加载，还适用于远程数据的加载。相关内容将在 15.3.1 节进行详细探讨。

13.3.3　利用 React Router 进行懒加载

鉴于开发者必须手动添加代码才能实现 React 应用的代码分割和懒加载，那么在 React 组件树的哪些部分进行分割更合适呢？通常情况下，由于路由与应用功能模块之间存在紧密的对应关系，因此在导航至新路由时懒加载相应的组件是一个明智的选择。

开发者可以选择在 React Router 的 `Route` 所指定的 React 组件中，利用 13.3.2 节介绍的 `React.lazy()` 和 Suspense 来配置懒加载，也可以选择使用 React Router 的 Data API 提供的懒加载接口。在定义 `Route` 时，我们可以配置一个回调函数并将其传递给 `lazy` 属性，但需注意 React Router 要求回调函数返回的 Promise 解析值是一个带有 `Component` 属性的对象。以 oh-my-chat 的联系人视图为例，我们需要对 `import()` 的返回值进行一些处理：

```
<Route path="contacts" lazy={async () => {
  const ContactView = await import('./contact/ContactView.jsx');
  return { Component: ContactView.default };
}} />
```

在 oh-my-chat 加载完成后，首次导航至"/contacts"路径时，会读取与联系人视图对应的 `ContactView-1b6321f1.js` 文件，读取完成后才会展示联系人视图。

13.4　小结

本章首先介绍了现代 Web 应用前端路由的概念，详细阐述了 History API 和 URL hash 两种实现方式，并对比了前端路由与后端路由的区别；然后介绍了 React 技术栈中的主流路由库 React Router，如何利用它定义前端路由，并在 oh-my-chat 中进行了应用实践；最后讨论了 `React.lazy()` 和 Suspense 在实现代码分割和懒加载方面的应用，以及如何将懒加载技术与前端路由机制相结合。

第14章

表单处理

本章的知识地图及项目实现，如图 14-1 所示。

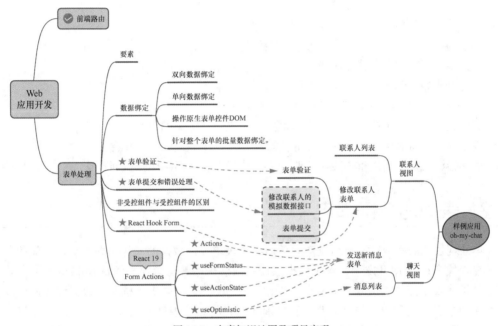

图 14-1　本章知识地图及项目实现

　　表单是 Web 应用的重要组成部分，因此表单处理自然也是 Web 应用开发的重要一环。在 React 框架中，实现表单的内容和样式与实现其他组件并没有明显区别，但从交互和逻辑处理的角度来看，在 React 中实现表单处理有其特别之处。在 7.2 节讲解事件处理时，已经介绍了 React 中的受控组件，即将组件的 state 当作组件数据的单一事实来源，利用 React 合成事件来处理用户交互，实时将表单元素的值同步到 state 中。受控组件可以有效地将表单元素的值纳入 React 的单向数据流中，保证了后续进一步处理的灵活性。

　　那么，受控组件是 React 实现表单的唯一方式吗？

　　为了解答这个问题，本章将首先探讨现代 Web 前端应用中表单处理所涉及的要素，以及在 React 框架中这些要素的实现方式；然后比较非受控组件与受控组件的优劣；接下来将介绍 React 19 新增的表单动作（Form Actions）功能，并利用相关的 3 个新 Hooks：useFormStatus、useActionState 和 useOptimistic 来改写 oh-my-chat 的发送新消息表单；最后将探索

React 技术生态中主流的开源表单库 React Hook Form，并通过 oh-my-chat 联系人表单进行实践，以了解不同的表单处理场景及其适用的技术方案。

14.1　表单处理的要素

Web 表单是用户用来输入和提交数据的重要工具。一个典型的表单一般由表单元素 `<form>`、表单控件（form controls）和提交按钮组成，其中表单控件包括由 `<input>` 标签定义的文本框、复选框、单选框、日期选择框、文件框等，以及 `<textarea>`、`<select>` 和 `<label>` 等。在实际项目中，表单也存在以下变体。

- 不用表单元素包裹，而是直接使用表单控件。
- 不依赖提交按钮，对每个表单控件的操作都会触发数据提交。
- 分为多个步骤的向导式表单等。

本章将以典型表单为准，讨论表单处理的以下要素。

- 表单数据绑定，对表单控件值的获取与赋值。
- 表单验证，在表单提交前验证表单字段是否符合预定义的规则。
- 表单提交，将表单字段提交到服务器端进行进一步验证和持久化存储。
- 表单错误处理，当表单提交出错时，显示错误信息并指导用户重新提交。

14.2　表单的数据绑定

表单处理过程的一个核心环节是对表单内各个表单控件数据的操作，即表单控件值的获取和赋值。在现代 Web 应用开发中，这类数据操作一般会采用**数据绑定**（Data Binding）的方式。数据绑定是指将表单控件的值与 JavaScript 中相应的变量值实时同步的机制。数据绑定还可以进一步分为**单向数据绑定**和**双向数据绑定**，其中前者是指将表单控件值同步到 JavaScript 变量中，对应于数据获取过程，而后者则在前者基础上增加了反向同步，即将 JavaScript 变量的修改应用到表单控件的值上，对应于数据赋值过程。

14.2.1　双向数据绑定

在 React 中，受控组件实现了双向数据绑定。当组件内的表单控件值发生变化时，它会更新 state，修改 state 又会更新表单控件值。这些同步是实时发生的，这意味着可以在任意时间从 state 中获取最新的表单控件值，以便进行验证和提交操作；也可以从组件内部或者外部更新 state 值，React 将确保表单控件值的变化能够实时反映在用户界面上。以 oh-my-chat 项目中的受控组件 NewMessageForm 的代码为例：

```
const [content, setContent] = useState('');
const handleChange = (evt) => setContent(evt.target.value);
// JSX
<textarea value={content} onChange={handleChange} />
```

可以将 content 作为表单数据进行进一步处理，也可以根据需要在组件内部或者组件外部（可能需要提升状态）调用 setContent，以更新文本框中显示的文本。上述示例展示了如何新建数据，如果是修改现有数据，则需要在首次展示表单时在表单控件中展示初始值，这可以通过设置 state 的初始值来实现，例如 ContactEdit 组件：

```
const [name, setName] = useState(contact.name);
```

稍后将讨论受控组件的优缺点。接下来先从技术可行性的角度，看看 React 中是否可以通过其他方式实现数据绑定。

14.2.2　单向数据绑定

state 更新会触发组件的重新渲染，如果不需要重新渲染组件，state 还是必要的吗？我们结合表单处理来探讨这个问题。当用户修改表单控件值时，除了表单控件 DOM 元素本身的更新，通常并不需要重新渲染整个组件，这种情况下表单控件值绑定的变量仍然必须是 state 吗？我们可以尝试从受控组件 ContactEdit 中移除 state，在 onChange 事件处理函数中将值赋给一个局部变量 name，具体代码如下：

```
let name = contact.name;
const handleChange = (evt) => { name = evt.target.value; };
// JSX
<input type="text" defaultValue={name} onChange={handleChange} />
```

经过上述修改，ContactEdit 从受控组件转变成了非受控组件。需要注意的是，在非受控组件的 <input> 标签中，value 属性不能用来设定文本框的初始值。否则，当用户尝试输入新值时，会因组件并未进行重新渲染而导致用户输入无效。这是因为，JSX 中的 value 属性并不是 HTML 标记中的 value 属性，而是 JavaScript 中 DOM 元素的 value 属性，受到 React 协调过程的管理。为了使文本框正常响应用户的输入，可以改用 defaultValue 属性来设定文本框首次渲染的初始值。与 <input> 标签的 value / defaultValue 属性类似的，还有复选框 type="checkbox" 和单选框 type="radio" 的 checked / defaultChecked。

然而，上述代码存在一个问题：如果组件触发了重新渲染，name 变量会被重置，导致用户输入数据丢失。我们可以借助 useRef 来修正这个问题，以确保 ref 值在多次渲染间保持不变：

```
const name = useRef(contact.name);
const handleChange = (evt) => { name.current = evt.target.value; };
```

这样就实现了一个**单向数据绑定的非受控组件**。在后续提交表单时，可以从 name.current 中获得文本框的值。

14.2.3　操作原生表单控件 DOM

数据绑定的实时更新依赖于 onChange 事件，但如果并不需要实时更新数据绑定（例如仅需在提交表单时获取一次表单控件的值）呢？这个问题引出了一个悖论：如果数据绑定不具备实时性，它是否还可以称为数据绑定？回到数据绑定的初衷，即表单控件值的获取与赋值。这时，可以考虑另一种方法：利用 useRef 维持对表单控件 DOM 元素的直接引用，并通过调用 DOM API 来手动获取值或赋值。参考以下代码：

```
const inputRef = useRef();
const handleSubmit = (evt) => {
  evt.preventDefault();
  updateContact({ ...contact, name: inputRef.current.value });
  onClose();
};
// JSX
<input type="text" ref={inputRef} />
```

仍然可以借助 defaultValue 为文本框设置初始值，也可以在组件挂载时通过创建副作用来为 inputRef.current.value 赋值。有了这个 inputRef，甚至可以监听 DOM 元素的原生事件，从而重新实现数据绑定。

14.2.4　针对整个表单的批量数据绑定

前面讨论了单个表单控件的数据绑定。随着表单中控件数量的增加，实现数据绑定的代码量也会随之增加。为了提高开发效率和代码的可维护性，是否可以找到一种更简便快捷的方法来实现整个表单的数据绑定？我们不妨把关注点从单个表单控件转移到 <form> 元素上。XMLHttpRequest 规范中提供了一个 FormData 接口，允许批量获取当前表单内所有控件的值并创建为一系列键值对。使用这个接口的前提条件如下：

- 所有表单控件必须是同一表单元素（<form>）的子元素或后代元素；
- 所有表单控件都必须具有 name 属性。

暂且不考虑实时性问题，尝试在提交表单时获取所有表单控件的值。具体代码如下：

```
const handleSubmit = (evt) => {
  evt.preventDefault();
  const formElem = evt.currentTarget;
  for (const [key, value] of new FormData(formElem)) {
    console.log(`${key}: ${value}`);
  }
};
// JSX
<form onSubmit={handleSubmit}>
  <input type="text" name="contactName" />
  <label><input type="radio" name="gender" value="M" /> 男 </label>
  <label><input type="radio" name="gender" value="F" /> 女 </label>
  <fieldset><legend> 兴趣爱好 </legend>
    <label><input type="checkbox" name="hobby" value="1" /> 读书 </label>
    <label><input type="checkbox" name="hobby" value="2" /> 电影 </label>
  </fieldset>
  <label> 简介：<textarea name="intro"></textarea></label>
  <label> 头像：<input type="file" name="avatar" /></label>
  <button type="submit"> 保存 </button>
</form>
```

FormData 接口同时也支持文件类型的表单字段（type="file"）。

如果需要，可以选择使用 `Object.fromEntries(new FormData(formElem))` 语句可以将 `FormData` 转换成一个 POJO。注意，表单中两个 `name` 同为 `hobby` 的两个复选框可以拥有不同的 `value`。这是完全符合 HTML 语义的。在传统 Web 服务器端程序中，这些表单字段值会被解析为数组。然而，`Object.fromEntries()` 方法并不具备这种解析逻辑。因此，如果用户同时勾选了两个 `hobby` 选项，转换后的 JavaScript 对象中将只包含最后一个选中的值。因此，开发者需要对这类字段进行单独处理。

如果需要为表单添加实时监听功能，可以借助 React 合成事件的冒泡机制。具体实现方式是为 `form` 元素添加一个 `onChange` 事件处理函数（尽管在 DOM API 规范中，`form` 元素本身并不支持 `change` 事件，但通过 JSX 语法可以实现事件委托）。这样，表单内每个表单控件触发 `onChange` 事件时，事件都会冒泡到 `form` 元素，并调用统一的事件处理函数。此方案无须关心具体是哪个控件触发了事件，只要表单内容发生变化，即可通过 `FormData` 接口获取最新表单数据，并将其同步到指定变量。示例代码如下：

```
const handleFormControlsChange = (evt) => {
  const formElem = evt.currentTarget;
  for (const [key, value] of new FormData(formElem)) {
    console.log(`${key}: ${value}`);
  }
};
// JSX
<form onChange={handleFormControlsChange}>
```

这样就实现了整个表单的单向数据绑定。这种方式虽然看似简单，但在实际项目开发中，开发者需要考虑各个边界条件，并全面评估其适用场景。

14.3 表单验证

在 14.2 节中，我们利用数据绑定等技术获取了表单字段的值，接下来需要做的是进行表单验证。在计算机领域有句俗话"所有用户输入都是危险的"，为了保证系统接收的输入都符合设计规范，必须要求用户填写表单时遵循一系列规则，例如哪些是必填字段、哪些字段的字符数不能超过 20 个，哪些字段的数值必须介于 0 和 100 之间等等。这些规则需要通过前端交互来实现，并且应当尽可能早地执行。这不仅是为了提升用户体验，更是实现业务目标的重要前提。

表单验证可以分为**前端表单验证和服务器端表单验证**。顾名思义，前者发生在浏览器端，通常使用 JavaScript 编写验证逻辑。如果表单未能通过验证，则应立即阻止用户继续提交表单，并提示其更正相应字段。后者发生在服务器端，在表单数据作为 HTTP 请求提交至服务器端后执行，服务器端代码在进一步处理这些数据前需要先进行验证，数据在验证通过后才会被保存至数据库，否则向浏览器返回错误信息，通常会伴随 HTTP 状态码 400 或 422。对于安全性要求较高的 Web 应用，即便前端表单验证已经非常完善，也应该同时加入服务器端验证，以防范恶意用户从浏览器端绕过验证逻辑篡改表单数据。

为了在 React 中实现前端表单验证，我们可以在 JSX 中为表单控件或者表单元素添加事件处理函数，并在函数中实现验证逻辑。常用的事件处理函数包括 `<input>` 的 `onBlur`（如文本框失去焦点），以及 `<form>` 的 `onSubmit`。通常情况下，如果验证失败，浏览器会在出错的字段旁边提示验证失败原因，用户修正问题后即可重新提交表单。

```
const ContactEdit = ({ contact, onClose }) => {
  const [name, setName] = useState(contact.name);
  const handleChange = (evt) => setName(evt.target.value);
  const [errors, setErrors] = useState({});
  const handleSubmit = (evt) => {
    evt.preventDefault();
    if (name.length === 0 || name.length > 20) {
      setErrors((e) => ({ ...e, name: '联系人名称不应为空且不超过 20 个字' }));
    } else {
      setErrors({});
      // 省略提交表单逻辑
    }
  };
  return (
    <form onSubmit={handleSubmit}>
      <input type="text" value={name} onChange={handleChange} />
      {errors.name && (<div>{errors.name}</div>)}
      {/* 省略部分 JSX */}
```

从这几行简单的代码可以看出，进行表单验证的前提条件是获取表单控件的值。值得注意的是，获取值的方式并没有特定限制，无论是通过数据绑定还是按需获取，都可以满足表单验证的需要。

虽然使用 `if...else...` 来实现表单验证逻辑简单直观，但当需要验证的字段增多或者验证逻辑变得更加复杂时，验证代码可能会变得臃肿且难以维护。在这种情况下，我们可以将表单数据视作数据模型，并引入 yup、zod 或 ajv 等开源验证库对模型的模式进行验证。希望进一步了解相关信息的读者可以自行阅读其官方文档。

如果表单验证逻辑相对简单，并且对验证失败提示消息的样式要求不高，也可以直接使用 HTML5 原生的表单验证功能。该功能主要集中在 `<input>` 标签上，由以下属性和 API 组成。

- HTML5 提供了比 HTML4 更多的 `type`，包括数字 `number`、邮件 `email`、日期 `date` 等。
- 专门用于表单验证的属性，如 `required`、`min`、`maxLength`、`pattern` 等。
- 可选用的 API 方法，如 `checkValidity()`、`setCustomValidity()` 等。

在 JSX 中使用相关的 HTML 属性时，需要注意字母的大小写，如 `maxLength`。如果配置了相关属性，浏览器会在提交表单时对表单内的字段进行验证，如果验证失败，浏览器将阻止这次表单提交，并在相应表单控件上弹出提示信息。这种验证方式简化了实现代码，因为无须使用 JavaScript 来获取表单控件的值，所以其功能也相对有限。

需要注意的是，尽管 HTML5 规范中详细定义了表单验证的标签、属性和相关逻辑，但部分细节仍由浏览器厂商自行设计，如在 Chrome 和 Firefox 中，表单验证失败时弹出的提示信息外观有所不同，如图 14-2 所示。

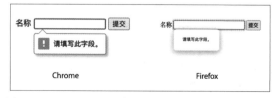

图 14-2　HTML5 原生表单验证在不同浏览器上的样式差异

14.4 表单提交和错误处理

当表单通过验证后，下一步是表单提交和错误处理。根据获取表单数据方式的不同，提交表单的方法也有所不同。如果表单使用了受控组件，浏览器可以从受控组件的 state 中获取到最新数据。这里依然以 oh-my-chat 项目的联系人表单为例，首先在 mock 目录添加一个新的 RESTful 接口 contacts.mock.js（同时，之前的 services.mock.js 可以更名为 messages.mock.js）：

```
export default [{
  pattern: '/api/contacts/{contactId}',
  method: 'POST',
  handle: (req, res) => {
    req.on('data', (chunk) => {
      const contact = JSON.parse(chunk);
      console.log(' 更新联系人信息 ', contact);
      res.setHeader('Content-Type', 'application/json');
      setTimeout(() => res.end(JSON.stringify(contact)), 1000);
    });
  },
}];
```

然后修改 ContactEdit 组件，主要代码如下：

```
const [isLoading, setIsLoading] = useState(false);
const handleSubmit = async (evt) => {
  evt.preventDefault();
  setIsLoading(true);
  try {
    const response = await fetch(`/api/contacts/${contact.id}`, {
      method: 'POST',
      headers: { 'Content-Type': 'application/json' },
      body: JSON.stringify({ ...contact, name }),
    });
    if (!response.ok) throw new Error(response.statusText);
    updateContact(await response.json());
    onClose();
  } catch (error) {
    console.error(' 更新联系人信息失败 ', error);
  } finally {
    setIsLoading(false);
  }
};
// JSX
<button type="submit" disabled={isLoading}> 保存 </button>
```

上述代码为更新联系人表单引入了一个名为 isLoading 的 state。在提交表单至服务器的过程中，利用这个 state 禁用提交按钮可以防止重复提交。表单的 onSubmit 事件处理函数被改写成 async 异步函数，使用 fetch API 将表单数据以 JSON 格式 POST 到服务器端的 RESTful 接口 /api/contacts/<contactId>。需要注意的是，fetch API 只有在遇到网络问题或错误的 CORS 配置时才会抛出错误，而遇到服务器端返回的、代表错误的 HTTP 400 或 500 系列状

态码，并不会进入 catch 分支。常见的做法是在接收到服务器端响应后，检查 response.ok
属性，如果 response.ok 为 true 则意味着服务器端返回了代表成功的 HTTP 200 系列状态码，
可以继续处理 response 数据；如果 response.ok 为 false，则意味着服务器端返回了某种
错误信息，这时可以新建一个 Error 对象并抛出，以便 catch 分支捕获并处理这些错误。

如果浏览器是通过 FormData 接口获取表单数据的，那么可以直接将 FormData 作为一个
整体，不做任何处理直接提交给服务器端，示例代码如下：

```
const formElem = evt.currentTarget;
const response = await fetch(`/api/contacts/${contact.id}`, {
  method: 'POST',
  body: new FormData(formElem),
});
// JSX
<input type="text" name="contactName" value={name} />
```

当表单字段数量较多时，采用这种编写方式可以缩减代码量。如果表单中包含文件类型
（type="file"）的字段，FormData 对象将包含文件内容。需要注意的是，无论表单是否包含文
件类型字段，上述 fetch 语句发起的 POST 请求总是以 multipart/form-data 编码（Content-
Type）发送。如果服务器端采用 Node.js 开发，可以使用开源库 multer 来处理此类请求。

如果希望避免使用 multipart/form-data 编码，而且表单中并不包含文件类型字段时，
可以利用 URL API 将 body 替换为 new URLSearchParams(new FormData(formElem))，
这时 POST 请求将以 application/x-www-form-urlencoded 编码发送。另外，也可以使用
Object.fromEntries(new FormData(formElem)) 语句将数据转换为对象，然后进一步
转换为 JSON 字符串。

在 fetch 语句的 catch 分支中，如果遇到服务器端报告的错误，可以根据错误的 HTTP 状
态码和错误信息判断错误是否与某个表单控件值有关，例如"新提交的名称与其他联系人重名"，
这时可以调用 setErrors 方法提示用户更改名称。同时，网络错误也应得到妥善处理。

14.5　非受控组件与受控组件的区别

前面介绍了表单处理中的数据绑定、表单验证、表单提交和错误处理等几大要素，现在来讨
论本章开头提出的问题："受控组件是 React 实现表单的唯一方式吗？"显然，非受控组件同样能
够实现 React 表单的功能。接下来，简要对比这两种实现方式的优缺点，如表 14-1 所示。

表 14-1　受控组件与非受控组件组成表单的区别

	由受控组件组成的表单	由非受控组件组成的表单
表单数据	表单数据保存在组件 state 中	表单数据保存在表单控件 DOM 中
获取表单控件值	读取组件 state	通过 ref 获取表单控件的 DOM，或使用 FormData
表单数据的实时性	可以实时获取 state	一般是非实时的，只在表单提交时获取

续表

	由受控组件组成的表单	由非受控组件组成的表单
表单控件初始值	在组件 state 中配置初始值	使用 JSX 的 defaultValue 或 defaultChecked，或通过 DOM 属性设置
修改表单控件值	更新对应的组件 state 即可	通过 ref 获取表单控件的 DOM，修改 DOM 对应属性
表单验证	在提交表单时基于 state 验证，也可以实现实时验证	一般在提交表单时验证，可以借助 HTML5 表单验证 API
表单提交	提交表单时，基于组件 state 构建表单数据	提交表单时以 ref 获取表单控件值并构建表单数据，或借助 FormData
表单错误处理	一般基于单独的 state 来保存和展示错误信息	表单控件的验证错误信息可以借助 HTML5 的错误提示，其他错误信息需要使用单独 state
实现的复杂度	需要为每个表单控件编写 state 和事件处理的样板代码，复杂度取决于数据流复杂度	可以为每个表单控件配置 ref，也可以为每个表单控件加入 name 属性，随后就可以利用 FormData
性能	每次修改（包括键盘输入）都会触发组件的重新渲染	由于没有使用 state，因此只有少量重新渲染
适用场景	对实时验证和动态交互要求较高的表单	交互复杂度处在 HTML 原生表单水平的表单

理解这两种表单实现方式的异同，可以帮你更好地应对复杂表单的开发。

14.6　React 19 新 API：Form Actions

表单处理是 Web 应用开发中的一个重要场景，而 React 与表单处理相关的内置 API 相对较少。在继承了 React 18 的基础上，备受期待的 React 19 版本引入了 action 概念，并新增了一些适用于表单处理的 Hooks API，包括 useFormStatus、useActionState 和 useOptimistic。

14.6.1　React 19 中的 Action

在深入探讨这 3 个新 API 之前，首先来了解 React 19 引入的一个新概念：action（动作）。

11.2 节提到了 React 18 中的 **transition**（过渡），与之相关的 API 包括 startTransition 和 useTransition，它们用于声明非紧急的组件 state 更新，是提升组件性能的利器。在 React 18 中，transition 只能是同步函数，但在 React 19 中，transition 可以是**异步函数**，这使得 transition 的应用场景从性能优化扩展到了业务功能的实现。实现这种变化的原因在于，在开发 React 应用时，经常会遇到使用异步函数（或 Promise）的场景，例如请求服务器端数据，包括本章提到的提交表单到服务器端，通过将这类异步函数包裹在 transition 中，可以获得以下收益。

- 提升组件性能，避免阻塞关键交互，为用户带来更加流畅的体验。
- 短时间内多次请求服务器端有可能会产生竞争条件（Race Condition）问题，导致组件多次渲染，用户可能会看到一些中间状态的更新一闪而过；而使用 transition 包裹异步请求逻辑，可以合并同时存在的 transitions，只有最后一次 state 更新会被真正渲染出来，浏览器仅显示最终渲染结果。

- 一个 transition 会自动维护其待定（pending）状态，transition 开始时状态为 true，结束时则变为 false，这可以代替开发者手动维护的读取中（loading）state。

伴随着 transition 的演进，React 19 将用于触发 transition 的函数，无论是异步还是同步，统称为 **action**。从概念上讲，这个 action 与 10.5 节中提到的 Zustand 中的 action 相似，都代表了一定的意图并最终更新 state。在 React 19 中，一个 action 可以有多种调用方法，一种是作为参数传递给 startTransition，另一种是传递给 <form> 标签的 action 属性。后者被称为 **form action**（表单动作）。

现在，我们尝试使用 form action 来改写 oh-my-chat 中的发送新消息表单，观察与 React 18 相比有哪些不同。首先修改 NewMessageForm 组件，将 <textarea> 改写为非受控组件，并将 <form> 的 onSubmit prop 替换为 action，具体代码如下：

```
const NewMessageForm = ({ onSubmitMessage, ref }) => {
  // 删除 state 和 handleChange
  const handleKeyDown = (evt) => {/* 省略 */};
  const formAction = async (formData) => {
    const content = formData.get('message');
    if (content && content.trim().length > 0) {
      await onSubmitMessage(content);
    }
  };
  // 省略 ref 逻辑
  return (
    <form className={composeMessageStyles} action={formAction}>
      <textarea
        name="message"
        placeholder="请输入消息 ..."
        onKeyDown={handleKeyDown}
        ref={inputRef}
      />
      <input type="submit" value="发送 " />
    </form>
  );
};
```

可以发现，组件已转换为一个由非受控组件组成的表单，并声明了一个异步函数 formAction，将其作为 action 属性赋值给 <form>。在提交表单时，React 将调用此函数，其参数就是之前介绍过的 FormData 接口的 formData 对象。当 form action 执行完毕后，React 会自动重置表单内各控件的值，以便用户进行下一次操作。之前提到，form action 也可以是同步函数，这里将 formAction 定义成异步函数主要是出于演示目的。为了配合演示，继续修改该组件的父组件 MessagesPane，将传入子组件的回调函数也修改为异步函数，以模拟向服务器端提交新消息时产生的延迟，具体代码如下：

```
const handleSubmitMessage = async (content) => {
  // 模拟异步请求
  await new Promise((resolve) => setTimeout(resolve, 500));
  setMessages((currentMessages) => {/* 省略 */});
};
```

保存修改后，在浏览器中检查聊天视图，除了发送新消息功能发生了轻微的延迟，与改写前相比并无明显差异。

虽然我们特意将 `<textarea>` 改写成了非受控组件，但实际上，form action 并不强制要求使用非受控组件或受控组件，也不强制必须使用 `formData` 来获取表单数据，开发者完全可以根据实际需要组合使用。在 form action 执行完毕后，表单内受控组件的值不会被自动重置。

此外，需要明确的是，我们不会在 oh-my-chat 项目中全面使用 React 19 的 action，主要有以下两个原因：

- oh-my-chat 使用 Zustand 来管理应用状态，其 5.x 版本底层基于 React 的 `useSyncExternal-Store`，而该 Hook 并不支持时间切片，导致 Zustand 与 transition 不兼容；
- 接下来的 14.7 节将介绍如何基于 React Hook Form 改进 oh-my-chat 表单，而 React Hook Form 的 7.x 版本目前尚不支持 React 19 的 form action。

React 19 在服务器渲染 SSR 领域推出了一个重要的新功能：Server Actions（服务器动作，后更名为 Server Functions 服务器函数），利用这一功能，开发者能够便捷地开发在服务器端执行的 form action。希望进一步了解相关内容的读者可以参考其官方文档。

14.6.2　React 19 新 Hook：useFormStatus

既然 form action 会作为 transition 执行，那么能否像 `useTransition` 那样获取 transition 的待定状态呢？答案是肯定的，React 19 中的新 Hook `useFormStatus` 可以返回最近一次表单提交的状态信息。需要注意的是，`useFormStatus` 只能在 `<form>` 标签所在组件的子组件或后代组件中使用。可以这样理解：`<form>` 标签所在组件会创建一个特殊的表单 context，后代组件可以通过 `useFormStatus` 来访问这个 context。

将 oh-my-chat 新消息表单中的发送按钮封装成 `SendButton` 组件，并在 `NewMessageForm` 组件中使用它，具体实现代码如下：

```
import { useFormStatus } from 'react-dom';

const sendButtonStyles = css`
  padding: 0.5rem 0;
  width: 4rem;
`;
function SendButton() {
  const { pending } = useFormStatus();
  return (
    <button type="submit" disabled={pending} className={sendButtonStyles}>
      {pending ? '发送中 ...' : '发送 '}
    </button>
  );
}}

const NewMessageForm = ({ onSubmitMessage, ref }) => {
  // 省略
  return (
```

```
    <form className={composeMessageStyles} action={formAction}>
      <textarea />{/* 省略 props */}
      <SendButton />
    </form>
  );
};
```

在表单提交并发送新消息请求的过程中，按钮将被禁用，并显示"发送中 ..."。除了处于等待状态（pending），这个 Hook 还返回了包含表单数据的 data 等字段。

14.6.3   React 19 新 Hook：useActionState

使用 form action 时，该如何处理表单提交后的服务器返回值呢？答案是可以利用 React 19 的新 Hook useActionState 来创建一个功能增强版的表单 action。该 Hook 的签名如下：

```
const [state, formAction, pending] = useActionState(action, initState);
//      -----  ----------  -------                    -----   ---------
//        ^         ^         ^                          ^         ^
//    state 变量     |      待定状态                       |     state 初始值
//            用于 form 的 action                     action 函数
```

Hook 参数中的 action 函数现在接收两个参数：第一个是当前 state，第二个是 formData。作为参数的 action 不应直接赋值给 <form>，取而代之的是 Hook 返回数组中的第二个变量 formAction。Hook 返回的第一个变量是 state，它在组件挂载时以 initState 作为初始值，而后续执行 action 时，action 函数的返回值将被 React 用来更新 state。Hook 返回的第三个变量 pending 与 useFormStatus 返回的 pending 是等效的，可以直接在 <form> 所在组件中使用。

通过使用 useActionState，可以改写之前的 NewMessageForm 组件，将表单验证信息或模拟的服务器端返回值存储在 action 返回的 state 中，示例代码如下：

```
import { useRef, useImperativeHandle, useActionState } from 'react';
const NewMessageForm = ({ onSubmitMessage, ref }) => {
  const handleKeyDown = (evt) => {/* 省略 */};
  const [state, formAction, pending] = useActionState(
    async (currentState, formData) => {
      const content = formData.get('message');
      if (content && content.trim().length > 0) {
        await onSubmitMessage(content);
        return { success: true };
      } else {
        return { success: false, error: '消息内容不能为空' };
      }
    },
    { success: true }
  );
  // 省略 ref 逻辑
  return (
    <form className={composeMessageStyles} action={formAction}>
      <textarea name="message" onKeyDown={handleKeyDown} ref={inputRef}
        disabled={pending}
```

```
        />
        <SendButton />
        {!state.success && <div className="form-error">{state.error}</div>}
    </form>
  );
};
```

从代码中可以看出，`pending` 变量确保了在提交表单期间 `<textarea>` 将被禁用，表单验证失败时会显示 `state` 内的错误信息。此外，这里的 `state` 还可以用来显示服务器返回的错误信息，甚至包含服务器返回的业务数据，不过由于业务数据——消息列表已经存储在父组件 `MessagesPane` 的 `state` 中，这里不再做进一步演示。

14.6.4　React 19 新 Hook：useOptimistic

与 form action 配套，React 19 中还有另一个新 Hook `useOptimistic`，在 action 执行期间，它能乐观更新组件的 state，从而提升用户体验。

所谓乐观更新，就是在用户完成表单操作后的第一时间更新 UI，在 transition 结束后再将最终的 state 同步到 UI。以社交软件中常见的"点赞"按钮为例，当用户点击这个按钮时，按钮会瞬间变成"已点赞"的状态，提供给用户一个实时的正面反馈；而实际上，这时浏览器端正在向服务器端发送点赞请求并等待响应。假设这个 API 经过 1 s 才返回请求结果，如果请求成功，则页面将保持"已点赞"的状态，否则页面将提示用户点赞失败，并将按钮状态恢复为未点赞。

`useOptimistic` Hook 的签名如下：

```
const [optimisticState, addOptimistic] = useOptimistic(state, updater);
//      ---------------  -------------                   -----  -------
//             ^               ^                           ^       ^
//        乐观 state     触发乐观更新的函数                原始 state  乐观 state 更新函数
```

其中作为参数的 `state` 是指原始 state，而返回数组中的第一个变量 `optimisticState` 是派生出来的乐观 state。作为另一个参数的乐观 state 更新函数 `updater`，接受原始 state 和 `optimisticValue` 两个参数；Hook 返回的触发乐观更新的函数 `addOptimistic` 接受一个 `optimisticValue` 参数，开发者应在 action 函数中尽早调用 `addOptimistic`，它会内部调用 `updater` 函数来更新乐观 state。在 transition 执行期间，`optimisticState` 变量的值为 `updater` 返回的结果，而在没有 transition 执行的时候，`optimisticState` 变量的值将保持与原始 state 值一致。

这个签名与 10.4.3 节中讨论的 `useReducer` 有一定的相似性，为了方便理解，我们可以将 `addOptimistic` 看作 `useReducer` 中的 `dispatch`，将 `updater` 看作 `useReducer` 中的 `reducer`。

下面，我们继续改进 oh-my-chat 应用中发送新消息的功能，用 `useOptimistic` 来创建乐观 state 替代原有的 state。首先修改 `MessagesPane` 组件，具体代码如下：

```
import { useEffect, useState, useRef, useOptimistic } from 'react';

const MessagesPane = ({ selectedThreadId }) => {
  const { isLoading, contactName, messages, setMessages } =
    useFetchMessages(selectedThreadId);
  const [optimisticMsgs, addOptimisticMsg] = useOptimistic(
    messages,
    (currentMsgs, optimisticMsg) => [...currentMsgs, optimisticMsg]
  );
  // 省略 ref 逻辑
  const handleSubmitMessage = async (content) => {
    const newMessage = {
      content,
      from: 'me',
      fromAvatar: reactLogo,
      sentTime: new Date().toISOString(),
    };
    addOptimisticMsg({ id: -1, ...newMessage, sending: true });
    // 模拟异步请求
    await new Promise((resolve) => setTimeout(resolve, 500));
    setMessages((currentMessages) => [
      ...currentMessages,
      { id: currentMessages.length + 1, ...newMessage },
    ]);
  };
  return (
    <MessageList messages={optimisticMsgs} />
    {/* 省略其他 JSX */}
  );
};
```

经过上述修改，用户在提交新消息表单的第一时间即可看到新消息出现在消息列表末尾。0.5 s 后，transition 结束，消息列表末尾的新消息被替换成经过服务器端处理（模拟）的、真实的 state 值。为了使"乐观"新消息看起来与其他消息有所不同，可以进一步修改 MessageList.jsx 文件，使消息列表中的消息根据 sending 字段展示为不同的样式，具体代码如下：

```
const MessageLi = styled(Li)`
  & > .message {
    /* 省略其他样式 */
    background-color: #8dfa69;
    color: ${(({ sending }) => (sending ? '#9a9a9a' : 'inherit'))};
  }
`;
const MessageItem = ({ content, from, fromAvatar, sending = false }) => (
  <MessageLi fromMe={from === 'me'} sending={sending}>
    <img src={fromAvatar} alt=" 头像 " />
    <p className="message">{content}</p>
  </MessageLi>
);
```

在浏览器中输入新消息并点击发送按钮后，消息列表栏将在 0.5 s 内进行更新，如图 14-3 所示。此时，文本框和发送按钮都处于禁用状态，发送按钮上的文字被替换为"发送中 ..."，乐观更新的新消息展示在消息列表的最底部，文字呈灰色，与其他消息区分开来。

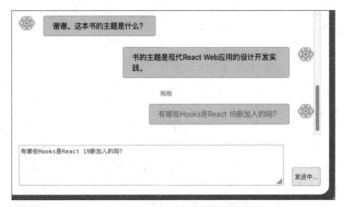

图 14-3　发送新消息后 0.5 s 内的页面状态

需要明确的是，尽管示例代码将 `useFormStatus`、`useActionState` 和 `useOptimistic` 这 3 个新 Hook 串联起来，但它们并不是必须同时使用的。它们仅依赖于 form action 这一必要条件，开发者可以根据需要自由组合使用这些 Hook。

14.7　基于 React Hook Form 开发表单

在实际开发过程中，如果缺乏适当的抽象和优化，受控组件的代码复杂度问题和性能问题会更加严重；编写非受控组件时，后期也常会遇到需要与特定 state 同步的情况。那么，是否存在一种方式能够融合这两种表单实现方式的优点，又能弥补其不足呢？React 技术社区中流行一款优秀的开源表单库**React Hook Form**，它基于非受控组件架构，却实现了大部分受控组件的优点，不失为一种性能强大、灵活可扩展的表单开发方案。

14.7.1　React Hook Form 的基本用法

从 React Hook Form 的名称可以看出，这个库是完全支持 React Hooks API 的。它的主要 API 是 `useForm`，一个自定义 Hook。开发者将为每个表单调用一次 `useForm`，以获取开发表单时所需要的一系列工具方法和 state，示例如下：

```
import { useForm } from 'react-hook-form';

function SignUpForm() {
  const { register, handleSubmit, formState: { errors } } = useForm();
  return (
    <form onSubmit={handleSubmit((data) => console.log(data))}>
      <input {...register('username', {required: true, maxLength: 20})} />
      {errors.username && <span>用户名为空或超过 20 个字符 </span>}
      <input type="password" {...register('password')} />
      <input type="password" {...register('passwordRepeat', {
```

```
      validate: (value, formValues) => value === formValues.password
    })} />
    {errors.passwordRepeat && <span> 两次输入密码不相同 </span>}
    <input type="submit" value=" 注册 " />
  </form>
  );
}
```

可以看到，这个注册用户表单组件整体代码是以 HTML 为主的 JSX。组件第一行调用了 useForm API，返回了一个用于创建表单字段的工厂方法 register，一个用于触发表单验证逻辑的高阶方法 handleSubmit，以及一个可以当作表单 state 的对象 formState。在 JSX 中，每个表单控件都通过 register() 方法创建了一个字段，并利用属性展开语法将 register() 生成的 name、ref、onChange、onBlur 等 props 配置到 HTML 元素上。其中部分 register() 调用的第二个参数中包含表单验证参数，在提交表单时，handleSubmit 会作为表单 onSubmit 事件处理函数的一部分被调用，进而触发表单验证逻辑，产生的验证错误将更新至 formState.errors 对象中，JSX 可以使用 formState.errors.<表单字段名> 来对相应的错误提示进行条件渲染。

这里的 formState 实际上并不是一个 state，而是一个 proxy 代理对象。formState 的每个属性都是通过 getter 函数实现的，如 formState.errors、formState.isValid。只有当组件中实际使用了这些属性值时，React Hook Form 的内部机制才会通过订阅式触发组件的重新渲染。这种机制是这个库实现高效性能的关键所在。

除了刚刚提到的 3 个返回值，useForm 还有更多返回值，如 watch、setError 等。useForm 能够接收一些初始化参数，如 defaultValues、mode、resolver 等，特别是 resolver 参数能够与前文提到的 yup、zod、ajv 等开源验证库整合，从而进一步提升表单验证的效能。除了 useForm，React Hook Form 还提供了其他几个实用的 Hooks，详见其官方文档。

14.7.2　项目实现：用 React Hook Form 实现联系人表单

本节将结合 oh-my-chat 中的更新联系人表单，上手实践 React Hook Form 库，看看它是否更高效地编写表单代码。同时，我们将借此机会为表单新增两个字段"分组"和"简介"，以便用户更新联系人信息时可以同时修改名称、分组、简介，还可以上传新的头像。

首先为 oh-my-chat 项目安装 React Hook Form（本书使用 v7.56.4 版本）：

```
npm install react-hook-form
```

我们希望表单中的每个字段都具有统一的样式：左侧显示文本标签，右侧显示表单控件，底部显示可选的验证错误信息。为此，可以在 components 目录中新建一个可重用组件 FormField，代码如下：

```
import { css } from '@linaria/core';
const formFieldStyles = css`/* 省略样式 */`;
const formFieldErrorStyles = css`/* 省略样式 */`;
const FormField = ({ children, label, error }) => (
  <div className={formFieldStyles}>
    <label><span>{label}</span>{children}</label>
```

```
    {error && <div className={formFieldErrorStyles}>{error}</div>}
  </div>
);
export default FormField;
```

然后打开 features/contact/ContactDetail.jsx 文件，在 ContactEdit 组件中调用 useForm API，并利用返回的 register 和刚定义的 FormField 组件来构建名称、分组和简介的表单字段：

```
import { useForm } from 'react-hook-form';
import FormField from '#components/FormField.jsx';

const ContactEdit = ({ contact, onClose }) => {
  const updateContact = useChatStore((state) => state.updateContact);
  const { register, handleSubmit, formState: { errors },
    watch, setValue, setError } = useForm({ defaultValues: contact });

// JSX
<FormField label=" 名称 "
  error={errors.name && ' 联系人名称不应为空且不超过 20 个字 '}>
    <input type="text"
      {...register('name', {required: true, maxLength: 20})} />
</FormField>
<FormField label=" 分组 " error={errors.group}>
  <label>
    <input type="radio" value="1" {...register('group')} />同事
  </label>
  <label>
    <input type="radio" value="2" {...register('group')} />同学
  </label>
  <label>
    <input type="radio" value="3" {...register('group')} />亲友
  </label>
</FormField>
<FormField label=" 简介 " error={errors.intro}>
  <textarea {...register('intro')} />
</FormField>
```

然后通过 handleSubmit 修改提交表单的代码。在 catch 分支中，开发者可以调用 setError 方法手动设置错误信息，如果错误信息与某个表单字段相关，则需要在第一个参数中指定字段名（如 'intro'），如果是针对整个表单的服务器端错误，则可以指定为 'root.serverError'。具体代码如下：

```
const doSubmit = async (formData) => {
  setIsLoading(true);
  try {
    const response = await fetch(`/api/contacts/${contact.id}`, {
      method: 'POST',
      headers: { 'Content-Type': 'application/json' },
      body: JSON.stringify(formData),
    });
    if (!response.ok) throw new Error(response.statusText);
```

```
    updateContact(await response.json());
    onClose();
  } catch (error) {
    setError('root.serverError', { message: error.message });
  } finally {
    setIsLoading(false);
  }
};
// JSX
<form onSubmit={handleSubmit(doSubmit)}>
  {/* 省略表单字段 JSX */}
  </FormField>
  {errors.root?.serverError && (
    <div className="form-error">{errors.root.serverError.message}</div>
  )}
</form>
```

需要注意的是，doSubmit 函数所接收的 formData 参数是一个由 React Hook Form 创建的 JavaScript 对象，而不是前文提到的 FormData API。在提交表单时，该对象将包含表单内所有字段的值。

最后是头像上传。从产品设计角度考虑，大多数聊天应用通常不允许用户修改他人的头像，在 oh-my-chat 项目中添加这一功能单纯是为了演示代码写法。为了提升用户体验，我们希望在用户选择图片文件时能够在页面上实时显示图片，以便用户预览头像效果。为了实现这一交互效果，需要借助 useForm 返回的 watch 方法订阅 avatar 字段的变化，每当字段更新时会触发 React 组件的重新渲染。然而，这又引出一个问题，<input type="file" /> 的值类型为 undefined 或 FileList，并不是可以用于渲染图片的 URL 字符串。为了解决这个问题，在文件框外部额外添加一个用于存取字符串的 <input type="hidden" />，在文件框更新时将文件单独上传到服务器端并获取一个图片 URL，然后通过 setValue 方法将获取的 URL 赋值给隐藏字段。具体实现代码如下：

```
const avatar = watch('avatar');
// JSX
<img src={avatar} className="avatar" alt=" 头像 " />
<FormField label=" 头像 "  error={errors.avatar}>
  <input type="hidden" {...register('avatar')} />
  <input type="file" {...register('avatarFile', { onChange: (evt) => {
    if (evt.target.files.length > 0) {
      // 模拟上传头像并获取新 URL
      const newUrl = URL.createObjectURL(evt.target.files[0]);
      setValue('avatar', newUrl);
    }
  }})} />
</FormField>
```

这样一来，在提交整个表单的过程中，新的 avatar 值也会一并被提交。请注意，在上述代码中，由 URL.createObjectURL() 创建的 URL 仅在当前页面有效，因此在实际项目中不应该直接将其保存至服务器端。保存代码后，在浏览器中进行测试，实现效果如图 14-4 所示。

图 14-4　包含更多字段的更新联系人表单

正如 14.6.1 节末尾提到的，React Hook Form 目前尚不支持 React 19 的 form action 特性，因此在实现特定表单时，可能需要结合实际需求，从两个备选方案中做出选择。

14.8　小结

本章首先介绍了如何分别基于受控组件和非受控组件进行表单处理，包括表单处理的各大要素（如数据绑定、表单验证、表单提交）及实现方案，扩展到其他技术（如 FormData 接口、HTML 5 原生表单验证等），并讨论了向服务器提交表单时的编码问题；然后对比了使用受控组件和非受控组件实现表单的优缺点；接下来介绍了 React 19 新引入的 form actions 概念，以及相关的 3 个新 Hooks useFormStatus、useActionState 和 useOptimistic，并且展示了如何使用这些 Hooks 来重构 oh-my-chat 应用中的发送新消息表单；最后介绍了开源表单处理库 React Hook Form，演示了如何使用这个库来优化 oh-my-chat 应用中的联系人表单。

第**15**章

与服务器端通信

本章的知识地图及项目实现，如图 15-1 所示。

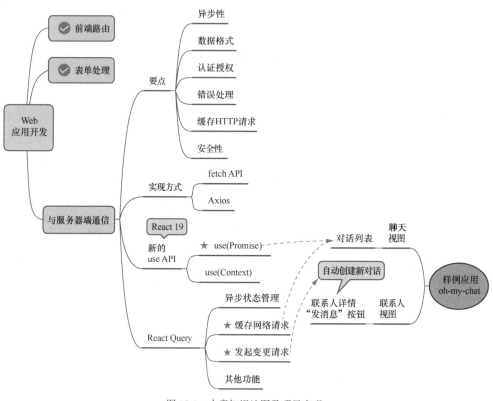

图 15-1 本章知识地图及项目实现

市面上大多数 React Web 前端应用都是 B/S 系统的一部分，这意味着除了加载 JavaScript 资源，位于用户浏览器端的 Web 前端还要与服务器端进行数据同步和操作交互。因此，如何实现与服务器端的通信就成为 React Web 应用开发的一大课题。

本章将首先回顾如何使用浏览器的 fetch API 发送请求，处理响应和错误。然后，介绍 React 19 中的新 use API，探究如何将其与 Suspense 结合使用。最后，结合 oh-my-chat 实例介绍如何利用开源异步状态管理库 React Query 来缓存网络请求、实现数据翻页和进行后台数据刷新。

15.1 与服务器端通信的要点

在开发浏览器端与服务器端通信相关的代码，需要注意的要点包括异步处理、数据格式规范、认证与授权机制、错误处理、数据缓存策略和安全性保障。

15.1.1 服务器端通信的异步性

在浏览器端，JavaScript 与服务器端的通信绝大多数都是异步进行的。在 Web 标准中，无论是较新的 fetch API，还是传统的 XMLHttpRequest API，又或者是 WebSocket、服务器发送事件（SSE，Server-Sent Events）、Beacon API，都是以异步操作为主的。其中有一个例外，XMLHttpRequest.open() 允许将第三个参数 async 为设置 false，从而强制使用同步方式发起请求，这种做法会阻塞浏览器进程，使得在请求期间页面无法响应用户的任何操作。目前，这种同步请求方式已被为官方弃用。异步机制是保障浏览器端通信代码性能的重要前提。

传统的 JavaScript 异步逻辑通常是通过回调函数（Callback）来实现的，例如：

```
const xhr = new XMLHttpRequest();
xhr.open('GET', '/api/test');
xhr.onload = () => { if (xhr.readyState === 4 && xhr.status === 200) {
  console.log(xhr.responseText);
}};
xhr.onerror = () => console.error(xhr.statusText);
xhr.send();
```

然而，当 JavaScript 代码中嵌套使用回调函数，且嵌套层数逐渐增加时，代码的可维护性会显著下降。为了解决这类问题，JavaScript 引入了 Promise。在 XMLHttpRequest 之后成为浏览器主流标准的 fetch API 正是基于 Promise 构建的，使用 fetch 改写上述代码，可以得到：

```
fetch('/api/test')
  .then(response => {
    if (response.ok) return response.text();
    throw new Error(response.statusText);
  })
  .then(data => console.log(data))
  .catch(err => console.error(err));
```

JavaScript 从 ES2017 版本起引入了 async/await 语法作为 Promise 的语法糖，它允许开发者以编写同步代码的方式编写异步代码，从而进一步提升了代码的可读性。上面的代码可以改写为：

```
try {
  const response = await fetch('/api/test');
  if (!response.ok) throw new Error(response.statusText);
  const data = await response.text();
  console.log(data);
} catch (err) {
  console.error(err);
}
```

与服务器端的通信是异步进行的，在等待请求完成期间，用户可以执行应用中的其他操作，但这种灵活性也有可能造成混乱。因此，开发者通常会在组件上添加"读取中"的提示来限制用户操作。

15.1.2　HTTP 请求的数据格式

在发送 HTTP 请求或接收 HTTP 响应时，浏览器会利用专门的标头（Headers）指定数据格式，即 Content-Type。这个标头是浏览器与服务器之间的一种协议，用来告知对方如何正确解析 HTTP 主体（Body）。

```
Content-Type: text/html; charset=utf-8
Content-Type: application/json
Content-Type: multipart/form-data; boundary=----1234
```

在浏览器端，JavaScript 发起的异步 HTTP 请求常采用 JSON 格式将需要传输的数据序列化为字符串作为请求主体。相应的服务器端的 HTTP 响应也常以 JSON 格式的字符串作为响应主体，以便浏览器端 JavaScript 在接收到响应后反序列化 JSON 为相应的数据。但也有例外，如 14.4 节讨论表单提交时提到的 FormData API，随 fetch 发送请求并默认采用 multipart/form-data 格式；开发者也可以根据需要，使用 application/x-www-form-urlencoded 或 XML（application/xml）等其他格式。

尽管浏览器端 JavaScript 和服务器端代码都可以强制将 text/html 的内容当作 JSON 来处理，但为了保证代码的规范性和可维护性，本书建议尽量明确标注请求或响应的数据格式。如使用 fetch API 发送 POST 请求时，应添加 headers: { 'Content-Type': 'application/json' } 参数。虽然 Content-Type 标头的值可以包含可选的字符编码参数 charset，如 text/html; charset=utf-8，但对于 JSON 格式来说，这并不是必需的。根据 IETF 标准 RFC 4627，JSON 应该以 Unicode 编码，且默认编码为 UTF-8。

15.1.3　认证授权

当 Web 应用需要处理具有商业价值或者与用户隐私相关的数据时，往往需要针对用户身份进行验证。这涉及两个关键过程：**认证**（authentication）和**授权**（authorization），前者用于确认用户身份，后者则用于确定用户可执行的操作。由于 HTTP 协议本身是无状态的，浏览器端的 JavaScript 代码不仅要利用认证来验证用户的身份，还要确保后续的每个请求都能通过认证。因此，JavaScript 需要在浏览器端维护认证状态。目前主流的认证方案包括：
- 使用 Cookie 记录并传递来自服务器端的 Session ID；
- 使用 LocalStorage 或者 SessionStorage 保存来自服务器端的令牌（token），如 JWT（JSON Web Token）；
- 遵循 OAuth 2.0、OpenID Connect 等业界标准。

以上各类令牌可以存储在 Cookie 或者浏览器内存中，或者利用 React 的 state 来保存认证状态。使用 Cookie 的好处是一旦写入，后续的同域请求会自动携带 Cookie，浏览器也会自动管理 Cookie 的过期时间。相比之下，存储在其他位置的令牌则需要开发者手动将其添加到每个请求中，并且需要单独处理令牌的过期问题。

在 React 应用中，开发者可以在应用加载后首屏设计一个登录界面，用户成功登录后，应将包含用户身份信息的 Session 保存在服务器端，并将对应的 Session ID 保存在浏览器 Cookie 中。后续请求都会携带这个 Cookie，服务器端应根据 Session ID 判断请求是否来自有效用户，如果用户尚未登录或登录状态已过期，则应返回 HTTP 401 未授权状态。React 代码在接收到 HTTP 401 状态时，应跳转到登录界面或弹出登录对话框，要求用户重新登录。这里的页面跳转可以通过 13.2 节介绍的 React Router 来实现前端跳转，弹出登录对话框则可以通过在 React 中创建一个自定义组件来实现。

关于授权，开发者可以采用 ACL（Access Control Lists，访问控制列表）、RBAC（Role-Based Access Control，基于角色的访问控制）等模型定义授权规则，并将授权规则绑定至认证过的用户信息上。以 RBAC 为例，授权规则通常是**"允许 X 角色的用户对 Y 资源进行 Z 操作"**，其中资源可以是一个唯一的标识符，也可以是一个 URL 模式（pattern）。如果希望 React 前端能够根据授权规则显示或隐藏特定视图和功能，就需要在 React 中保存一份授权规则，并在运行时根据用户角色进行条件渲染。

15.1.4 错误处理

HTTP 请求出错可能有多种原因，例如浏览器访问了错误的 URL 或使用了错误的参数、服务器端程序出现异常或者超时等等。HTTP 协议根据常见的错误类型设计了一系列状态码，其中包括状态码为 4xx 的客户端错误、状态码为 5xx 的服务器错误。尽管开发者可以创建自定义的错误状态码，但鉴于标准状态码的存在，推荐尽可能利用这些已有资源。在 React 应用开发中，开发者可以针对一些典型的 HTTP 状态码开发用户友好的提示对话框，并为特定状态码提供解决方案。例如，针对 15.1.3 节中提到的 401 未认证状态，弹出一个登录对话框。此外，笔者建议为所有其他错误实现一个基础的提示逻辑，将这些错误处理逻辑进行封装，以便在每个服务器端通信代码中复用。这样做不仅可以增强代码的可维护性，还能够提升用户体验。

15.1.5 缓存 HTTP 请求

每当 Web 应用向服务器端请求数据时，用户都会经历等待，等待时间的长短是影响用户体验的重要因素，也可以作为衡量应用性能的关键指标。作为性能优化的手段之一，浏览器端缓存能够减少重复请求的次数，从而在全局范围内提升性能。实际上，HTTP 标准本身已经内置了缓存机制（参考 IETF 标准 RFC 9111），如利用 HTTP 标头 Cache-Control: max-age=3600 等，但这些缓存机制多用于 *.js、*.css 或图片等静态资源文件，较少用于服务器端 RESTful 接口。为了实现更高的灵活性，开发者可以用 JavaScript 来实现自定义的缓存逻辑。本章后半部分将会介绍如何利用 React Query 库来实现网络请求的缓存功能。

15.1.6 安全性

在与服务器端进行通信时，安全性也是一个不容忽视的关键因素。由于 HTTP 协议采用明文传输，数据在传输过程中容易遭受拦截、窃取甚至篡改，HTTPS 通过 TLS（SSL）对 HTTP 进行了加密，显著提升了数据传输的安全性。在生产环境中，Web 应用应当尽可能通过 HTTPS 协议与服务器端进行交互。

如 15.1.3 节所述，浏览器端的 Cookie 常用于存储 Session ID 或者认证令牌。然而，如果这些 Cookie 被恶意利用，可能会造成系统和用户的损失。为了增强 Cookie 的安全性，开发者可以设定 Cookie 的 `Secure` 属性（Cookie 只随 HTTPS 传输）、`HttpOnly` 属性（Cookie 不能被 JavaScript 修改）和 `SameSite=Strict` 属性（只传输同源 Cookie）等，从而有效降低安全风险。

CSRF（Cross-Site Request Forgery，跨站请求伪造）攻击是一种恶意网站或程序利用已认证的用户身份在网站上执行有害操作的攻击方式。为了防御这类攻击，开发者通常会在表单提交时加入 CSRF 令牌，服务器端会根据此令牌来验证该请求是否为来自用户的有效操作。React 可以在用户登录时从服务器端获取一个唯一的 CSRF 令牌，并保存在 context 中，后续每次调用 `fetch` 发起 POST 或 PUT 请求时，都将令牌添加至请求标头中。

Web 应用的安全性是一个庞杂的话题，希望进一步了解相关内容的读者可以自行查阅相关资料。

15.2　在 React 中实现与服务器端通信

React 框架本身并没有提供与服务器端通信的 API，开发者通常会依赖浏览器标准的 `fetch` API 或借助 Axios 等开源 HTTP 请求库。

15.2.1　使用浏览器标准 fetch API

现代浏览器已经全面支持 `fetch` API，它是一种用于获取网络资源的高效方式。14.4 节在讨论表单提交时已经介绍过 `fetch` 的用法和示例，这里不再赘述。作为补充，以下结合服务器端通信的要点分析 `fetch` 的表现。

- 异步操作：该 API 通过全局方法 `fetch()` 实现入口，其编程接口基于 Promise，对异步操作提供了良好的支持。
- 数据格式：`fetch` 支持 JSON、`multipart/form-data` 等主要数据格式。
- 认证授权：`fetch` 发起的请求与其他网络请求相同，会自动携带符合条件的 Cookie，因此基于 Cookie 的认证机制可以自动生效。然而，对于基于令牌的方案则需要手动实现。
- 错误处理：正如 14.4 节提到的，`fetch` 并不会将状态码为 4xx、5xx 的 HTTP 响应视为错误，如果希望在 `catch` 分支中统一进行错误处理，需要显式地将状态码非 200 的响应 `throw` 出来。当然，在编程领域，关于是否可以在异常处理代码中编写业务逻辑的问题一直存在争议，开发者需要作出自己的判断。
- 缓存和安全性：这些功能需要通过额外的代码来实现。

作为现代浏览器的标准之一，`fetch` API 受到了广大开发者的青睐。随着其影响力的提升，服务器端 JavaScript 运行时 Node.js 也开始支持 `fetch`（从 18 版本开始），使得开发者能够在服务器端使用熟悉的 API，同时简化了同构 JavaScript 代码的开发过程。

15.2.2 使用开源网络请求库 Axios

Axios 是 JavaScript 领域最具影响力的网络请求库之一。早在 fetch API 流行之前，XMLHttpRequest 是在浏览器端 JavaScript 中发起异步 HTTP 请求的主要手段，但其基于回调的接口形式使用起来并不方便。Axios 库对 XMLHttpRequest 进行了封装，并提供了基于 Promise 的接口，使得写出的代码更具可读性和可维护性：

```
try {
  const response = await axios.get('/api/test');
  console.log(response);
} catch (error) {
    console.error(error);
}
```

随着标准 fetch API 的普及，如果仅从 Promise 接口的角度来看，Axios 似乎已经失去了独特性。然而，与 fetch 相比，Axios 依然具备以下显著优势：

- 自动处理 JSON 的自动序列化和反序列化；
- 自动将表单数据转换为 JSON 格式；
- 为请求和响应添加拦截器；
- 提供 CSRF 保护机制；
- 显示上传或下载的进度等。

除了上述特性，还需注意：与 fetch 不同，Axios 会将状态码非 200 的 HTTP 响应视为错误抛出。此外，Axios 在 Node.js 端封装了 node:http 接口，可以用来编写同构代码。从 1.7.0 版本开始，Axios 还提供了可选的 fetch 适配器，支持开发者利用熟悉的 Axios 接口来调用 fetch API。

15.3 React 19：新 use API

本章开篇讲到服务器端通信的关键特性之一是异步特性，在 React 中实现异步编程时，会面临一些限制。例如，在 useEffect 中使用 async/await 语法时，必须将其包裹在异步立即调用函数表达式（Async IIFE）中；同时，useState 的初始值也不能是一个异步函数。然而，随着 React 19 的发布，框架对异步函数的支持得到了增强，例如 startTransition 现在也支持异步函数。

本节将介绍 React 19 中新增的另一个与异步处理相关的 API：use。这个新 API 虽然看起来像是一个 Hook，但它实际上并不是。它与 Hook 的共同点在于，它必须被用在 React 组件函数或者自定义 Hook 中；与 Hook 的不同之处在于，它可以用在条件分支或循环中。use 有两个基本用例，一个是用于 Promise，另一个是用于 context。由于服务器端通信的 fetch API 是基于 Promise 构建的，可以通过组合使用 use 和 fetch，来实现服务器端通信的逻辑。

15.3.1 React 19 新 API：use(Promise)

在 React 19 中，新的 API use 仅接收一个参数，当这个参数为 Promise 类型时，它将在

Promise 被解决（resolve）后将其返回值返回给调用者。使用 use(Promise) 的组件必须被包裹在一个 Suspense 边界内。Promise 尚未解决时，该组件将处于挂起状态，直至 Promise 被兑现（fulfill）或拒绝（reject）。针对 Promise 被拒绝的情况，组件需要被包裹在一个错误边界（Error Boundary）内。

　　以 oh-my-chat 的对话列表为例。目前对话列表的数据 mockThreads 是硬编码在 chatStore.js 中的，现将其改为从服务器端获取。首先，安装 react-error-boundary 库：

```
npm install react-error-boundary
```

　　新建模拟接口 mock/threads.mock.js，并将 chatStore.js 中的对话数据迁移过来：

```
const threads = [/* 只保留 3 条对话数据 */];
export default [{
  pattern: '/api/threads',
  method: 'GET',
  handle: (req, res) => {
    const data = { threads };
    res.setHeader('Content-Type', 'application/json');
    res.end(JSON.stringify(data)); // 可以用 setTimeout 模拟更长的耗时
  },
}];
```

　　修改 ThreadList 组件：

```
import { use } from 'react';
// 省略
const threadsPromise = fetch('/api/threads')
  .then((res) => res.json())
  .then((data) => data.threads);
const ThreadList = ({ selectedThreadId, onClickThreadItem }) => {
  const threads = use(threadsPromise);
  const contacts = useChatStore((state) => state.contacts);
  const threadsWithContactInfo = threads.map((thread) => {});
  return (
    <ul className={threadListStyles}>
      {threadsWithContactInfo.map((thread) => (/* 省略 ThreadListItem */))}
    </ul>
  );
};
```

　　可以看到，我们在组件外部利用 fetch API 创建了一个 Promise，并将这个 Promise 作为参数传递给组件内的 use。其他代码的写法与之前保持一致。然后在 ThreadList 的父组件 ThreadsPane 中，为 ThreadList 组件添加错误边界和 Suspense 边界：

```
import { Suspense } from 'react';
import { ErrorBoundary } from 'react-error-boundary';
// 省略样式
const ThreadsPane = (props) => (
  <>
    <ThreadTopMenu />
    <ErrorBoundary fallback={<div className={statusStyles}> 加载失败 </div>}>
      <Suspense fallback={<div className={statusStyles}> 加载中 ...</div>}>
```

```
          <ThreadList {...props} />
        </Suspense>
      </ErrorBoundary>
    </>
);
```

在浏览器中刷新整个页面，聊天视图中栏位置将显示"加载中 ..."，待加载完成后将显示来自服务器端的对话列表。我们可以在浏览器开发者工具中尝试阻止 API 请求，以验证是否正确触发了错误边界的错误提示。

上述代码中，返回 Promise 的 fetch 语句被编写在组件外部，一旦组件所在 JavaScript 被加载完毕，fetch 语句就会执行。如果 Promise 被解决的时间晚于 ThreadList 组件被渲染的时间，则 ThreadList 组件将会被挂起，直至 Promise 被解决。

虽然这种写法可以作为一个示例，但 fetch 的执行时机并不受 React 控制，这限制了其灵活性。那么，是否可以在组件内部编写 Promise 在组件内部呢？答案是肯定的。然而，如果直接在组件函数中使用 const 声明 Promise，会导致每次组件重新渲染时都创建一个新的 Promise 实例，这将使得组件被多次挂起，从而失去其实际应用价值。一个替代方案是在父组件 ThreadsPane 中创建一个 state 来保存储 Promise，并通过设置 state 的初始值或者定义额外的副作用管理执行 Promise 的执行时机，然后将这个 state 作为 props 传递给子组件 ThreadList。修改后的 ThreadsPane 代码如下：

```
const ThreadsPane = (props) => {
  const [threadsPromise] = useState(() => fetch('/api/threads')
    .then((res) => res.json()).then((data) => data.threads));
  return (
    <>
      <ThreadTopMenu />
      <ErrorBoundary fallback={<div className={statusStyles}>加载失败</div>}>
        <Suspense fallback={<div className={statusStyles}>加载中 ...</div>}>
          <ThreadList threadsPromise={threadsPromise} {...props} />
        </Suspense>
      </ErrorBoundary>
    </>
  );
};
```

修改后的 ThreadList 代码如下：

```
const ThreadList = ({ threadsPromise, /* 省略其他 props */ }) => {
  const threads = use(threadsPromise);
  // 省略
```

在浏览器中尝试反复切换聊天视图和联系人视图，你会发现每次进入聊天视图，应用都会从服务器端重新获取对话列表。

React 19 在服务器渲染 SSR 领域增加了另一个新功能：Server Components（服务器组件）。服务器组件允许将客户端组件（即传统 React 组件）作为子组件，并将服务器端创建的 Promise 通过 props 传递给子组件，子组件可以使用 use 消费 Promise。如需进一步了解，可以参考其官方文档。

可以预见，use(Promise) 这一新 API 的引入势必将促进开发者对 React Suspense 机制的采用。

15.3.2　React 19 新 API: use(Context)

当 use 的参数是由 createContext 方法创建的 context 时，它的作用与 useContext Hook 基本相同，即在组件中读取和订阅 context。区别在于，use(Context) 比 useContext 更灵活，能够被应用于组件函数的条件分支或循环中。

```
if (showNav) {
  const { activeView } = use(NavigationContext);
  // 省略 JSX
}
```

另外，从 React 19 开始，组件中提供 context 不再需要使用 .Provider 后缀:

```
{/* React 19 之前 */}
<NavigationContext.Provider value={contextValue}>
  {/* 省略 */}
</NavigationContext.Provider>

{/* React 19 开始 */}
<NavigationContext value={contextValue}>
  {/* 省略 */}
</NavigationContext >
```

15.4　异步状态管理库 React Query

15.3.1 节实现了每次进入聊天视图都从服务器端获取最新的对话列表，但这会不会造成资源浪费？毕竟，对话列表并不是每次进入聊天视图时都有更新，频繁显示"加载中"也可能会干扰用户的操作流程。在浏览器端缓存对话列表是一个理想的解决方案。然而，我们可以从 15.2 节的讨论中看到，无论是 fetch 还是 Axios，它们都没有内置对缓存 HTTP 请求的支持。这在一定程度上是因为，服务器端通信的缓存策略往往需要结合具体的业务场景来设计。与 fetch 这样的基础层 API 相比，我们更需要一个贴近应用层、更符合 React 框架特性的解决方案。

在 React 社区中，**React Query** 作为一款主流的异步状态管理库，提供了灵活的缓存功能。它不仅仅局限于缓存管理，还为 React 前端应用的服务器端通信提供了全面的解决方案。

15.4.1　什么是异步状态管理

React Query 库的全称是 TanStack React-Query。除了 React，TanStack Query 库还提供了适配 Vue、Svelte 等框架的版本。从字面上看，React Query 似乎是一款用于发起服务器端通信的库，但实际上它所涵盖的功能远超出了发起通信本身。在这个库中，发起请求本身并不是重点，我们甚至找不到直接发起 GET 请求或 POST 请求的接口，这部分功能需要与 15.2 节提到的 fetch

API 或者 Axios 库配合使用。正如 React Query 官方文档所定义的，它是一款专为 React 设计的**异步状态管理**库。

异步状态管理与 10.1 节讨论的应用状态管理是一回事吗？先来看 React Query 所指的异步状态，异步状态可以简单理解成来自服务器端的状态，它与 React 中的 state 及其他应用状态管理框架中的状态有以下区别：

- 异步状态数据的源头是远程服务器；
- 需要通过异步 API 来获取或更新异步状态的数据；
- 服务器端数据有可能在浏览器端不知情的情况下发生变化，导致异步状态过时。

相较于服务器端，浏览器端资源是有限的，考虑到性能、网络传输等因素，只会把服务器端的部分必要数据下载到浏览器端，这意味着不能简单地将异步状态管理看作远程数据同步。与传统的应用状态管理相比，异步状态管理面临新的挑战：如何利用缓存减少请求频次；在适当的时机更新本地的过时状态；请求分页等等。React Query 正是这样一个异步状态管理库，开发者可以利用与其相关的 API 来应对这些挑战。当然，也可以继续使用 React 的 state 或 Zustand 等框架来管理异步状态，但是需要自行设计解决方案来应对这些挑战。对于特定需求，开发者甚至可以通过某些方式整合 React Query 和 Zustand，但必须遵循单一事实来源原则，尽量避免在同一个应用中出现重复的状态。

接下来，我们将结合 oh-my-chat 的实际案例简要介绍 React Query 的用法。

15.4.2　项目实现：使用 React Query 缓存对话列表的网络请求

本节将通过 React Query 重构从服务器端读取对话列表的功能。我们的目标是仅在首次展示聊天视图时才发起服务器端请求，而后续切换联系人视图和聊天视图时应利用本地的缓存数据，以避免频繁的网络请求干扰用户的使用体验。

首先在 oh-my-chat 项目中安装 React Query（本书使用 v5.76.1 版本）：

```
npm install @tanstack/react-query
```

在 src/features/App.jsx 的根组件中添加 React Query 的 QueryClient 实例：

```
import { QueryClient, QueryClientProvider } from '@tanstack/react-query';
// 省略 ...
const queryClient = new QueryClient();
function App() {
  return (
    <QueryClientProvider client={queryClient}>
      <RouterProvider router={router} />
    </QueryClientProvider>
  );
}
```

然后改写 ThreadList 组件：

```
import { useQuery } from '@tanstack/react-query';
// 省略 ...
```

```
const ThreadList = ({ selectedThreadId, onClickThreadItem }) => {
  const { data, isPending, isError } = useQuery({
    queryKey: ['threads'],
    queryFn: () => fetch('/api/threads').then((res) => res.json()),
  });
  const contacts = useChatStore((state) => state.contacts);
  const threadsWithContactInfo = data?.threads?.map((thread) => {
    // 省略根据联系人 ID 获取 name、avatar 逻辑
  }) || [];
  return (
    <ul className={threadListStyles}>
      {isPending && <li className={statusStyles}>加载中 ...</li>}
      {isError && <li className={statusStyles}>加载失败，请刷新页面重试 </li>}
      {threadsWithContactInfo.map((thread) => (/* 省略 ThreadListItem */))}
```

在上述代码中，使用 React Query 的 useQuery Hook 替代了之前 Zustand store 中用于管理对话列表数据的逻辑。这个 Hook 专用于发起网络查询请求，它有两个必选参数，其中 queryKey 是一个可被序列化的数组，在全局范围内应保持唯一性，用来标记查询请求及其对应的返回数据；queryFn 则是负责发起网络请求的函数，它必须返回一个 Promise。这里通过 fetch API 请求调用了之前定义的模拟数据接口，并返回 fetch 的 Promise。当然，我们也可以选择使用 async/await 语法，正如 15.2.2 节提到的，同样可以选择使用 Axios 库来替代 fetch。useQuery Hook 有一系列返回值，用到的 data 即返回数据，isPending、isError 代表请求或出错状态。需要注意的是，data 在组件初次挂载时是空值，只有在网络请求成功返回响应后，data 才会被赋予实际的值。因此，在访问 data 属性时，建议使用 data?.threads 语法来规避空指针错误。

现在，经过修改的 ThreadList 组件已经无须父组件 ThreadsPane 提供错误边界和 Suspense 边界，因此可以将 ThreadsPane 组件的代码回滚到 15.3.1 节之前的版本。

保存所有文件，运行 npm run dev，并在浏览器中测试聊天视图的对话列表。初次加载时，对话列表将显示"加载中"提示消息，随后会更新为来自服务器端的 3 条对话。这时，先切换到联系人视图再切换回聊天视图，对话列表并不会重新显示"加载中"提示，而是直接显示之前的 3 条对话。如果在浏览器中打开开发者工具，并使用网络标签页来监视页面上的请求，我们会发现虽然消息列表并没有显示"加载中"，但 GET 请求确实已被发送。

这就是 React Query 的请求缓存功能：useQuery 内部会根据 queryKey 尝试从其缓存数据中检索相应的缓存，如果存在则将其直接展示出来。默认情况下，这些缓存会被自动设置为已过期（stale），而 React Query 会在后台再次发起请求以更新过期的缓存。开发者可以通过修改 staleTime 参数来延长缓存的有效期，从而降低请求频率。除了再次执行 useQuery，当浏览器窗口重新获得焦点或网络连接中断后恢复时，React Query 也会在后台更新过期缓存。另外，React Query 会自动重试失败的请求，默认重试次数为 3 次，开发者可以通过配置 retry 参数自定义重试次数。由此可见，React Query 的 API 设计是声明式的，与 React 的范式非常契合。

15.4.3　项目实现：使用 React Query 变更对话列表数据

本节将着手实现新建对话的功能。根据需求，一旦用户成功创建一个新的对话，对话列表应

立即自动刷新。由于篇幅限制，这里仅实现联系人详情页面中的"发消息"按钮作为创建新对话的入口，而对话列表顶栏的"新建对话"按钮则暂缓开发。

首先需要完善联系人详情中的"发消息"按钮的功能。之前，"发消息"功能的实现较为简单，只是通过 React Router 的 useNavigate Hook 实现了跳转至聊天视图，并没有直接定位到与当前联系人对应的对话。现在补充这一逻辑。在 ContactDetail 组件中，将 <button onClick={() => navigate('/chat')}> 中的路径 '/chat' 修改为 '/chat?contactId=' + id。

相应地，在 ThreadList 组件中引入一个副作用，尝试读取这个 URL 参数，如果参数存在，则在对话列表中根据联系人 ID 查找对应的对话 ID，并将选中的对话设置为这个 ID，在副作用末尾清空 URL 参数，以避免对用户后续的手动选择操作产生影响。具体代码如下：

```
import { useSearchParams } from 'react-router-dom';
const ThreadList = ({ selectedThreadId, onClickThreadItem }) => {
  const { data, isPending, isError } = useQuery({/* 省略 */});
  // 省略
  const [searchParams, setSearchParams] = useSearchParams();
  useEffect(() => {
    if (!data || !searchParams.has('contactId')) return;
    const { threads } = data;
    const targetContactId = parseInt(searchParams.get('contactId'));
    const targetId =
      threads.find((t) => t.contactId === targetContactId)?.id;
    if (targetId) {
      onClickThreadItem(targetId);
      setSearchParams({});
    }
  }, [searchParams, setSearchParams, data, onClickThreadItem]);
```

这时可以在浏览器中进行测试。在联系人视图中点击前三位联系人详情页中的"发消息"按钮，页面应跳转至聊天视图，并自动选中与该联系人对应的对话。然而，由于后三位联系人目前还没有对应的对话，页面会默认选中第一个对话。正确的逻辑应当是：如果没有对应的对话，系统应自动为当前联系人创建一个新对话，并将其选中。接下来，我们将着手实现这一功能。

在 threads.mock.js 中实现一个模拟接口，用于处理 POST 请求。该接口将根据传入的联系人 ID 新建一个对话对象并将其插入至数组的头部。如果数组中已存在与该联系人 ID 对应的对话，则忽略此次插入。具体代码如下：

```
{
  pattern: '/api/threads',
  method: 'POST',
  handle: (req, res) => {
    req.on('data', (chunk) => {
      const { contactId } = JSON.parse(chunk);
      let thread = threads.find((t) => t.contactId === contactId);
      if (!thread) {
        thread = { id: threads.length + 1, contactId, updateTime:
          new Date().toISOString().slice(0, 10), latestMessage: null };
        threads.unshift(thread);
      }
```

```
    res.setHeader('Content-Type', 'application/json');
    res.end(JSON.stringify(thread));
  });
  },
},
```

修改 ThreadList 组件，添加 useMutation Hook，并在未找到对应的对话时调用这个 Hook 返回的 mutate() 方法，去服务器端创建新对话：

```
import {useMutation, useQueryClient } from '@tanstack/react-query';
const ThreadList = ({ selectedThreadId, onClickThreadItem }) => {
  const queryClient = useQueryClient();
  const { data, isPending, isError } = useQuery({
    queryKey: ['threads'],
    queryFn: () => fetch('/api/threads').then((res) => res.json()),
  });
  const mutation = useMutation({
    mutationFn: (newThread) => fetch('/api/threads', {
      method: 'POST',
      headers: { 'Content-Type': 'application/json' },
      body: JSON.stringify(newThread),
    }).then((res) => res.json()),
    onSuccess:() => queryClient.invalidateQueries({queryKey: ['threads']}),
  });
  // 省略
  useEffect(() => {
    // ... 省略根据 contactId 匹配目标对话 ID 逻辑
    if (targetId) {
      onClickThreadItem(targetId);
      setSearchParams({});
    } else if (mutation.isIdle) {
      mutation.mutate({ contactId: targetContactId });
    }
  }, [searchParams, setSearchParams, data, onClickThreadItem, mutation]);
  return (
    <ul className={threadListStyles}>
      {mutation.isPending && <li className={statusStyles}>新建对话中 </li>}
      {/* 省略其他 JSX */}
```

上述代码中，useMutation 不仅接收用于发起数据变更请求的 mutationFn 参数，还定义了另一个参数 onSuccess，利用 useQueryClient Hook 获取 QueryClient 的实例，并在变更请求成功时强制将前面 useQuery 定义的对话列表缓存标记为已过期。这里的 invalidateQueries 操作将忽略在创建缓存时设定的 staleTime。因此，React Query 将在下一个适当的时机重新获取对话列表来刷新缓存。与前面的查询请求（query）类似，变更请求（mutation）也具有 isPending 等状态，可以用来在 JSX 中条件渲染提示信息。

现在，重新启动项目，在浏览器中测试刚刚实现的功能。从聊天视图切换至联系人视图，点选后三位联系人之一，在联系人详情中点击"发消息"按钮，页面将跳转回聊天视图，并在对话列表顶部显示"新建对话中"提示。随后，对话列表将增加为 4 个对话，并自动选中新创建的对话，如图 15-2 所示。可以看到，我们已经成功地为 oh-my-chat 实现了新建对话的功能。

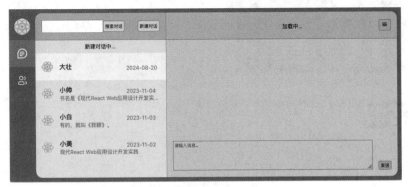

图 15-2　聊天视频创建并自动选中新对话

15.4.4　React Query 的其他功能

到目前为止，我们先后借助 use(Promise) + fetch API 和 React Query + fetch API 实现了对话列表与服务器端的交互。回顾 oh-my-chat 的代码，我们会发现项目中有多种与服务器端通信的方式共存，包括单独使用 fetch API 获取消息列表，以及结合 React Hook Form + fetch API 来更新联系人信息。这种混合使用多种通信方案的做法主要是出于演示目的，在实际项目中并不常见。

从一致性的角度考虑，我们可以选择统一使用 React Query 来实现这些服务器端通信逻辑。例如，利用 React Query 的 useInfiniteQuery Hook 来改写消息列表，可以更轻松地实现无限滚动（Inifite Scrolling）翻页逻辑，并且可以设置 refetchInterval: 5000 参数进行每 5 s 一次的自动重新获取，以实现消息列表的轮询刷新。React Query 还提供了 useSuspenseQuery Hook，可以整合错误边界和 Suspense 边界，useQuery().promise 也可以与 use(Promise) 结合使用，整合方式非常灵活。限于篇幅，这里不再展开介绍实现细节，鼓励你自己动手尝试。完成这些改写后，你也许会发现 Zustand store 中的状态大多都被迁移到了 React Query 的异步状态中，这是因为两者作为状态管理库在功能上有所重复，具有一定替代性，你可以根据实际项目需要选用合适的状态管理方案。

15.5　小结

本章首先介绍了浏览器端应用，特别是 React 应用与服务器端通信的关键要点素，包括异步操作、数据格式、认证授权、错误处理、数据缓存和安全性；然后简要介绍了 fetch API 和 Axios 两种具有代表性的服务器端通信方式；接下来介绍了 React 19 的新 API——use，并在聊天应用 oh-my-chat 中利用 use 和 fetch 实现了从服务器端获取对话列表的功能；最后介绍了异步状态管理库 React Query，并利用 React Query 改写了 oh-my-chat 从服务器端获取对话列表的逻辑，成功实现了新建对话的功能。

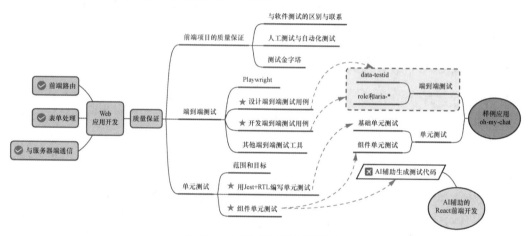

第16章

质量保证

本章的知识地图及项目实现，如图 16-1 所示。

图 16-1　本章知识地图及项目实现

与所有软件工程师一样，前端工程师在实现前端功能需求的同时，也要对所交付前端应用的质量负责。为了实现这一目标，软件开发项目会引入软件质量保证的流程和相关实践。软件测试是其中的关键环节，对于大中型 React 项目来说尤其重要。

本章从前端项目质量保证的基本概念入手，介绍质量保证与软件测试的关系，同时也会探讨人工测试与自动化测试的区别与联系，解析测试金字塔的理论，帮助开发者更深入地理解单元测试与端到端测试的关系。另外，本章演示了如何用 Jest + React Testing Library 开发 React 的单元测试，如何用 Playwright 来实现 React 应用的端到端测试，以及如何利用 AI 辅助生成测试代码。

16.1　前端项目的质量保证

在深入本节内容之前，先来了解以下常见认知误解：
- 质量保证就是软件测试；
- 只有大型软件项目才需要实施质量保证；
- 测试是测试工程师的事情，与软件开发工程师无关；
- 前端项目无须编写单元测试。

这些误解的形成有其特定原因，但它们势必会对前端项目的交付质量产生负面影响。本节将从相关的概念入手，尝试澄清这些误解。

16.1.1 质量保证与软件测试的区别与联系

软件质量保证（Software Quality Assurance）是通过监控软件工程流程和方法以确保质量的一系列手段。质量保证贯穿于软件开发的全生命周期，从软件需求、系统设计到代码编写、代码审查、软件测试，直至部署上线，与其他系统集成等，每一个环节都与软件质量息息相关，因此需要融入必要的质量保证的流程和方法。

举例来说，**代码静态检查**（Linting）和**代码格式化**（Formatting）是质量保证的重要组成部分，前者能够提前检测出潜在问题代码，帮助开发者避免常见的编程错误，而后者则保证了项目代码风格的一致性，既提升了代码可读性，又有助于团队协作。许多 React 项目在初期会配置 ESLint 和 Prettier 两款自动化工具，分别负责 React 代码的检查和格式化，整个代码编写过程都将受益于这两款工具，我们在 oh-my-chat 的项目实践中已经体会到了这一点。

尽管这两类工具可以提高静态代码的质量，但软件测试仍然是不可或缺的。大量软件缺陷出现在**运行时**（Runtime），而静态检查工具无法完全识别这些 bug。在这个阶段，**软件测试**（Testing）发挥了重要作用，它专注于验证软件是否符合预期。

从上述定义可知，软件测试是质量保证的一个关键组成部分，其作用范围小于质量保证。软件测试与质量保证的共同目标是提升软件质量，并减少软件缺陷；两者的区别在于，软件测试主要发生在代码编写期间和编写完成后，而质量保证则始于代码编写之前，贯穿整个软件开发周期。

软件质量保证是软件行业现代化的标志之一，业界也存在一些具有影响力的行业标准。希望进一步了解相关内容的读者可以自行查阅相关资料。

16.1.2 人工测试与自动化测试

在了解质量保证的基本概念后，接下来展开讨论前端测试。软件测试方法可以分为**人工测试**和**自动化测试**，关于这两种测试方法的对比如表 16-1 所示。

表 16-1　人工测试与自动化测试的对比

	人工测试	自动化测试
投资回报率（ROI）	初期投入较低，效果明显，但长期 ROI 较低	长期 ROI 更高
灵活性	灵活性更高	受限于测试框架和脚本
编程知识	不必要	需要
执行耗时	需要更多时间	需要较少时间，且恒定
并行测试	可以，但需要更多人力	可以，只要测试框架支持
测试覆盖率	容易遭遇瓶颈	理论上没有上限
可靠性	稳定性较差，可靠性较低	更稳定、更可靠
调试	相对容易复现	相对困难

在前端项目的版本迭代过程中，UI 变更较为频繁，人工测试通常可以更灵活地应对。但当前端项目规模庞大、迭代频繁时，测试工作量和难度往往呈指数级增长，人工测试就会不堪重负。在这种情况下，自动化测试就成为前端项目的必要选择。

这里顺便提一下**浏览器兼容性测试**。在前几年，由于各种浏览器之间的差异显著，浏览器兼容性测试主要以人工测试为主。近年来，随着现代浏览器的普及和自动化测试框架的不断演进，尽管浏览器兼容性问题依然存在，但是可以通过自动化测试来降本增效。

在讨论自动化测试时，开发者会遇到一个关键问题：谁来负责编写自动化测试脚本？

目前，行业内的许多企业或组织仍然采用传统的分工模式，即由软件工程师负责编写代码、测试工程师负责人工测试。在这种背景下，由测试工程师来编写自动化测试脚本似乎更为合适。但从业界的敏捷开发实践，以及我自己的亲身经历来看，更有效的方式是由负责开发业务功能的工程师来编写相应的自动化测试脚本。

我个人第一次接触这种工程实践时，内心是有些抗拒的。当时的我认为，软件开发思维与测试思维之间存在根本性冲突：开发侧重于白盒视角，以实现业务功能为目标；而测试则采用黑盒方法，目标是在已经实现的业务功能中发现问题。这两种工作由同一个人来做，似乎会导致自相矛盾。然而，经过一段时间的实践，我同时负责开发业务功能和编写测试用例，逐渐领悟到了这种工作方式的益处：

- 作为开发者，我必须从白盒和黑盒两个层面理解业务需求，以确保在开发过程中不会在理解不全面的情况下盲目推进；
- 业务代码的编写和测试脚本的开发是一种迭代过程，我在开发业务代码时没考虑到的边界情况、错误处理等问题，在编写测试脚本时都会揭露出来，这促使我不断完善业务代码；
- 这种做法可以最大程度地保证业务代码与测试脚本的同步更新，有效避免了因为测试脚本长期不维护导致失效的问题；
- 这种工作方式让我对自己交付的代码质量充满信心。

这种开发测试方式对开发者提出了以下要求：

- 建立软件测试**知识体系**；
- 具备自动化测试工具和脚本**开发技能**；
- 确保开发的业务功能本身具有更高的**可测试性**（Testability）。

另外，还有一个关键因素需要考虑：在多人协作开发前端应用项目的过程中，每位开发者应为自己负责的业务模块开发自动化测试脚本。这既是对自己的工作负责，也是对团队其他人成员的工作负责。毕竟每个人都不希望因他人造成的代码错误导致项目崩溃，进而影响自己的工作进度。

16.1.3 前端开发者应该了解的测试金字塔

软件测试有多种分类方法。根据测试范围和关注点，测试可以分为端到端测试、集成测试、单元测试等。本章将深入介绍 React 项目的如下两种测试方法。

- **端到端测试**（End-to-End Testing，简称 E2E Testing），它从**最终用户体验出发，模拟真实的使用场景**，以验证软件行为和数据是否符合预期。"模拟"只是相对而言的，端到端测试应尽可能基于真实的前端、后端服务、终端设备甚至网络环境，这样才能更有效地发现问题。端到端测试通常是黑盒测试，也有人工测试和自动化测试之分。

- **单元测试**（Unit Testing），是**针对软件设计的最小单元来进行正确性检验的测试工作**。这个单元可以是一个函数、一个类；在 React 应用中，它可以是一个组件或一个自定义 Hook。单元测试通常是基于白盒的自动化测试。

从定义可以看出两种测试方法的区别。前端项目的实际开发过程应该应用端到端测试还是单元测试呢？如果应用端到端测试，为了全面覆盖业务需求中的各种边界情况，开发者需要以穷举的方式编写大量相似的测试用例，无论从编写效率还是执行效率来看，都难以实现 100% 覆盖；而如果只应用单元测试，尽管理论上可以做到为每一行程序代码编写对应的单元测试用例，但这些测试用例与用户的实际使用场景可能会有所偏离，难以发现那些只有在多个单元协同工作时才会触发的 bug。由此看来，这两类测试方法需要配合使用。这便引出了一个软件测试领域的重要概念：测试金字塔。

测试金字塔（Test Pyramid）最初由敏捷开发鼻祖 Mike Cohn 在其著作《Scrum 敏捷软件开发》（*Succeeding with Agile: Software Development using Scrum*）中提出，主张**分层次开展自动化测试以提高测试效率**。

金字塔结构的测试层级从上至下依次为端到端测试、集成测试和单元测试。其中端到端测试和集成测试属于黑盒测试，集成程度较高；单元测试则属于白盒测试，运行耗时更短。从测试用例的数量比重来看，端到端测试所占比例较少，占 10% 左右；而单元测试则占据了较大比重，占 70% 左右，如图 16-2 所示。

图 16-2　测试金字塔

16.2　React 项目的端到端测试

本节借助开源自动化测试工具 Playwright 为 React 项目开发端到端测试。

16.2.1　使用 Playwright 创建端到端测试项目

Playwright 是由微软推出的一款开源的 Web 自动化测试框架，它支持 Chromium、Firefox 和 Webkit 内核的现代浏览器，以及 Windows、macOS 和 Linux 多种操作系统。此外，Playwright 还提供了 TypeScript、JavaScript、Python 等多种编程语言的 API 接口。

我们首先需要创建一个 Playwright 端到端测试项目，可以选择将端到端测试集成到 React 应用项目中，或者为端到端测试代码创建一个独立的项目。以 oh-my-chat 项目为例，我们可以在同一个项目中编写端到端测试用例，通过命令行进入项目根目录，初始化 Playwright，操作过程中会提示几个问题，大多数情况下使用默认选项即可，但本书建议将端到端测试脚本的存储路径更改为 `tests/e2e`，以避免与其他类型的测试发生混淆。然后，Playwright 将自动为当前项目添加端到端测试功能：

```
npm init playwright@latest
Where to put your end-to-end tests? · tests/e2e
```

安装完成后，项目中会新增一些文件和目录，包括 Playwright 的配置文件 playwright. config.ts、测试用例文件 tests/e2e/example.spec.ts、测试报告目录 playwright-report。我们需要在 package.json 中加入一个新的 npm 脚本 e2e：

```
"scripts": {
  "e2e": "playwright test",
},
```

在命令行中运行这个脚本，出现以下提示则代表测试通过：

```
npm run e2e
Running 6 tests using 5 workers
  6 passed (15.8s)
```

这时，可以打开 playwright-report/index.html 或者执行 npx playwright show-report 命令来查看测试结果，我们可以看到 Playwright 分别在 3 个不同内核的浏览器中，以**无头**（Headless）方式运行了同一批自动化测试用例。

16.2.2   项目实现：设计端到端测试用例

在动手为 oh-my-chat 项目编写端到端测试之前，首先需要设计测试用例。

那么问题来了，一个端到端测试用例应该涵盖多少业务功能呢？实际上，一个测试用例可大可小，太小的测试用例可能导致开发者需要编写更多数量的用例来全面覆盖业务功能；而太大的测试用例则可能导致测试运行不稳定且难以维护。用户使用软件是通过一系列操作来实现特定目标的。因此，这里建议**以一个真实用户目标明确、有头有尾的使用流程作为参照**，来设计端到端测试用例。

以 oh-my-chat 项目为例，可以设计以下测试用例：

（1）用户从默认的聊天视图切换到联系人视图；

（2）用户选中第二个联系人，点击联系人详情中的"发消息"按钮；

（3）应用自动切换回聊天视图并选中联系人的对话后，用户查看消息；

（4）用户输入新消息并发送。

开发者可能会有所顾虑：这个用例是否过于简单？如果出现用户从另外一个浏览器中打开 oh-my-chat 应用，或者用户全程使用键盘代替鼠标操作等情况，上述测试用例无法全面覆盖业务场景。

事实上，开发者永远无法约束一个用户最终会怎样使用你开发的软件。一个务实的测试工程师不会试图穷举所有可能性，因为即便测试用例的数量远超源码，也难以实现 100% 的覆盖率。因此，设定一个合理的测试范围（Scope）至关重要。帕累托法则（即"80-20"法则）认为，所有变因中，最重要的仅占 20%，虽然剩余的 80% 占了多数，其影响却远低于"关键的少数"。这里建议从服务好主要用户群体的需求出发，他们的用例才是软件产品成功的关键。当然，一些重要的边界情况也应予以考虑。

16.2.3　项目实现：使用 Playwright 开发端到端测试用例

在 Playwright 发布之前，市面上已经存在许多成熟的自动化测试框架，而 Playwright 吸收了这些框架的最佳实践，提供了功能丰富且强大的 API。我们只需先掌握以下几个关键 API 即可。

- 导航：`page.goto()`。
- 定位：`locator()`、`getBy*()`。
- 动作：`click()`。
- 断言：`expect()`。

先新建一个测试用例文件 `tests/e2e/sendMessage.spec.ts`，添加以下代码：

```
import { test, expect } from '@playwright/test';
test('选中联系人发消息', async ({ page }) => {
  // 1. 用户打开应用，切换到联系人视图
  await page.goto('http://localhost:5173/');
  const nav = page.locator('nav');
  const linkToContactView = nav.getByAltText('联系人');
  await linkToContactView.click();

  // 2. 用户选中第二个联系人，点击联系人详情中的 "发消息" 按钮
  const contactList = page.locator('aside');
  await expect(contactList.locator('li')).toHaveCount(6);
  await contactList.locator('li').nth(1).click();
  const contactDetail = page.locator('main');
  await contactDetail.getByText('发消息').click();

  // 3. 应用自动切换回聊天视图并选中联系人的对话后，用户查看消息
  expect(page.url()).toContain('/chat');
  const threadList = page.locator('aside');
  await expect(threadList.locator('li').nth(1)).toHaveCSS(
    'background-color', 'rgba(255, 255, 255, 0.6)'
  );
  const messageList = page.locator('main');
  await expect(messageList.locator('li')).toHaveCount(8);

  // 4. 用户输入新消息并发送
  const messageInput = messageList.locator('textarea');
  const messageButton = messageList.locator('button', { hasText: '发送' });
  const currentMessageCount = await messageList.locator('li').count();
  await messageInput.fill('测试消息 -1');
  await messageButton.click();
  await expect(
    messageList.locator('li').nth(currentMessageCount)
  ).toContainText('测试消息 -1');
});
```

上述代码使用了很多 `locator()` 函数，利用 CSS 选择器选中特定页面元素，然后执行操作或做断言。我们可以看到许多包含操作或者断言的代码行都添加了 `await` 关键字，这是因为 Playwright 为这些 API 实现了自动等待机制，即在一定时间内反复尝试执行 `locator`，直到页面元素满足操作或断言的条件。例如，`sendMessageButton.click()` 会自动等待，直到消息列表栏中的发送按钮变为可见且可交互状态才会执行点击操作，而 `expect(messageList.`

`locator('li')).toHaveCount(8)` 则会持续等待，直到消息列表被服务器端数据填充，并且消息列表项数量达到 8 个时，断言时才会解决。

为方便执行，我们可以在 `playwright.config.ts` 末尾添加以下代码启动 Vite：

```
webServer: {
  command: 'npm run dev',
  url: 'http://localhost:5173/',
  reuseExistingServer: !process.env.CI,
},
```

这时，在命令行中执行 `npm run e2e` 命令，查看测试结果，可以发现测试用例在 3 个浏览器上都通过了，点击任意一个测试详情可以看到每个步骤所耗费的时间，如图 16-3 所示。

图 16-3　端到端测试结果

每次启动 3 个浏览器是否会造成系统运行负担过重？我们可以追加一个 npm 命令 e2e:firefox，单独运行 Firefox：

```
"scripts": {
  "e2e": "playwright test",
  "e2e:firefox": "playwright test --project=firefox"
},
```

如果需要调试测试用例，只需添加 `--debug` 参数即可打开**有头**（Headed）浏览器进入调试模式：

```
npm run e2e:firefox -- --debug
```

16.2.4　项目实现：提升 Playwright 测试用例的可维护性

上述测试用例虽然可行，但存在一个显著缺陷：它使用了太多 HTML 标签名，即 CSS 语法来定位元素，如 `page.locator('main')`。从 React 组件的角度来看，组件内部使用的是 `<main>` 还是 `<li>` 属于组件的内部实现细节，即便是同为源码的父组件也不应该了解这些细节，更不用说外部的自动化测试脚本。同样，利用 CSS 样式来断言某个对话是否被选中也存在类似的问题。这样的写法会导致内部实现细节的泄漏，从而降低测试用例的可维护性。这些都属于典型的应用**可测试性**（Testability）问题。

那么，如何开发 React 应用才能对自动化测试更友好呢？主要有以下两种做法。

- 利用 data-testid 属性。虽然这个自定义的 HTML 标签属性并不属于任何官方标准，但它已被 RTL 等主流测试框架广泛采用。
- 利用 ARIA 属性。W3C 的 WAI-ARIA 标准通过在标签中使用 role 和 aria-* 等属性来增强 HTML 元素的语义，从而提升 Web 内容针对残障人士的可访问性。

首先来看 data-testid 属性，以联系人列表为例，在 JSX 中添加标签属性：

```
const ContactList = ({ /* 省略 props */ }) => {
  return (<ul className={contactListStyles} data-testid="contactList">
```

对应的测试用例代码就可以改写为：

```
const contactList = page.getByTestId('contactList');
```

这样便降低了测试用例对组件内部实现的依赖性。

再来看 ARIA 属性。为了使测试脚本能够确定某个对话是否处于选中状态，需要将选中的对话与其他对话区分开来。那么，能否选用 HTML 标签的 class 属性作为区分依据呢？由于 oh-my-chat 项目中采用了 CSS-in-JS 技术，选中的 class 值可能是类似 a1x0ck62 这样的随机字符串，显然不适合作为区分依据；那么，是否可以利用选中对话特有的背景色来区分呢？虽然这种方案可行，但颜色本身并非测试点，而且在开发过程中颜色有可能会被调整，因此不够稳定。那么是否可以借鉴 data-testid 的方式，为被选中的对话标签添加一个自定义属性？实际上，对于"被选中"这一层语义，WAI-ARIA 标准已经提供了一个非常适合的标签 aria-selected。使用这个属性改写对话列表组件：

```
const ThreadListItem = ({ active, /* 省略其他 props */ }) => (
  <li className={/* 省略样式 */} aria-selected={active}>
```

对应的测试用例代码可以改写为：

```
await expect(threadList.locator('li').nth(1)).toHaveAttribute(
  'aria-selected', 'true');
```

这种写法比之前断言 CSS 的写法更加直接，更符合语义。除此之外，我们还可以利用 role 属性将 threadList.locator('li') 改写成 threadList.getByRole('listitem')，以进一步隐藏组件 HTML 标签名的实现细节。

尽管测试用例引入了 ARIA 属性，并且从结果来看，它在 HTML 层面增强了 oh-my-chat 的语义，但需要强调的是，Web 的可访问性及基于 ARIA 的可访问性增强是一项系统性的工作，需要经过精细的设计、打磨和针对可访问性本身的测试。

16.2.5　其他端到端测试工具

主流的 Web 前端自动化端到端测试工具还包括 Cypress、Selenium。其中 Cypress 是在 Electron 基础上运行了一个高度自定义的浏览器环境，并在这个环境中添加了自动化测试的各种功能和 API ；而 Selenium 则是基于各个浏览器特有的 WebDriver。

Playwright 与上述两种工具都不同，它采用了现代浏览器原生支持的 **CDP 协议**（DevTools Protocol），该协议标准较新，运行效率也更高一些。

16.3　React 单元测试

测试金字塔中，单元测试与端到端测试互为补充。本节将讨论 React 应用的单元测试。

16.3.1　React 单元测试的范围和目标

理想情况下，开发者应当为 React 项目中的所有源码都编写单元测试。在小型 React 项目中，这种做法是可行的，但对于大中型项目来说往往难以实现。从优先级来看，我们应优先测试以下类型的代码。

- React 组件，特别是公共组件。
- 自定义 Hooks。
- Zustand store。
- 其他关键代码。

近年来，React 组件的测试实践越来越丰富。根据实际需要，我们可以将父子组件编写在同一个测试用例中，或者将组件与自定义 Hooks 一同进行测试。这种测试方法被称作 **React 组件测试**，它在一定程度上模糊了单元测试和集成测试的界限。与常涉及真实数据库的后端集成测试不同，前端 React 组件测试更多依赖于**模拟**（mock），因此这里仍然将 React 组件测试归类为单元测试。

单元测试的目标比较容易量化，大多数单元测试框架都支持统计**代码覆盖率**（Code Coverage），即运行测试用例时所执行的源码占源码总量的比重。为了提高测试的覆盖率，测试用例应尽可能覆盖源码中的更多分支。当企业或组织对软件质量有较高要求时，会将产品源码的测试覆盖率作为考核指标。例如，我曾供职的公司要求无论前端还是后端都要达到 90% 以上的测试覆盖率（从 80% 提升到 90% 的过程还是颇具挑战的）。

16.3.2　项目实现：用 Jest + RTL 编写单元测试

目前在 React 技术社区中，**Jest + RTL** 是主流的单元测试框架组合。Jest 是由 Meta 公司推出的一款开源 JavaScript 测试框架，而 RTL（React Testing Library）则是一款开源的轻量级 React 组件测试库。

这里以 oh-my-chat 为例演示 Jest（本书使用 v29.7.0）+ RTL 的安装和配置方法。首先在命令行中运行以下命令：

```
npm install -D jest jest-environment-jsdom babel-jest \
  @babel/core @babel/preset-env @babel/preset-react eslint-plugin-jest
npm install -D @testing-library/react @testing-library/jest-dom
```

在上述命令中安装 babel 相关的依赖项，是为了支持自动将现代 ECMAScript 语法和 JSX 语法转译为兼容性更高的旧版 JavaScript。安装完成后，我们需要在项目根目录中创建一个包含以下内容的配置文件 babel.config.cjs：

```
module.exports = {
  presets: [
    '@babel/preset-env',
    ['@babel/preset-react', { runtime: 'automatic' }],
  ],
};
```

然后执行以下命令创建 Jest 的配置文件 jest.config.mjs，向导问题大部分选默认就好，除了测试环境需要选择 jsdom（在 Node.js 中以纯 JavaScript 代码模拟浏览器的部分主要功能，包括 DOM API、HTML）：

```
npm init jest@latest
Choose the test environment that will be used for testing › jsdom
```

命令还会自动在 package.json 中添加一个新的 npm 脚本 test。对于一个简单的 React 项目而言，这些配置已经能够满足测试需求。接下来，就可以开始编写单元测试，并以 npm test 运行测试。

然而，对于当前的 oh-my-chat 项目，这些配置还不够。在 oh-my-chat 项目中，曾先后添加了对 React Router 和 React Query 的依赖，并在部分组件代码中直接导入了 CSS、SVG 等非 JavaScript 模块。为了保证单元测试能够顺利运行，我们需要进行一些额外配置。这包括安装 jest-fetch-mock 插件来模拟测试时 fetch 发起的网络请求：

```
npm install -D jest-fetch-mock
```

在 test 目录下新建一个 ut 目录，然后在 ut 目录中新建一个单元测试初始化脚本 setupTests.cjs，内容如下：

```
require('@testing-library/jest-dom');
require('jest-fetch-mock').enableMocks();
window.HTMLElement.prototype.scrollIntoView = jest.fn();
window.TextEncoder = require('util').TextEncoder;
```

其中最后一行代码是为了解决 jsdom 模拟的 DOM API 中不支持 scrollIntoView 方法，以及缺少全局对象 TextEncoder 的问题。尽管 jsdom 是对浏览器环境的模拟，但它并未完全实现所有浏览器 API。

在 JavaScript 代码中导入 CSS、SVG 等资源文件，如 import './index.css'，并不是 JavaScript 的标准功能，而是 Vite 等打包构建工具为了方便 Web 开发而提供的扩展功能。Jest 本身并不具备这些功能。为了确保 Jest 编写的单元测试代码正常运行，需要为这些资源创建模拟文件 styleMock.cjs 和 fileMock.cjs，代码请参考代码仓库中的示例代码。

为了使上述模拟文件生效，需要在新创建的 jest.config.mjs 中添加如下代码：

```
setupFilesAfterEnv: ['<rootDir>/tests/ut/setupTests.cjs'],
moduleNameMapper: {
  '\\.(css|scss)$': '<rootDir>/tests/ut/__mocks__/styleMock.cjs',
  '\\.(jpg|jpeg|png|gif|eot|otf|webp|svg|ttf|woff|woff2|mp4)$':
```

```
      '<rootDir>/tests/ut/__mocks__/fileMock.cjs',
    },
    testMatch: ['**/__tests__/**/*.[jt]s?(x)'],
```

调整默认的 testMatch 是为了从单元测试中排除 16.2.3 节编写的 Playwright 端到端测试。

至此，我们已经完成了所有准备工作，接下来可以尝试编写一个简单的单元测试。在 src/features 目录下创建 __tests__/App.test.jsx，内容如下：

```
import { render, screen } from '@testing-library/react';
import App from '../App.jsx';

test('renders create thread button', async () => {
  render(<App />);
  const buttonElem = await screen.findByText(/ 新建对话 /i);
  expect(buttonElem).toBeInTheDocument();
});
```

在本例中，每个 test() 方法都代表一个独立的测试用例。render 方法会在 jsdom 环境中渲染 App 组件，screen 对象则用于从渲染结果中定位特定内容，expect 用于执行断言操作。需要注意的是，这个测试用例并不完全符合"单元测试"的定义，因为它不仅渲染了 App 组件的所有子组件和后代组件，还触发了多个副作用。不过，这并不影响演示 Jest + RTL 的基本用法。

通过在命令行中运行 npm test 命令，即可运行单元测试。测试结果会显示每个单元测试用例的执行情况，包括成功（PASS）或失败（FAIL），同时也会提供整体的统计信息。

借助 Jest，我们可以在单元测试的基础上轻松地统计代码覆盖率。只需在 package.json 中添加一个新的脚本命令 cov：

```
  "scripts": {
    "cov": "jest --coverage"
  },
```

运行 npm run cov 即可查看覆盖率报告，如图 16-4 所示。

```
-------------------|---------|----------|---------|---------|-------------------------------------------
File               | % Stmts | % Branch | % Funcs | % Lines | Uncovered Line #s
-------------------|---------|----------|---------|---------|-------------------------------------------
All files          |   73.1  |  75.71   |  44.92  |   73.1  |
 components         |  93.98  |   100    |  83.33  |  93.98  |
  Aside.jsx         |   100   |   100    |   100   |   100   |
  Dropdown.jsx      |   100   |   100    |   100   |   100   |
  FormField.jsx     |  77.14  |   100    |    0    |  77.14  | 26-33
  Main.jsx          |   100   |   100    |   100   |   100   |
 features           |   100   |   100    |   100   |   100   |
  App.jsx           |   100   |   100    |   100   |   100   |
 features/chat      |  78.14  |  69.23   |  55.55  |  78.14  |
  ChatView.jsx      |   100   |   100    |   100   |   100   |
  MessageList.jsx   |  62.39  |   100    |   25    |  62.39  | 35-39,52-79,99-104,111-115
  MessageTopMenu.jsx|   100   |   100    |   50    |   100   |
  MessagesPane.jsx  |  84.09  |  79.31   |  70.58  |  84.09  | 32-35,62-71
  NewMessageForm.jsx|  81.81  |   100    |   20    |  81.81  | 21,24-27,30-32,37-38
  ThreadList.jsx    |  69.79  |  33.33   |   40    |  69.79  | 57-77,100-104,109-114,121-122,125-129,138-143
  ThreadTopMenu.jsx |   100   |   100    |   100   |   100   |
  ThreadsPane.jsx   |   100   |   100    |   100   |   100   |
 features/contact   |  45.19  |   100    |  6.25   |  45.19  |
  ContactDetail.jsx |  32.57  |   100    |  9.09   |  32.57  | 54-125,128-173
  ContactList.jsx   |  69.56  |   100    |    0    |  69.56  | 36-42,54-67
  ContactTopMenu.jsx|  72.41  |   100    |    0    |  72.41  | 20-27
  ContactView.jsx   |  32.14  |   100    |    0    |  32.14  | 8-26
  ContactsPane.jsx  |  54.54  |   100    |    0    |  54.54  | 5-9
 features/nav       |   100   |   80     |   100   |   100   |
  GlobalNav.jsx     |   100   |   80     |   100   |   100   | 61
 stores            |  73.94  |   100    |    0    |  73.94  |
  chatStore.js      |  73.94  |   100    |    0    |  73.94  | 75-78,80-84,88-91,93-98,100-108,113-115
-------------------|---------|----------|---------|---------|-------------------------------------------
Test Suites: 2 passed, 2 total
```

图 16-4　用 Jest 统计单元测试的代码覆盖率

16.3.3　项目实现：为 oh-my-chat 的 React 组件编写单元测试

接下来，我们继续为 oh-my-chat 的 React 组件编写单元测试。正如 16.3.2 节提到的，将根组件的 App 作为单元测试目标并不常见，因为这个组件主要用于串联其他所有组件，但它本身几乎不具备可测试性。那么，哪些组件更"适合"编写单元测试呢？我们不妨回顾一下 12.3.1 节抽取的公共组件 Dropdown。按照项目规划，Dropdown 组件在 oh-my-chat 项目中会被多次复用，并且其本身也具有一定的复杂性，通过单元测试来保障其质量将有益于整个项目。

现在，为 Dropdown 组件编写单元测试。虽然我们在 16.2.3 节中添加端到端测试时已经创建过一个 tests 目录，但建议将单元测试文件与被测试的源码文件存放在同一路径下。Jest 支持将测试文件放在源码文件同级的 __tests__ 目录下，并在文件扩展名前添加前缀 .test。因此，这里创建一个 src/components/__tests__/Dropdown.test.jsx 文件。在开发测试用例时，我们可以参照单元测试的 **3A 模式**：Arrange（准备）→ Act（动作）→ Assert（断言）。具体代码如下：

```
import { fireEvent, render, screen } from '@testing-library/react';
import Dropdown from '../Dropdown.jsx';

describe('Dropdown', () => {
  test('渲染下拉按钮', () => {
    render(<Dropdown menuItems={[]}>吃水果</Dropdown>);
    expect(screen.getByText('吃水果')).toBeInTheDocument();
  });

  test('点击按钮打开下拉菜单', async () => {
    const menuItems = [{ label: '苹果' }, { label: '香蕉' }];
    const { getByText, findAllByRole } = render(
      <Dropdown menuItems={menuItems}>吃水果</Dropdown>
    );
    fireEvent.click(getByText('吃水果'));
    const menuOptions = await findAllByRole('listitem');
    expect(menuOptions).toHaveLength(2);
    expect(menuOptions[0]).toHaveTextContent('苹果');
    expect(menuOptions[1]).toHaveTextContent('香蕉');
  });

  test('点击下拉菜单项目将调用 onClick 并关闭下拉菜单', async () => {
    const onClick = jest.fn();
    const { getByText, findByText, queryAllByRole } = render(
      <Dropdown menuItems={[{ label: '苹果', onClick }]}>吃水果</Dropdown>
    );
    fireEvent.click(getByText('吃水果'));
    const menuOption = await findByText('苹果');
    fireEvent.click(menuOption);
    expect(onClick).toHaveBeenCalled();
    expect(queryAllByRole('listitem')).toHaveLength(0);
  });

  test('点击外部关闭下拉菜单', async () => {
    document.body.innerHTML = '<div>吃蔬菜</div><div id="root"></div>';
    const { getByText, findAllByRole, queryAllByRole } = render(
```

```
    <Dropdown menuItems={[{ label: ' 苹果 ' }]}> 吃水果 </Dropdown>,
    { container: document.getElementById('root') }
  );
  fireEvent.click(getByText(' 吃水果 '));
  await findAllByRole('listitem');
  fireEvent.mouseDown(screen.getByText(' 吃蔬菜 '));
  expect(queryAllByRole('listitem')).toHaveLength(0);
 });
});
```

在上述代码中，我们使用 describe 方法定义了一个测试分组，并在该分组内编写了 4 个测试用例。除了第一个用例外，其他 3 个用例都采用了典型的 3A 测试模式。

- Arrange：首先使用 jest.fn() 方法创建一个模拟函数 onClick，然后利用 RTL 提供的 render 方法渲染 Dropdown 组件。render 返回结果中包含一系列查询器，其中 getBy*、queryBy* 用于同步查找，findBy* 则用于包含自动等待机制的异步查找。
- Act：首先在同步查找中定位到下拉按钮并执行点击操作，然后利用异步查找方法等待下拉菜单项渲染完成。最后一个用例甚至模拟了点击 React 树之外的 DOM 节点。
- Assert：断言下拉菜单项的个数和内容、点击菜单项后 onClick 是否被调用，以及下拉菜单是否被关闭。

代码中的 getByText 方法很容易理解，而 findAllByRole 则是 RTL 中颇具特色的 API。RTL 库的设计原则是："测试代码越接近软件的实际用法，你从测试中获得的信心就越足。"因此，RTL 的 API 设计基本**不鼓励**开发者深入挖掘 DOM 结构这种底层实现细节。findAllByRole 中使用的 Role 与前面 Playwright 中使用的 role 是相同的，都是指 W3C 的 WAI-ARIA 标准中的 ARIA roles。例如，HTML 中 <li> 标签的默认 role 是 listitem，使用 findAllByRole('listitem') 来避免在单元测试中直接查询 HTML 标签名。需要注意的是，根据 WAI-ARIA 标准，下拉菜单有更合适的 role 组合，如 combobox + listbox + option（如需进一步了解，可自行查阅相关文档）。此外，RTL 还支持基于自定义标签属性 data-testid 的查询。

至此，我们就完成了一个基础的 React 组件单元测试。除了这些**预期路径**（Happy Path），还需要编写一些**负向的用例**（Negative Cases），以测试错误情况及一些**边界情况**。在特定场景下，还需要使用模拟对象来控制测试的范围。

除了 React 组件测试，RTL 还提供了 renderHook 接口来测试自定义 Hooks，其原理和写法都与 React 组件测试类似。限于篇幅，这里不再详细介绍。

与端到端测试相比，单元测试能够覆盖更多的程序分支，虽然用例数量会更多，但其开发和运行成本相对较低。

16.4　AI 辅助：生成测试代码

为前端项目开发自动化测试，可以有效提升项目质量。我的诸多项目经验表明，许多线上问题的隐患都是通过自动化测试发现的，特别是在那些生命周期较长，需要反复迭代的项目中。然而，在实际工作中，我们仍然可能会面临一些困境：当项目进度紧张或开发人员不足时，开发自动化测试的优先级往往会被调低，时间也会被压缩，有时甚至被完全忽略。在这样的现实压力下，软件开发人员和管理者都期待进一步提升自动化测试的开发效率。随着 AI 辅助开发工具的问世，许多软件开发企业，包括一些对 AI 持保守态度的企业，都不约而同地将生成测试代码作为其 AI 战略的第一步。

目前，主流 AI IDE 都支持生成单元测试代码，这里通过 Copilot 进行简单演示。在 VS Code 中检出 16.3.3 节的 oh-my-chat 代码，打开 FormField.jsx 文件，为其生成单元测试代码。打开 Copilot 界面，在聊天框中选择"代理"模式，选择 Claude 3.5 Sonnet 模型，并输入如下提示语：

请为当前文件编写单元测试。

点击"发送"按钮，Copilot 会主动分析当前项目使用的测试框架，同时参考既有的目录结构，选择将新生成的单元测试文件保存至 __tests__ 目录中，并主动运行测试命令，确认测试通过后，则意味着完成了这次生成。如图 16-5 所示。

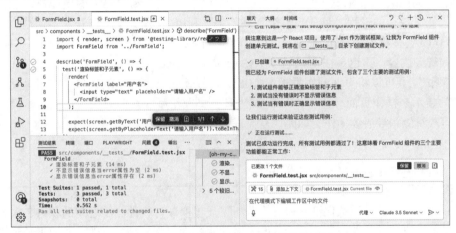

图 16-5 Copilot 生成 FormField 组件的单元测试

可以看到 Copilot 共生成了以下 3 个测试用例。

- 渲染标签和子元素。
- 当 error 属性为空时不显示错误信息。
- 当 error 属性存在时显示错误信息。

FormField.jsx 文件实现了 100% 的代码行覆盖率。尽管 Copilot 偶尔会出错，但在"代理"模式下，Copilot 会自动修正那些运行出错的测试用例，直到全部用例都运行通过。然而，即便是实现了 100% 覆盖率，开发者仍需要认真检查 Copilot 生成的单元测试代码，以避免应用无效或错误的测试用例。

显然，AI 确实可以辅助生成单元测试代码。那么，对于同样是自动化测试的端到端测试，情况又如何呢？使用如下提示语在 Copilot 中尝试：

请为聊天视图生成端到端测试，只需覆盖一个用例即可。

我们会发现尽管 Copilot 能够识别项目使用了 Playwright 来编写端到端测试，并参考了现有的端到端测试文件 sendMessage.spec.ts，但它生成的测试代码往往会包含幻觉，例如定位不存在的元素，断言不会发生的行为等。

遗憾的是，截至 2025 年初，AI IDE 仍不擅长生成端到端测试代码。AI 在生成单元测试方面表现出色，主要原因有以下 3 个：

- 单元测试的对象具有明确的输入和输出；
- 单元测试的关注点较小，影响范围有限；
- 单元测试的对象具有明确的代码上下文。

相比之下，端到端测试的生成对 LLM 来说则复杂得多。

- 需要重现更为复杂且真实的用户交互，如点击按钮和浏览页面等。
- 需要适应随交互或数据的变化而变化的动态内容。
- 需要根据页面的当前状态决定下一步操作。

面对这 3 大挑战，AI 测试工具不仅需要更多的上下文信息和更强大的模型推理能力，还需要实时介入测试执行的过程。目前，一个新兴趋势是利用 AI 视觉技术来开发端到端测试。主流的 LLM 普遍具备**多模态**（Multimodal）能力，它们不仅能处理文本信息，还能处理图像，甚至支持视频和音频内容。这也是在 1.4.2 节将图片传递给 Copilot，Copilot 能够生成相应代码的原因所在。AI 测试工具可以将页面截图发送给 LLM，由模型识别页面上的表单、按钮等元素，然后根据模型的指示来操作页面。接着，AI 测试工具会将操作后的页面截图再次发送给模型，由模型进行断言或继续指导后续操作，如此往复，直到完成测试目标。

16.5   小结

本章首先介绍了软件质量保证的概念，分析了质量保证与软件测试之间的联系、人工测试与自动化测试的区别，并建议由业务功能的开发者编写自动化测试脚本；然后介绍了端到端测试和单元测试这两种关键的自动化测试类型；接下来以 oh-my-chat 项目为例，实践了这两种自动化测试用例的写法；最后利用 Copilot 为 oh-my-chat 项目自动生成了部分单元测试代码。

第17章

工程化与架构

本章的知识地图及项目实现，如图 17-1 所示。

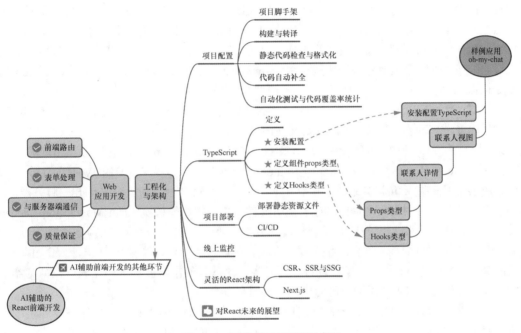

图 17-1　本章知识地图及项目实现

　　本章从前端工程化的角度介绍包括配置、开发、测试、部署和监控在内的 React 开发全流程，其间将会回顾总结前面章节的一些要点，并补充一些重要内容，如 TypeScript、CI/CD；然后从架构角度简要介绍 React 生态中的 CSR、SSR、SSG，以及具有代表性的基于 React 的 Web 应用开发框架 Next.js；最后，展望了 React 的未来发展趋势，并补充了一些之前未提及的、AI 辅助前端开发的其他环节。

17.1　配置 React 项目

　　React 项目的工程化始于项目的创建和配置。20 世纪的 Web 前端开发方式还处于较为原始的阶段，一个简单的文本编辑器就足以应对，当然，当时的 Web 功能也十分有限。随着 Web 前端功能日益强大，为了应对项目复杂性和规模的增长，现代前端开发不断融入业界的先进理念和实践，这也促使开发者为前端项目引入一系列开发工具和相关配置。这些工具提供了转译、构建、静态代码检查、格式化、代码自动补全、自动化测试等多种功能。

第 1 章利用 Vite 提供的脚手架创建了贯穿全书的样例项目 oh-my-chat。本节将以这个脚手架为线索，探讨 React 项目需要配置哪些工具。

17.1.1　React 项目脚手架

JavaScript 生态丰富而活跃，各类开发工具层出不穷，如何选择合适的工具，以及如何有效地配置和使用它们，成为广大前端开发者的重要议题。**脚手架工具**（Scaffolding Tools）是一类特殊的前端开发工具，它可以帮助开发者迅速搭建一个前端项目，并创建基本的文件目录结构，自动安装并配置主要的开发工具。使用脚手架工具可以降低学习成本、节约安装和配置的时间、保持项目间的一致性、采纳业界最佳实践。在 oh-my-chat 项目中使用的 create-vite，以及 Meta 官方的 Create React App（CRA）都是主流的 React 项目脚手架工具。

先简单回顾一下 Vite 的脚手架 create-vite。通过执行脚手架命令是 `npm create vite@latest`，可以调用内置了多套项目模板（包含 React 在内的）供开发者选择的 npm 包 `create-vite`。创建 React 项目后，项目的 `package.json` 文件中会包含一系列 npm 包的依赖项，除了 React，还有 Vite、Vite 的 React 插件、ESLint、ESLint 的 React 插件，以及 React 的 Types 类型定义。此外，它还定义了一些 npm 脚本命令，其中 `npm run dev` 命令会启动一个 Vite 开发服务器（Dev Server），它内置了针对开发环境的构建、监听文件变化、模块热替换（Hot Module Replacement）等功能。与这个命令相对应的还有生产环境构建命令 `npm run build` 和预览命令 `npm run preview`。除了项目配置文件，脚手架还会在项目中创建入口代码文件 `index.html` 和 `src` 目录下的 React JSX 代码文件，一旦启动开发服务器，这些代码本身就会被构建成可在浏览器中访问的内容，为开发者接下来添加自己的代码提供便利。

CRA 创建的 React 项目与 create-vite 有一定区别：基于 Webpack 构建开发服务器和生产环境构建，使用 Babel 进行代码转译，内置了基于 Jest 和 RTL 的自动化测试框架等。

前端框架与脚手架工具之间是相辅相成的关系，一般而言，后者比前者更有**倾向性**（Opinionated）。工具（或框架）具有倾向性，这意味着它对使用场景做了假设和限定，并且提供了它认为是最佳实践的默认配置。当开发者与这样的工具一拍即合时，它会简化相关依赖的安装配置，提升开发效率；但是当对于有深度自定义的需求，它所提供的灵活性往往是有限的，这时我们可能需要重新考虑是否继续使用这个工具。

17.1.2　构建与转译

无论是软件工程化还是前端工程化，其核心目的都是为了解决开发过程中存在的痛点，从而提升开发的效率和质量。**构建**（Build）是前端工程化领域的重要话题之一，前端构建通常涉及以下步骤。

- 转译（Transpiling）：将现代 JavaScript（ES6 以上）、JSX 代码转换为兼容性更高的低版本 JavaScript 代码，或将 TypeScript 代码转换为浏览器支持的 JavaScript 代码。
- 打包（Bundling）：将多个分散的 JavaScript 文件合并成一个或少数几个便于浏览器加载的 JavaScript 资源文件，对 CSS 文件也采用同样的处理方式。
- 代码压缩（Minification）：借助剔除空格、缩短变量名、删除注释等方式减小 JavaScript 和 CSS 文件的体积，以加快它们在浏览器中的加载速度。
- 静态资源文件处理（Asset Handling）：识别并优化 JavaScript 和 CSS 中引用的图片、字体等静态资源文件，并确保它们在部署上线后的相对路径正确无误。

在 Vite 流行起来之前，Webpack 一直是前端领域主流的静态模块打包器（Bundler），前面提到的 CRA 脚手架选用 Webpack 作为基础工具，以插件的形式加入代码转译、CSS 后处理、图片资源整合等功能，从而实现了对前端构建过程的全面支持。"Bundler + 插件"模式之所以能成为前端构建工具的主流，很大程度上归因于浏览器技术的限制。现代 JavaScript 应用开发动辄涉及数十个依赖项、上百个源文件、上万行源代码，然而传统浏览器由于 JavaScript 引擎功能和网络性能等限制，无法直接处理体积如此庞大且分散的 JavaScript 代码，因此需要 Bundler 来打包和优化这些代码，以便交付给浏览器。这实际上也是一种对 JavaScript 开发过程和浏览器环境适配的关注点分离。

然而，这一限制正在逐渐放宽，随着现代浏览器开始支持 HTTP/2、ECMAScript Modules 标准，一些新兴的、以 Vite 为代表的前端构建工具已经开始利用这些新特性。Vite 为开发环境和生产环境提供了不同的解决方案：在开发阶段，Vite 提供了基于 ESBuild 的开发服务器，其平均构建速度远超 Webpack；针对生产环境，Vite 提供了基于 Rollup 的构建命令和预设配置集，构建出的产物在优化程度和兼容性方面能够与 Webpack 媲美。

这里简要讨论一下转译的概念。转译是一种特殊的编译过程（Compiling），其输入和输出均为高级语言，因此可以说转译就是从源码到源码的编译过程。CRA 中使用的 Babel 就是一款 JavaScript 代码转译工具，而 Vite 底层的 ESBuild 则是一个内置了代码转译功能的打包器。

提到编译，我们通常会想到 C、Java、Go 等编译型语言。前端的 JavaScript 本身是解释执行的高级语言，为什么还需要编译呢？这是由前端的特性决定的。浏览器是 JavaScript 的主要执行环境，但实际上浏览器种类繁多（尽管近年来有些减少），而且不同浏览器版本之间的区别也较大，因此早期开发 JavaScript 时常常面临兼容性问题，导致大量琐碎的重复性工作。为了提高代码的兼容性，标准化 JavaScript 成为业界的努力目标。然而由于各种现实原因，标准化进展缓慢，开发者如何应对这一问题呢？一种可行的策略是：编写符合标准的 JavaScript 代码，并利用编译工具将新版本的 JavaScript 转换为旧版本，同时确保转换后的代码能够兼容不同的浏览器。通过这种方式，在编写 JavaScript 时，开发者可以不必过多考虑浏览器之间的差异，因为编译工具会处理这些细节。这体现了工程化的思维，也是另一个层面的关注点分离。

浏览器最终运行的是经过转译、打包、压缩处理的 JavaScript 代码，然而有时出于分析报错、调试代码等目的，我们仍然需要了解原始代码内容。这时可以借助 source map，它是一种特殊的数据格式，用于记录转换后的代码与原始代码之间的映射关系。大多数主流的转译、打包、压缩工具都支持生成 source map。浏览器获取到 source map 后，会在开发者工具中自动将转换后的代码还原为原始代码。在 Vite 项目中，我们只需要添加 `build: { sourcemap: true }` 的配置项，便能在生产构建过程中生成相应的 source map 文件，如 `index-05166c34.js` 与其对应的 `index-05166c34.js.map`。

17.1.3　静态代码检查与格式化

代码毕竟是由人编写的，人为错误在所难免，这一点无须避讳。代码静态检查（Linting）是通过静态代码分析，帮助开发者识别代码中的潜在编程错误，并提供修改建议，达到提升代码质量的目的。在 JavaScript 技术生态中，目前广泛使用的代码静态检查器（Linter）是 ESLint。通过集成 eslint-plugin-react 和 eslint-plugin-react-hooks 插件，ESLint 扩展了与 React 开发相关的检查规则（Lint Rules），类似的还有 eslint-plugin-jest 提供了 Jest 规则。现代 IDE（如 VS Code）能够实时自动调用 ESLint，并将检查出的问题就近显示在相关代码上。开发者也可以通过命令行执行 `npm run lint` 命令来批量检查所有代码。一般而言，被标记为错误（error）的问题应优先修正，标记为警告（warning）的问题则优先级稍低。

在现代软件开发实践中，代码风格也被视为代码质量的一个重要方面。类似"左大括号 { 应该写在同一行还是下一行"这种代码风格问题，虽然本质上属于个人偏好，但考虑到项目代码的一致性、可维护性，尤其是为了促进团队协作，开发者在同一项目中应尽量遵循统一的代码风格。Prettier 是一款在前端领域广受欢迎的自动化代码格式化工具，其预设的默认风格基本可以满足 React 项目的开发需求。

17.1.4　代码自动补全

编写 JavaScript 代码时，开发者常常需要调用许多第三方库，每个库都拥有其独特的 API，想要全部记住这些 API 无疑是一项挑战。幸运的是，现代 JavaScript 开发者可以享受 TypeScript 生态带来的便利。大多数常用的开源库都提供了 `*.d.ts` 形式的 TypeScript 类型定义文件，使得集成开发坏境 IDE 能够读取这些定义，并提供精准的代码自动补全列表；此外，许多库还同时提供了 JSDoc 或 TSDoc 文档，IDE 能够将这些文档内嵌在代码提示中，以便开发者参考。例如，使用脚手架工具 create-vite 安装的 `@types/react` 和 `@types/react-dom` 就是 React 库的 TypeScript 类型定义文件。

17.1.5　自动化测试与代码覆盖率统计

16.2 节和 16.3 节已经介绍了如何利用 Jest + RTL 进行单元测试，如何统计单元测试的代码覆盖率，以及如何使用 Playwright 进行端到端测试。值得注意的是，Playwright 同样提供了用于进行代码覆盖率统计的 API：`coverage.startJSCoverage()` 和 `coverage.stopJSCoverage()`。限于篇幅，这里不再详细说明它们的使用方法。在一些企业实践中，开发者会将端到端测试和单元测试的代码覆盖率合并计算，以得出一个综合的代码覆盖率，从而全面地监控产品质量。

在安装 Jest 的过程中，使用了 Babel 来转译 JSX 代码。你可能会好奇，既然整个 oh-my-chat 项目都是使用 Vite，并且 Vite 底层的 ESBuild 又内置了代码转译功能，为什么还需要额外引入 Babel？这主要还是出于技术生态成熟度的考虑。对导入 JavaScript 模块的模拟（Mock）是 Jest 的一个重要功能。一直以来，Jest 对 CommonJS 模块的支持良好，但对 ES Modules 的支持仍处于实验阶段（截至 2025 年 5 月）。为了使 Jest 能够充分发挥其功能，最佳实践是与转译目标为 CommonJS 模块的 Babel 配合使用，但如果项目中使用了 Vite，ESBuild 的转译目标是 ES Modules，就会影响到相关的模拟功能。因此，在 Vite 和 Babel 共存于同一项目时，可能会产生一些冗余和不一致。为了解决这一问题，开发者可以考虑使用新兴的 Vitest 框架，其底层基于 Vite，API 设计与 Jest 类似，能够有效解决上述问题。

17.2　使用 TypeScript 语言开发 React 项目

当 React 应用中的状态越来越多，越来越复杂时，你可能会面临以下挑战。

- 通过 props 和 context 传递状态数据时，可能会因为数据类型使用不当而导致 Bug。
- 将自己开发的组件交给他人使用时，他们可能不清楚组件 props 的数据类型。
- 使用他人开发的组件时，尽管有文档，但文档内容已经过期。
- 当你尝试修复一个月前编写的组件中的 bug 时，由于记忆模糊不得不阅读上下游的代码或者在浏览器中设置断点调试，以确定某个 props 的数据类型。

这些挑战的根本原因在于 JavaScript 是一种**弱类型**语言，变量类型在运行时确定，在开发阶段无法明确指定变量类型。为源码引入**类型系统**可以避免以下常见的、与类型有关的编程错误。

- 尝试读取变量中并不存在的属性。
- 使用了错误的变量类型。
- 随意为对象添加属性。
- 在数组中添加形状不一致的对象。

目前 JavaScript 技术社区中主流的类型系统是由 TypeScript 提供的。

17.2.1　什么是 TypeScript

TypeScript 是微软推出的一款**基于 JavaScript 的强类型编程语言**。作为 JavaScript 的超集，TypeScript 语法允许开发者为变量添加类型定义，并且能够对无类型的代码进行类型推断，TypeScript 代码可以被编译成可在浏览器等环境中执行的 JavaScript 代码。例如：

```
interface User {
  id: number;
  name: string;
  active: boolean;
}
function hello(user: User) {
  console.log(`你好, ${user.name}`);
}
```

IDE 会在编码阶段根据类型作出代码检查和代码提示，在将代码编译为 JavaScript 的过程中，一个名为 TSC 的编译器会再次检查代码中的类型。一旦发现不符合规范的代码，TSC 将抛出错误。只有当所有检查都顺利通过后，才会成功生成 JavaScript。在生成的文件中，类型信息会被剔除掉。

17.2.2   项目实现：在 React 项目中使用 TypeScript

在一开始利用 create-vite 脚手架创建 React 项目时，开发者可以选择使用 TypeScript 作为开发语言。这样创建出来的项目中将自动包含 TypeScript 依赖和基本配置，同时 React 代码文件也会使用 .tsx 扩展名。

如果打算为既有的基于 Vite 的 React 项目添加 TypeScript 支持，仅需遵循几个的简单步骤。以 oh-my-chat 项目为例，首先执行以下命令安装必要的依赖：

```
npm install -D typescript
```

在项目的根目录下创建一个配置文件 tsconfig.json，目前只需添加少量配置项：

```
{
  "compilerOptions": {
    "moduleResolution": "Bundler",
    "module": "ESNext",
    "allowImportingTsExtensions": true,
    "noEmit": true,
    "jsx": "react-jsx"
  }
}
```

然后将 src/main.jsx 重命名为 src/main.tsx，再将入口 HTML 的 <script> 指向的文件修改一下，即可开始使用 TypeScript 编程：

```
<script type="module" src="/src/main.tsx"></script>
```

尽管 TypeScript 与 JavaScript 可以混用，为了保持代码的一致性和可维护性，本书推荐同一个项目中统一使用 TypeScript。我们至少可以先将所有 *.jsx 文件名修改为 *.tsx，然后再采取 "渐进式增强" 的方式，逐步将 *.tsx 中的 JavaScript 代码改写为 TypeScript。这种情况下，即便有些 JavaScript 代码暂时保留，也是可以接受的。

下面介绍 React 项目中部分典型的 TypeScript 用法，如函数组件签名、Hooks 等。至于 TypeScript 语言本身，包括特性、语法、内建类型等，请参考其官方文档。

17.2.3   项目实现：用 TypeScript 定义组件 props 类型

以 oh-my-chat 项目为例。由于联系人的数据在多处被反复使用，因此这里先创建一个公共的 TypeScript 文件 src/types/Contact.types.ts，用 interface 关键字定义联系人的类型，同时为其中的 group 属性定义一个枚举类型。代码如下：

```
export enum ContactGroupEnum {
  Colleague = '1',
  Classmate = '2',
```

```
    Friend = '3',
}
export interface Contact {
  id: number;
  name: string;
  avatar: string;
  group?: ContactGroupEnum;
  intro?: string;
}
```

　　然后找到 src/features/contact/ContactDetail.jsx 文件，将其重命名为 ContactDetail.tsx，注意 ContactView.jsx 中的 import 语句也要进行相应的修改。在 ContactDetail.tsx 中导入 Contact，并将 ContactDetail 组件的属性集类型命名为 ContactDetailProps，将其中唯一 prop 的数据类型定义为 Contact；为代表组件的 ContactDetail 变量添加函数组件类型 React.FC，FC 后面的 <> 是代表 props 类型的范型。具体代码如下：

```
import { Contact } from '#types/Contact.types.ts';
// 省略
interface ContactDetailProps {
  contact: Contact;
}
const ContactDetail: React.FC<ContactDetailProps> = ({ contact }) => {
```

　　这样 ContactDetail 变量就被修改为一个输入为 ContactDetailProps 类型、输出为 React 元素的函数组件。有了类型定义，在组件内部使用 contact 变量时，IDE 的代码自动补全功能将能够展示 contact 变量的所有成员属性及其类型。如果不小心写错了属性名，IDE 也会提示纠正。我们可以尝试用类似的写法为 ContactEdit 组件添加 props 类型定义。

　　在上述代码中，我们可以将 ContactDetailProps 声明为 TypeScript 中的 interface 接口，但同样可以声明为 type 类型。这两种方式都是正确的。

　　需要注意的是，在完成上述修改后，oh-my-chat 项目中出现了 JavaScript 和 TypeScript 混用的情况，例如 ContactView.jsx 导入了 ContactDetail.tsx，这仅仅是为了用少量修改来演示 TypeScript 在 React 中的用法，并不代表本书推荐这种混用方式。

17.2.4　用 TypeScript 定义 Hooks 类型

　　React 使用 Hooks 来存取 state，而 TypeScript 则允许为 state 指定类型。具体来说，useState 在 TypeScript 中会接受一个范型参数 <S>，这使得返回的 state 具有类型 S，同时，与之对应的 state 更新函数可以接受类型为 S 的参数（或者回调方式中的输入输出都是 S 类型）：

```
const [isEditing, setIsEditing] = useState<boolean>(false);
```

　　实际上，即便不在这行语句中添加范型参数，TypeScript 也能通过初始值 false 推断出 state 的类型。这是因为 TypeScript 具备类型推断的能力。例如，React Hook Form 等库也内置了 TypeScript 类型推断功能，使用起来非常便捷。

　　对于 useEffect 来说，它不需要标记任何类型。然而，对于 useContext，则需要在创建 context 时指定类型，这可以通过向 React.createContext 方法传递范型参数 <T> 来实现。

关于其他 Hooks 的使用，请参考官方文档，这里不再详细说明。

17.2.5　在 React 项目中使用 TypeScript 的建议

TypeScript 在提供 JavaScript 编程能力的基础上，还提供了一套强大的**类型编程能力**（甚至有人在尝试证明 TypeScript 的类型编程能力是图灵完备的）。开发者在使用 TypeScript 编程时，既可以为业务而编程，也可以为类型而编程。为业务编程自然是为了实现业务目标，为类型编程则是为了使业务代码的类型更健壮。因此，无论采用哪种开发方式，两者的终极目标都是开发出质量更高、可维护性更强的 JavaScript 应用。

TypeScript 主要用于减少开发阶段和编译阶段的编程错误，但对减少运行时错误没有直接帮助。从实际出发，随着为源码添加的类型注解越来越多，越来越完整，"标注类型"的**边际效益是递减的**。边际效益递减原理（Principle of Diminishing Marginal Utility）是一个经济学概念，可以这样理解：初始阶段收益值很高，但随着时间推移，每增加一单位的投入，收益的增加量会逐渐减少。因此，我们需要定期评估当前 React 项目对强类型的需求程度与投入的开发时间和精力之间的平衡。此外，对于公共的、被频繁重用的组件或模块，更值得投入更多的资源进行类型开发。

17.3　部署 React 项目

当 React 项目完成开发以后，下一步就是部署上线。

17.3.1　部署构建后的静态资源文件

基于 Vite 的 React 项目可以利用生产环境构建命令，构建出用于部署到生产环境的静态资源文件（static assets）。以 oh-my-chat 为例，运行 npm run build 会生成：

```
dist/index.html                       0.46 kB │ gzip:  0.36 kB
dist/assets/icon-contact-f3584c91.svg 2.64 kB │ gzip:  1.09 kB
dist/assets/index-720db618.css        9.65 kB │ gzip:  1.81 kB
dist/assets/index-12272001.js       292.11 kB │ gzip: 96.46 kB
# ...
```

接下来，只需将 dist 目录下的所有文件部署到 Web 服务器上。Web 服务器可以选用 Nginx 或者云厂商提供的 CDN 服务。其中 index.html 是入口文件，浏览器只要加载了这个页面就会自动加载包括 *.js 在内的其他资源。为了确保前端路由与服务器端路由的行为保持一致，需要在 Web 服务器或 CDN 上将所有非静态资源的请求路径映射到 index.html。以下是 Nginx 相关配置的代码片段：

```
server {
    # ...
    location / {
        try_files $uri /index.html;
    }
}
```

这样一来，用户浏览器无论是访问 `https://<你的域名>/`，还是 `https://<你的域名>/contact`，都会返回 `index.html` 的网页内容，随后会加载整个应用，最终由前端路由逻辑来决定展示哪个界面。服务器端接口的跨域问题可以通过 Nginx 反向代理解决。

如果使用 CDN，需要注意资源的缓存过期时间。大多数静态资源的文件名中都包含一个唯一的哈希值，例如 `assets/index-12272001.js`，如果文件名相同，文件内容就应该相同，反之亦然。基于这一特性，我们可以放心地在 CDN 上为这些文件设置较长的缓存过期时间（如一年）。这样一来，无论是 CDN 的边缘节点还是最终的用户浏览器，都可以利用长缓存来提升资源加载效率。但 `index.html` 作为入口文件不具有这样的特性，由于每次部署上线新版本时都会用新内容覆盖同一个文件，如果缓存时间设置过长，用户将无法获取到最新的更新。

17.3.2　CI/CD 持续集成与交付

CI/CD，即持续集成（Continuous Integration）与持续交付（Continuous Delivery），是现代软件工程的重要组成部分。

从本章内容可知，在 React 项目中，即便只修改了一行代码，上线部署之前仍需经历构建、静态代码检查、测试等步骤。工程化的重点之一在于自动化。如果能实现一个类似工厂流水线的自动化机制来处理除编写代码以外的流程，开发者便能专注于代码编写，而无须分心于后续的集成过程。CI/CD 正是实现软件开发流程自动化的主要手段。

前端开发，特别是 React 项目的 CI/CD 本质上与传统 CI/CD 流程并没有本质区别。开发者可以利用开源自动化工具 Jenkins、GitHub Actions 或者云服务厂商提供的相关工具来搭建 **CI/CD 流水线**（Pipeline）。作为 React 项目构建产物的静态资源文件，可以打包成 zip 或者 tar 上传到**制品仓库**（Artifact Repository）中，可以选择开源的 Nexus、商业软件的 Artifactory 或者云服务厂商提供的制品仓库。在为 React 项目创建 CI/CD 的流程中，如果采用制品仓库作为中转站，可以分开搭建 CI 流水线和 CD 流水线。其中典型的 **CI 流水线**通常包含：从代码仓库检出代码、安装依赖、运行静态代码检查、运行单元测试、运行端到端测试、面向生产环境构建、上传到制品仓库等步骤，这些步骤由代码仓库中的代码变更或拉取请求（Pull Request）触发；而对应的 **CD 流水线**则包括：从制品仓库下载构建产物、部署到 Web 服务器或 CDN、清除（Purge）CDN 上的 `index.html` 缓存、在生产环境运行端到端测试等步骤，这些步骤可以定时或人工触发。当然，如果希望简化流程，也可以省略制品仓库的步骤，将 CI 和 CD 合并为同一个流水线，实现代码变更即自动部署上线。

在当今软件项目中，成本的主要部分不再是服务器，而是人力资源。通过工程化，尤其是自动化实践，软件工程师不仅能够提升个人工作效率，还能节省整个项目的总体成本。

17.4　线上监控

一旦 React 项目在生产环境中稳定运行，下一步需要做的就是搭建前端线上监控体系。前端线上监控大体可以分为 3 类：客户端错误收集、前端性能监控及用户行为统计分析。

当用户在各自的浏览器中加载并使用 Web 应用时，如果应用发生了 JavaScript 报错，特别是那些未被 React 错误边界捕获的错误，可能会导致用户界面变成一片空白，严重影响用户体验。这些错误可能并不是由后端服务导致的，因此无法通过服务器端日志来识别问题所在。面对这样的情况，开发者希望了解错误的具体信息，包括 message、cause 和 stacktrace，同时也需要了解用户的浏览器内核和版本，有时甚至需要了解全局或局部变量的值，来辅助重现和调试可能的 bug。因此我们需要搭建一套体系，将客户端产生的错误自动收集到一个中心化的服务中，并针对特定错误设置报警规则。其基本原理是利用 window.onerror 来监听所有未被应用代码捕获的错误，并将错误信息发送至服务器。但考虑到各种边界情况的处理，以及上报策略的优化，我们推荐采用成熟的解决方案，例如 Sentry，它提供了浏览器端 SDK、移动端 SDK 和服务器端支持，具备完整的监控报警和统计分析功能。

前端性能监控 RUM（Real User Monitoring），通过在用户浏览器端调用 Performance API 获取当前 Web 应用的性能指标，然后将这些数据上报至统一的服务器，并基于大量用户数据分析得出与前端性能相关的统计信息。开源 RUM 库有 Boomerang，市面上也有不少 SaaS 厂商或云厂商提供 RUM 服务。

与 RUM 相比，用户行为统计分析更偏向业务分析，如用户更倾向于使用哪些功能、用户的浏览路径等。常用的用户行为统计分析工具包括 GA、百度统计等等。

对于开发者而言，优先级更高的任务应该是客户端错误收集。

17.5   灵活的 React 架构

随着 React 项目规模的扩大和依赖项的增加，生产环境构建的产物，尤其是 *.js 文件的体积会逐渐增大。我曾处理过经过代码压缩后的体积仍超过 10MB 的 JS 文件，如此庞大的文件会导致用户浏览器在加载应用时，需要面对白屏等待较长时间，这显然会造成糟糕的用户体验。在这种情况下，我们可以利用代码分割技术减小单个文件的体积，不过同时也可以思考一下，有没有其他方式可以减少用户的白屏时间？实际上，React 在架构层面提供了更多的优化选择。

17.5.1   CSR、SSR 与 SSG

用户访问整个 React 应用的第一个请求是 HTML 文档，初始的白屏现象是因为这个 HTML 文档仅用于加载 JS 和 CSS 文件，并未包含任何实际内容。如果 HTML 文档能够直接包含首屏的有效内容，用户就可以更快地开始与应用互动。在架构层面，除了前面一直采用的浏览器端运行应用的方法之外，React 还支持在服务器端渲染组件的模式。

在 oh-my-chat 项目中，main.tsx 是这样导入 createRoot 方法的：

```
import { createRoot } from 'react-dom/client';
```

这是 ReactDOM 的客户端或者说浏览器端 API。在同一个 react-dom 包里，React 还提供了另一套服务器端 API，例如：

```
import { renderToString } from 'react-dom/server';
const html = renderToString(<App />);
```

这段代码可以在服务器端的 Node.js 环境中执行，配合 Node.js 下的 Web 服务器，如 Express.js、Koa 等，可以直接将组件渲染出来的完整 HTML 直接返回给用户浏览器。这种方式被称作 **SSR**（Server-Side Rendering）。然而，通过这种方式生成的 HTML 页面暂时不具有动态交互性，诸如 onClick 等逻辑在服务器端渲染过程中会被忽略。当 HTML 页面在客户端加载后，浏览器会继续加载 React 项目构建产物中的 *.js 等文件，待加载完成会调用 ReactDOM 客户端 API 的 hydrateRoot 方法，在浏览器端重建虚拟 DOM 树，并将 onClick 等事件处理逻辑关联到相应的 DOM 元素上，这样一来 React 应用将还原到完整的交互状态，而这个还原过程被称为"水合"。水合的关键代码如下：

```
import { hydrateRoot } from 'react-dom/client';
hydrateRoot(document.getElementById('root'), <App />);
```

在浏览器加载服务器端渲染的 HTML 后直到水合完成之前的这段时间，React 应用虽然无法响应按钮点击等交互操作，但已经可以向用户展示关键内容。SSR 为 React 应用带来了更短的首屏加载时间。此外，SSR 对搜索引擎也更加友好，有利于搜索引擎优化（SEO）。

你可能会好奇，SSR 与 PHP、ASP.NET 等传统服务器端页面技术有什么区别？传统服务器端页面技术同样在服务器端生成 HTML，但它们通常不涉及现代 JavaScript 框架。按用途来区分，SSR 主要用于 SPA（Single Page Application）单页应用，而传统服务器端页面技术一般用于 MPA（Multi-Page Application）多页应用。

与 SSR 类似的架构概念还有两个：一是客户端渲染（Client-Side Rendering，CSR），就是本书一直使用的架构；二是静态站点生成（Static Site Generation，SSG），它利用 React 技术生成静态网页。CSR、SSR 和 SSG 的简单对比，如表 17-1 所示。

表 17-1　多种 React 应用架构的对比

	CSR（客户端渲染）	SSR（服务器端渲染）	SSG（静态站点生成）
渲染位置	浏览器运行时	服务器运行时	构建时（Build Time）
加载性能	初次加载慢，后续快	初次加载快，后续依赖页面	加载快
SEO	较差，依赖搜索引擎支持 JavaScript	较好，因为内容预渲染	很好，因为页面已经生成
开发难度	适中，完全依赖前端技术	较高，需要处理服务器与客户端代码	适中，主要在构建阶段处理
内容更新	即时，通过 JavaScript 动态加载	每次请求时更新内容	构建时更新，发布后不变
资源消耗	客户端负担大，服务器负担小	服务器负担较大，客户端负担小	构建时服务器负担大，运行时负担小
用户体验	初始较慢，后续流畅	一致且快速	一致且快速
适用场景	交互性强的单页应用	需要快速首屏和 SEO 的应用	内容不经常变化的网站

17.5.2   基于 React 的 Web 开发框架 Next.js

虽然 React 提供了与服务器端渲染（SSR）相关的 API，但要想实现一套完整的 SSR 方案，开发者还需要额外完成多项任务，如读取服务器端数据、服务器端路由等。React 拥有一个非常丰富的技术生态，但这也意味着开发者做技术选型和整合多种库的成本相应增加。很多开发者都在期待"一站式"的解决方案。以此为契机，React 社区中涌现出了一批基于 React 的全栈 Web 开发框架，其中 Next.js 框架尤其受到广大开发者的欢迎。

Next.js 刚推出时是为了解决 React SSR 开发的一些痛点，在后续不断演进的过程中，它吸纳了业界的最佳实践，并增强了对全栈 Web 开发的支持。截至 15 版本，Next.js 主要支持以下功能。

- 内置的代码构建功能。
- 在浏览器端或服务器端渲染 React 组件，并在页面级别支持 CSR、SSR、SSG。
- 支持各种主流 CSS 方案。
- 获取服务器端数据，内建缓存机制。
- 服务器端与浏览器端路由。
- 内置性能优化功能，以及对图片等资源文件的优化。
- 支持 React 19 的服务器组件（Server Components）和服务器动作（Server Actions）。

开发者使用 Next.js 开发 React 应用时，如果没有特别的需要，无须额外引入 React Router、React Query 等库，从而简化了技术选型流程。但同时需要注意的是，许多功能的实现依赖于 Next.js 作为服务器运行时的特性。因此，在部署上线时，开发者必须将整个 Next.js 应用部署为 Web 服务器，而传统的 CSR 结合 Nginx + CDN 是远远不够的。Next.js 应用的开发范式与传统 React 应用有所不同，开发者需要更多地考虑服务器端的行为，这无疑扩展了 React 应用的能力边界。

在服务器端渲染（SSR）领域，同样具有影响力的还有 Remix 框架（新版 Remix 已合并至 React Router v7）。而在静态站点生成（SSG）领域，Gatsby 框架则备受瞩目。目前 React 官方也开始鼓励开发者使用基于 React 的全栈框架，如 Next.js、Remix 或 Gatsby 来开发 React 项目。

17.6   对 React 未来的展望

React 的 18 版本与 19 版本的发布间隔了足足 3 年，可见 React 作为主流的前端库，其发展和演化是相对稳健和克制的。该框架并未将 Web 应用开发中的常见功能，如路由、网络请求等直接吸纳进来，而是采取了去中心化的策略，由丰富的技术生态来补足这些能力，这也带动了 React 技术社区的繁荣发展。本书介绍过的 React Router、React Hook Form、React Query，都是从活跃的开源技术社区中积累最佳实践、迭代版本，逐渐成为各自领域的佼佼者。

面对前端开发领域的新趋势，React 并没有不闻不问或故步自封，而是将一些相对激进的创新下放到了下游生态来实现。正如前一节提到的，React 官方开始鼓励开发者使用基于 React 的全栈框架来开发 React 项目，这进一步强调了 React 作为前端库（library）而不是前端框架

（framework）的定位。以 Next.js 为代表的全栈 Web 开发框架，将服务器端能力有机地融入了 React 组件开发中，这不仅拓展了 React 的能力边界，也在一定程度上降低了 React 的学习门槛。但本书建议，在学习使用 Next.js 开发应用的同时，也要理解哪些功能属于 React，哪些是 Next.js 专有的特性，这样才能举一反三，当市面上出现比 Next.js 更加符合项目需求的"泛 React 框架"时，或者原生 React 更合适时，可以做出更准确的决策。

React 编译器（React Compiler）是一个让我感到非常兴奋的项目，它将一些非核心的优化工作自动化，使开发者能够更加专注于业务逻辑和用户交互的开发。

虽然本书没有涉及，但在移动端开发特别是跨平台开发领域，React Native 已经成为一个重要选项。在最近的版本更新中，React Native 取得了长足的进步。与基于 React 的全栈 Web 框架类似，React 官方也开始推荐开发者采用 Expo 框架，这将有助于进一步降低移动端 React 开发的门槛。

17.7 AI 辅助：前端开发的其他环节

关于利用 AI 辅助进行 React 应用开发，本书已经详细介绍了如何使用 AI IDE 或其他 AI 工具生成 JSX 代码、指导组件设计和拆分、重构组件代码、修改样式代码、分析性能问题或报错信息、进行代码审查，以及生成测试代码，这些内容几乎覆盖了 React 应用开发的方方面面，而且大多适用于其他前端框架，因此这些内容也能帮助我们了解 AI 辅助的前端开发。

除了上述内容，前端开发中还有哪些环节可以借助 AI 辅助技术？实际上，还有许多环节可以实现 AI 辅助，这里只列举其中一部分。

AI 辅助撰写设计文档。在软件工程实践中，软件设计文档是一个软件项目的重要组成部分。一份优秀的设计文档能够使初次接触项目的开发人员快速了解软件的架构、关键模块等设计细节。然而在实际工作中，许多项目的设计文档往往是过期的、低质的，甚至缺失的。有些开发者主张代码即文档，我在一定程度上是认同的。如果考虑单一事实来源原则，代码的完整性、及时性和逻辑性往往优于设计文档。在 AI 技术的辅助下，我们可以做到以源代码为单一事实来源，自动或半自动地生成设计文档，从而使设计文档变成"活"文档，与代码保持同步。

AI 生成模拟数据。在前后端分离的开发模式下，前端开发者通常需要在前端模拟后端服务接口，以达到与后端开发解耦的目的。虽然前后端开发者会提前商定接口定义，但随着开发进程的推进，模拟接口所需的数据量会持续增长。"造"数据往往是一项繁重的任务，幸运的是有 AI 技术。在 AI IDE 或其他 AI 工具中，开发者可以利用零样本提示或少样本提示的技巧，指导 AI 生成模拟数据。

AI 提升软件安全性。前端应用的安全性非常重要，它与前端用户的信息安全息息相关。AI 技术可以用于检测安全漏洞、修复漏洞、升级依赖库等。

作为 AI 辅助开发的首选工具，AI IDE 也在快速进化。在使用 AI IDE 的早期阶段，我曾投入大量精力探索哪些提示技巧可以提高代码生成的准确率，但随着 AI IDE 的不断升级，我逐渐意识到，即便是非常简短的提示语也能输出有效结果，这一方面是因为 AI IDE 的内部实现中系统地应用了提示工程技术，另一方面也是因为其背后的 LLM 随着升级提升了模型能力。同时，AI IDE 的可扩展性也得到了增强，例如 Copilot 和 Cursor 都支持基于**模型上下文协议**（Model Context Protocol，MCP）的扩展，MCP 使得代理模式（或智能体）能够集成网络搜索、数据库操作、云平台管理等新功能。我强烈推荐大家积极尝试，利用 AI IDE 辅助前端开发。

17.8   小结

本章作为全书内容的补充和完善，以前端工程化和服务器端 React 架构为线索，系统总结了 React 的相关知识点，并补充了一些与开发维护 React 项目紧密相关但之前尚未提及的重要内容。

首先，本章介绍了 React 项目的安装与配置，深入分析了使用脚手架和不使用脚手架创建 React 项目两种情况，详细介绍了构建、转译等重要步骤；然后，针对 React 项目的代码编写，介绍了如何引入 TypeScript 来为组件 props 和 Hooks 定义数据类型；接下来，简要介绍了如何将 React 应用部署在 Nginx + CDN 的生产环境中，并展示了如何利用 CI/CD 实现开发部署流程的自动化，以及在应用上线后，如何利用 Sentry、RUM 等工具收集并监控用户浏览器端的错误日志和性能数据；随后，介绍了 React 的服务器端渲染 SSR，探讨了 SSR 与 CSR、SSG 的区别，并重点介绍了具有代表性的 SSR 框架 Next.js；最后，对 React 的未来稍进行了展望，并简要介绍了 AI 辅助的前端开发的其他环节。

第18章

AI 聊天机器人

本章的知识地图及项目实现，如图 18-1 所示。

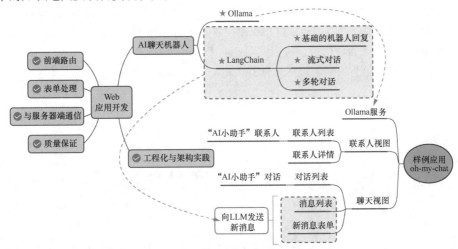

图 18-1　本章知识地图及项目实现

本章将探索 React 应用开发的更多可能性。

在 2023 年爆火的 ChatGPT，以及一系列基于生成式 AI 的产品和服务，再次使 AI 成为公众关注的焦点。这一轮 AI 浪潮的核心技术是 LLM，国内外新兴 AI 公司和传统互联网厂商纷纷加入竞争行列，先后发布了多款 LLM，如 GPT、Claude、LLaMA、通义千问、DeepSeek 等。

这次 AI 浪潮与前端开发息息相关，据我观察，目前有 3 个比较热门的话题。

- 生成式 AI 能够直接生成前端应用，前端开发者的职位将被 AI 取代。
- 基于生成式 AI 的人机交互会替代传统 UI，前端开发者的职位将被 AI 取代。
- 应该如何开发集成生成式 AI 的前端应用，或如何在现有的前端应用中加入生成式 AI 功能？

相信在阅读完前面关于 AI 辅助前端开发的章节后，读者已经对第一个话题有了自己的判断。第二个话题与本书的主题关联不大，因此这里不作展开讨论。至于第三个话题，近期在前端技术社区中引起了广泛关注，也是我比较看好的新兴领域。

具体来说，聊天机器人（Chat Bot）是生成式 AI 前端应用中的一个重要类型，ChatGPT、豆包 App 等应用均以对话作为主要交互方式。赶巧的是，本书介绍的聊天应用 oh-my-chat 正是一款聊天 Web 应用，它可以将"与人聊天"的体验转变为"与机器人聊天"。本章将基于开源 LLM LLaMA 和 LLM 编排框架 LangChain，为 oh-my-chat 应用增添聊天机器人的功能。

18.1   项目实现：安装 Ollama

市面上的 LLM 有闭源和开源之分，我们希望 oh-my-chat 的聊天机器人具有基本的推理、总结能力，且拥有 React 开发的相关知识，因此选取了 Meta 发布的 LLaMA 3.1。当然，这只是作为示例，开发者可以根据自己的熟悉程度或兴趣选择其他模型，如国产的 DeepSeek-R1 等。

在本地运行 LLaMA 3.1 有多种方法，其中比较简便的方法是安装开源的 Ollama 工具。Ollama v0.6.8 提供了 macOS 版本、Linux 版本和 Docker 版本，以及面向 Windows 系统的预览版。本书采用的开发环境是 macOS 系统，因此只测试了 Ollama 的 macOS 版本。从 Ollama 官网下载安装包并安装、运行，随后命令行中就新增了一个 ollama 命令。这里建议通过系统托盘（即 macOS 的菜单栏右侧图标区域）来关闭 Ollama 程序，然后在命令行中执行 ollama serve，这样一来，Ollama 程序将在前台执行，可以实时查看 Ollama 的日志。

这时执行以下命令，下载模型到本地并验证：

```
$ ollama pull llama3.1
pulling manifest
...
success

$ ollama list
NAME                ID              SIZE        MODIFIED
llama3.1:latest     91ab477bec9d    4.7 GB      45 seconds ago

$ ollama run llama3.1 "你好"
你好! 我可以帮助你什么吗?
```

Ollama 默认在本地监听 11434 端口，除了命令行，还可以通过 RESTful API 来调用它。

18.2   项目实现：基于 LangChain 实现聊天机器人功能

本节将循序渐进，利用 Ollama 中的 LLaMA 模型为 oh-my-chat 项目加入基础的机器人回复功能，然后借助 LangChain 的 stream 接口实现流式对话的体验，最后将对话历史加到对话上下文中来实现多轮对话。

18.2.1   项目实现：基础的机器人回复

为了不破坏原有的聊天和联系人功能，先在 oh-my-chat 项目中添加一个特殊的联系人"AI 小助手"。在 chatStore.js 的 mockContacts 数组中添加一个新的联系人：

```
{ id: 100, name: 'AI 小助手', avatar: reactLogo }
```

在 mock/threads.mock.js 中添加对应的对话数据：

```
{ id: 100, contactId: 100, updateTime: '2024-08-01' }
```

在 MessagesPane 组件的 useFetchMessages Hook 中添加对应的特殊逻辑：

```
const useFetchMessages = (threadId) => {
  // 省略 useState
  useEffect(() => {
    const fetchMessages = async (tid) => {/* 省略获取消息列表逻辑 */};
    if (threadId !== 100) {
      fetchMessages(threadId);
    } else {
      setIsLoading(false);
      setContactName('AI 小助手 ');
      setMessages([]);
    }
    // 省略 ...
```

这时在浏览器中查看，可以看到新添加的与 "AI 小助手" 的空白对话。

接下来在 oh-my-chat 项目中安装依赖：

```
npm install @langchain/core @langchain/ollama
```

其中 @langchain/core 是 LangChain 的基础库，@langchain/ollama 是专门用于集成 Ollama 的扩展库，这两个库都可以运行在浏览器环境中。除此之外，LangChain 还提供了 @langchain/community，用于集成向量数据库等面向 LLM 应用开发的各种中间件，以及 @langchain/openai、@langchain/anthropic 等众多扩展库，用于集成主流 LLM。

修改 MessagesPane 组件的表单提交事件处理函数 handleSubmitMessage，为与 "AI 小助手" 的对话加入 LangChain 代码：

```
import { ChatOllama } from '@langchain/ollama';
import { flushSync } from 'react-dom';
const MessagesPane = ({ selectedThreadId }) => {
  // 省略 Hooks
  const isAiThread = selectedThreadId === 100;
  const handleSubmitMessage = async (content) => {
    const newMessage = { content, from: 'me', fromAvatar: reactLogo,
      sentTime: new Date().toISOString() };
    if (!isAiThread) {
      // 省略原有 addOptimisticMsg、setTimeout、setMessages 逻辑
    } else {
      flushSync(() => {
        setMessages((currentMessages) => [
          ...currentMessages,
          { id: currentMessages.length + 1, ...newMessage },
        ]);
      });
      const aiMessage = { content: '...', from: 'ollama', fromAvatar: reactLogo,
        sentTime: new Date().toISOString() };
      addOptimisticMsg({ id: -1, ...aiMessage, sending: true });
      const llm = new ChatOllama({ model: 'llama3.1' });
      const response = await llm.invoke(content);
      setMessages((currentMessages) => [
        ...currentMessages,
        { id: currentMessages.length + 1, ...aiMessage, content: response.content },
      ]);
    }
  };
  // 省略其他 JSX
```

```
  return (<NewMessageForm onSubmitMessage={handleSubmitMessage} />);
};
```

在 ChatOllama 类中，构造函数通过 model 参数指定了 LLaMA 3.1 模型。此外，这里省略了 baseUrl 参数，直接使用了它的默认值 http://127.0.0.1:11434，即本机 Ollama 的 RESTful API 默认地址。调用 llm 对象从基类 Runnable 类继承的 invoke 方法，将新消息内容作为输入传递给 LLM，并从响应中获取 LLM 的输出，作为聊天机器人的回复消息渲染出来。

需要注意的是，上述代码使用了 react-dom 的一个较少使用的 API：flushSync。这个 API 允许开发者强制 React 同步刷新回调函数内包含的任何更新，以确保 DOM 立即更新。14.6.1 节使用 form action 改写了发送新消息表单，相应地，handleSubmitMessage 被改写为在 transition 中执行，这将导致在该函数中连续更新同一 state 的操作会被合并。然而，我们希望用户输入的新消息能够尽早显示出来，然后再耐心等待机器人的回复消息。这实际上并不完全符合 transition 的使用场景，但为了保持 oh-my-chat 演示代码的简洁性，使用了 flushSync 强制将首个 state 更新刷新到 DOM 上，这在一定程度上破坏了这次 transition。需要注意的是，flushSync 可能会严重影响性能，在实际项目中，只有与第三方代码集成的极少数情况下才需要使用 flushSync。读者可以思考一下，如何在不使用 flushSync 的情况下实现本节的逻辑。

通过这种方式，已经实现了基础的机器人回复功能。我们可以在浏览器中访问 "AI 小助手"，输入 "你好，请问 React 19 的基础 Hooks 有哪些？" 并观察机器人的回复。这里注意一点，之所以 5173 端口的 oh-my-chat 应用在浏览器里成功向 11434 端口的 Ollama API 发送跨域请求，是因为 Ollama 已经自动配置了相应的跨域响应标头 access-control-allow-origin。

18.2.2   项目实现：流式对话

开发者可能在使用 ChatGPT、豆包 App 等生成式 AI 工具中有过这样的体验：LLM 在回答问题时，并不是沉默若干秒后一次性展示所有答案，而是在第一时间显示答案的开头几个字，然后逐字逐句地增量显示答案内容，直到完全显示完整答案才会停止。这种交互方式通常被称为流式对话。由于 LLM 本身的特性，它目前还做不到像搜索引擎那样在几十或几百毫秒内返回所有答案，但它可以做到一边生成内容一边返回。相较于让用户等待数秒才能看到完整答案，流式对话的体验通常可以帮助用户更快获取所需要的信息。

LangChain 内置了对流式对话的支持，前提是底层的 LLM 也支持流式生成。接下来，修改 handleSubmitMessage 的代码：

```
import { produce } from 'immer';
// 省略
if (!isAiThread) {
  // 省略
} else {
  flushSync(() => {/* 省略首次 setMessages */});
  // 删除 addOptimisticMsg
  const llm = new ChatOllama({ model: 'llama3.1' });
  const stream = await llm.stream(content);
  setMessages((currentMessages) => [
    ...currentMessages,
```

```
    { id: currentMessages.length + 1, content: '', from: 'ollama',
      fromAvatar: reactLogo, sentTime: new Date().toISOString() },
  ]);
  for await (const chunk of stream) {
    setMessages((currentMessages) =>
      produce(currentMessages, (draft) => {
        draft[draft.length - 1].content += chunk.content;
      })
    );
  }
}
```

可以看到，继承自 Runnable 基类的 `stream` 方法已经替代了之前的 `invoke` 方法。在处理 LLM 响应时，采用了 `for await` 语法来迭代前面返回的 `stream` 对象，每次迭代都会将新获得的答案片段拼接在现有答案的末尾，并通过更新 state 渲染出来。这里使用了 Immer 来简化对 state 的修改过程。

现在，我们可以在浏览器中向"AI 小助手"提出同样的问题，这次机器人的回复采用了流式输出。在浏览器开发者工具的网络中，我们可以观察到 oh-my-chat 向 `http://127.0.0.1:11434/api/chat` 发起的请求，其响应标头中的 Content-Type 为 application/x-ndjson，Transfer-Encoding 为 chunked。这种响应格式虽然与实现流式对话常用的服务器发送事件 SSE（Server-Sent Events）有一定区别，但所实现的流式体验是一致的。

18.2.3　项目实现：多轮对话

在许多情况下，使用生成式 AI 工具需要经过多轮对话才能达到目的。主流的生成式 AI 工具包括 ChatGPT 等，均支持多轮对话功能。在同一个对话内，LLM 会记住前面的对话过程，包括用户的问题和 LLM 的答案，这样用户就可以像普通聊天一样不断深入一个话题，从而获得更加精准的信息。然而，根据 18.2.2 节的代码实现，oh-my-chat 目前还不支持多轮对话，例如，在"AI 小助手"回答完"React 19 的基础 Hooks 有哪些？"之后，如果尝试追问"其中哪几个是操纵 state 的？"，机器人可能会给出不相关的回答。为此，我们需要添加多轮对话的支持。

接下来，继续修改 `handleSubmitMessage` 函数的代码：

```
import {
  ChatPromptTemplate, MessagesPlaceholder
} from '@langchain/core/prompts';
import {
  AIMessage, HumanMessage, SystemMessage
} from '@langchain/core/messages';

if (!isAiThread) {
  // 省略
} else {
  flushSync(() => {/* 省略首次 setMessages */});
  const promptTemplate = ChatPromptTemplate.fromMessages([
    new SystemMessage('You are a React.js expert. ' +
      'Users are learning React.js and will ask you questions. ' +
      'Please provide helpful answers in Simplified Chinese language. ' +
      'Do not include markdown or other formatting syntax in your answer.'
```

```
  ),
  new MessagesPlaceholder('msgs'),
]);
const llm = new ChatOllama({ model: 'llama3.1' });
const chain = promptTemplate.pipe(llm);
const msgs = messages.map((m) => m.from === 'me' ?
  new HumanMessage(m.content) : new AIMessage(m.content));
msgs.push(new HumanMessage(content));
const stream = await chain.stream({ msgs });
// 省略对响应的处理逻辑
}
```

在上述代码中，利用 @langchain/core 包中的 ChatPromptTemplate 构建了一个消息数组。在这个数组中，交替加入用户和 AI 的历史消息，同时采用了 Prompt Engineering（提示工程）的实践，在数组开头加入了系统消息，用于约束 LLM 的答案内容、语言风格和格式。将这些历史消息传入 stream 方法中，LLM 在生成答案时将包含更完整的上下文，从而支持多轮对话。ChatPromptTemplate 的基类同样实现了 Runnable 接口，这意味着多个 Runnable 之间可以通过 pipe 等方法串联起来，形成 LangChain 架构组的重要结构 **chain**，chain 中前面节点的输出会成为后面节点的输入。

这时你可以在浏览器中尝试提问"你好，请问 React 19 的基础 Hooks 有哪些"，再问"其中哪几个是用于操纵 state 的"，最后再追加一个纯英文的问题"reducer?"可以看到这些问题和答案之间存在逻辑上的连贯性。机器人的回答请参见图 18-2。至此，oh-my-chat 项目中已经集成了聊天机器人的功能，并且实现了对流式对话和多轮对话的支持。

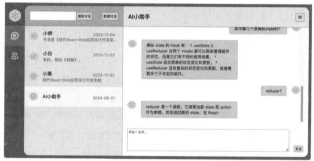

图 18-2 在 oh-my-chat 项目中与"AI 小助手"进行多轮对话

如前所述，LangChain 作为一款 LLM 编排框架，支持集成多种 LLM 和相关的中间件。本节以 Ollama 为例进行了演示，当然你也可以替换成 OpenAI 等其他 LLM，代码结构基本相同。通过将多个 Runnable 组件串联成 chain 的方式，开发者能够轻松地组合和扩展 LLM 应用的多种功能，例如利用向量数据库开发 RAG（Retrieval-Augmented Generation）应用。需要注意的是，某些集成工作需要调用 Node.js 的接口，在这种情况下，建议在服务器端 Next.js 或其他 Node.js 应用服务器中使用 LangChain。

18.3 小结

本章扩展了 React 应用开发的边界，尝试为 React 应用加入生成式 AI 功能。利用 LLM 编排框架 LangChain、在本地运行 LLM 的工具 Ollama，基于 LLaMA 3.1 模型为 oh-my-chat 集成了聊天机器人功能，并利用 LangChain 中 Runnable 接口的 stream 方法实现了流式对话，并通过 ChatPromptTemplate 接口实现了多轮对话。